ちくま新書

昭和史講義【戦後篇】(上)

筒井清忠 編
Tsutsui Kiyotada

1508

昭和史講義　戦後篇　上【目次】

凡例

＊各講末の「さらに詳しく知るための参考文献」に掲載されている文献については、本文中では（著者名　発表年）という形で略記した。
＊固有名詞（地名・人名等）の旧字は原則として新字に改めた。

まえがき

筒井清忠

戦後昭和史には謎が多い。そして多くの人にとっては自分が生きていた時代もしくは親・祖父母が生きた時代だけに、その謎を知りたいという欲求は当然強く、それに答えるべく多くの戦後昭和史書が書かれてきた。しかし、それらが読者のそうした欲求に十分答えてきたかというと必ずしもそうではないようだ。

すなわち戦後昭和史の本はいくつも出ているが、何か肝心のことはわからないままという本が多いのである。その原因の一つは戦後昭和史を知るための必要最低限の事項が究明されていないからではないだろうか。米ソ冷戦下の戦後昭和史を知るためには、とくに、アメリカ・米軍との関係、ソ連・中国との関係が重要だが、それらが十分に探究・叙述されていないので、結局それらの本を読んでも核心はわからないままに終わるのである。

このことは、戦後の象徴天皇制形成・展開のプロセスを明らかにした拙稿「岐路に立つ象徴天皇制――バジョット・昭和天皇・福沢『帝室論』」（『中央公論』二〇一九年五月号）執筆の際に痛感したが、上巻の主題である戦後日本の骨格を作ったともいえる昭和二〇・三〇年代に関してとくにその感が深い。ここではその点について書いておくことにしたい。

主として昭和二〇年代を扱った書物として今日もよく読まれている、読んで面白い問題提起的な書物として松本清張の『日本の黒い霧』がある。この本では、こうした占領中から独立後にかけての謎めいた事件はほとんどアメリカ・米軍の陰謀によるものとして記述されている。これは、上述の問題提起のうちアメリカ・米軍との関係という半面のポイントは突いており興味深いが、ソ連との関係が何もわからないので後の半面がわからないままなのである。

ここではその代表的事例としてラストボロフ事件についてみておこう。

一九五四年に、当時旧ソ連代表部員であったラストボロフが突然行方不明となり、半年してアメリカで現れ記者会見したことは衝撃的なできごとであった。この亡命に伴ってシベリアから帰ってきてＧＨＱに勤務した後当時外務省調査員であった元奉天第三方面軍情報主任陸軍少佐志位《しい》正二《まさつぐ》は自首し、続いて外務省の職員三名が逮捕され、うち一名日暮信則《ひぐらししんそく》は取調中に東京地検四階の窓から飛び降り自殺した。これはいったいどういう事件だったのだろうか。

松本清張の本ではラストボロフ事件について、アメリカが喜んで亡命させてみたもののラストボロフは小物だった、他の容疑者もあまり大した人物ではなかった、そしてこの事件はアメリカや日本の当時の政府等に都合よく利用されたことの方が重要だということになっている。

なんだそんなことか、しかしそれだけのことかというのが率直な読後感となる。もっとも松本清張がこの本を書いたころの資料・研究状況を考えるとやむをえなかったところもあるかもしれないが。そして、その後はあまり研究も行われてこなかった。しかし、日本では専門的に研究する人がほとんどいなかったのでよく知られないままに来たにすぎず、今日この事件については、すでにアメリカの公文書館等で多くの資料が公開されており、実態がかなり解明されてきているのである。

その成果は本書によって初めて多くの人に読みやすい形で公開されることになる。ラストボロフは小物ではなく、やはり重要なスパイだったのだ。そうでなければ自殺者まで出ないだろう。

ラストボロフはソ連内務省将校として一九四八年、ハバロフスクの日本人抑留捕虜からエージェントをリクルートするという活動を行った後、在日ソ連代表部二等書記官として来日。その頃ソ連のために活動することになった日本人抑留帰還者は、望郷の念、極寒・重労働・飢餓という三重苦、思想教育、吊し上げといった極限状態のため対ソ協力誓約に署名せざるを得なかった人々だった。帰国後は対ソ協力誓約の暴露や家族への危害を恐れた。ソ連は、こうした対ソ協力誓約を行った日本人抑留帰還者に対して帰国後数年間は重要な地位に就くことはないと見て接触を行わずに泳がせた。高い地位に就いた後対ソ協力誓約の暴露が本人に脅威となるのを待っていたのである。

他方、アメリカ側も日本人抑留帰還者への尋問過程でこれを知り彼らを自国のエージェントとして囲い込むことを図り、対米協力誓約書への署名を行わせた。ラストボロフ事件とは、抑留の地獄から祖国に戻った日本人抑留帰還者が次は対米協力者にさせられるという米ソ冷戦下の冷酷な現実が生み出した二重の悲劇的事件なのであった。

この視点から松本清張の本を見るとどうか。それはラストボロフ供述の存在そのものを疑うなどアメリカの謀略性を強調しており明らかに事実と異なる部分が少なくない。例えば事件容疑者の一人日暮信則を、松本は決してラストボロフに情報を提供したことはなく、またアメリカ情報機関と協力しソ連の脅威の演出に協力した可能性が高いとしている。しかしCIC日暮信則ファイル内のラストボロフ供述には、日暮がラストボロフに提供した情報の詳細や、その情報がソ連代表部から高く評価され実際に活用されたことが詳しく記されている。また日暮がアメリカ情報機関に協力して供述を捏造した事実もない。松本の当該記述は明らかな誤りなのである。

しかし、ラストボロフ亡命は講和条約で独立した主権国家日本の法律を無視した不法出国であった。明らかに日本の主権を侵害していたのである。CICラストボロフファイルには、亡命の際に日本の主権を侵すことに対しCICが懸念した形跡は全く見られず、CICはスパイ活動を防止する法律が日本に存在しないことをむしろ懸念していたのであった。従ってこの点の松本の指摘は問題提起を含むものでもあった（以上は第14講「ラストボロフ事件」による。さらに詳しくは第14講参照）。

こうして見てみると、松本清張（『日本の黒い霧』）は個人的には最も愛好する作家の一人なのであまりこういう言い方はしたくないが、最後のような優れた点があるとはいえ、戦後史の真実から目をそらすところがあったと言えなくもないだろう。しかし、我々としては、むしろこうした事件の正確な史実を明らかにしてこなかった、多くの戦後昭和史書を問題とすべきかもしれない。

言い換えると、この時期の米ソ冷戦の狭間に置かれた日本の位置ということに配慮のない戦後史がこれまであまりにも多かったのである。だから奇妙で不可解な読後感しか残らないのだ。これは一例である。本書の意義はこういうところにあるだろう。戦後昭和史についての書物は多いが、客観的で実証的な研究成果に基づいて書かれたものは少なかった。しかしさまざまな形でようやく近年資料が公開され着実な成果が積み重ねられつつある。それらを初めて集大成するのが本書である。近年こうした実証的な研究の成果の積み重ねに尽力して下さった多くの篤実な研究者たちが執筆に協力してくれ、ようやく昭和戦後史の全貌が明らかになったのだ。

多くの読者にぜひ本書を読んでいただき戦後昭和史の実像を摑み取ってもらいたいと思う。

第1講

天皇・マッカーサー会談から象徴天皇まで

福永文夫

†はじめに――昭和天皇とマッカーサー

一九四五（昭和二〇）年八月一五日、日本政府はポツダム宣言を受諾して降伏した。昭和天皇の二度の「聖断」による降伏は、のちに開戦責任と併せてその肩にのしかかる。米軍が厚木に到着した翌二九日、天皇は木戸幸一内大臣に、ポツダム宣言第一〇項の戦犯の処罰に関して「自分が一人引き受けて納める訳には行かないだろうか」と退位の意を洩らしている。これに対し、木戸は天皇の地位と天皇制を危うくするものであると自重を求めた（『木戸幸一日記』）。三〇日、ダグラス・マッカーサーは、マニラから東京に向かう機中で、日本の軍国主義体制を解体し、民主化を前提にさまざまな政治改革を行い「代表制に基づく政治形態を築き上げる」と熱く語った。天皇と「青い目の大君」――二人はおよそ一カ月後、敗者と勝者として相まみえる。

†新日本の建設――平和国家、民主国家、文化国家

九月二日、降伏文書への調印がなされ、日本は連合国（実質的にはアメリカ）の占領下に入った。同四日、敗戦後初めての議会の開院に当たり、天皇は「国体の精華を発揮して信義を世界に布《し》き平和国家を確立して人類の文化に寄与せむ」と、新日本の建設に向けて「平和国家の確立」を掲げた（「第八十八回帝国議会開院式勅語案」）。それは戦争国家を精算し、ポツダム宣言第一項にいう「平和的傾向を有しかつ責任ある政府」に応えるものだった。

この「勅語案」は国立公文書館にあり、第一案から第四案まである。原案は終戦の詔勅にも関わった漢学者・川田《かわた》瑞穂《みずほ》の起草になるが、そこには「光輝ある国体の護持と国威の発揚とに邁進《まいしん》し」とあるが、「平和」の言葉すらない。第三案で東久邇宮稔彦《ひがしくにのみやなるひこ》首相が「平和的新日本を建設して」と書き改め、平和の文字が初めて現れた。これが最終的に川田の手によって「平和国家を確立して」という表現となった。

翌五日、各紙はこぞって「平和国家の確立」の見出しで大きく報じた。東久邇は改めて「一億総懺悔《ざんげ》」を説くとともに、勅語に合わせるかのように所信表明演説で「平和的文化的日本の建設」をうたった。なお刊行されている東久邇著になる『一皇族の戦争日記』の一八日の項

「民主主義的な平和国家としての、新日本を建設し得らるるよう祈願する」との記述は、原本になく後年加筆されたと思われる。

九月八日、マッカーサーは横浜を発ち、東京のアメリカ大使館に入った。一七日には宮城と向かい合う第一生命ビルに米太平洋陸軍総司令部を構えた。同二二日、アメリカ政府は「初期対日方針」を公表した。それは日本政府を利用するが、支持するものではないと明記していた。

†天皇・マッカーサー会談と人権指令

九月一一日の東条英機ら三九名の戦犯逮捕の命令は、日本政府の指導者に衝撃を与えた。国体護持、つまり天皇および天皇制の行方はいまだ不明だった。二〇日、新外相となった吉田茂はマッカーサーを訪問し、懸案となっていた天皇との会談の約束を取りつけた。翌二一日には、天皇は木戸内大臣を呼び、憲法改正問題の調査の必要があると告げている(『昭和天皇実録』)。早くから憲法改正に関心を持っていたことがうかがえる。

九月二七日、天皇は東京虎の門のアメリカ大使館にマッカーサーを訪ねた。マッカーサーは「天皇が、戦争犯罪者として起訴されないよう、自分の立場を訴えはじめるのではないか」という不安に襲われたという。しかし、天皇から発せられたのは「国民が戦争遂行にあたって政治、軍事両面で行ったすべての決定と行動に対する全責任を負う者として、私自身をあなたの代表する諸国の裁決に委ねるためおたずねした」という言葉だった。マッカーサーは、その姿に「日本の最上の紳士」を見た（『マッカーサー回想記』朝日新聞社、一九六四）。

この天皇自ら「全責任を負う」と述べたか否かについては諸説あり、二〇〇二年に公開された外務省・宮内庁いずれの文書にもその記述はなかった。しかし、いくつかの傍証から、天皇の発言が大筋として事実であったとみることができる。たとえば政治顧問部のジョージ・アチソンは会談の一カ月後本国政府宛電文で、天皇が「日本国民の指導者として責任を負う」との意向を表明したと伝えている（山極晃・中村政則編『資料日本占領1・天皇制』大月書店、一九九〇）。

一〇月二日、マッカーサーの側近で軍事秘書のボナ・フェラーズ准将は最高司令官に「天皇に関する覚書」を提出した。そこで開戦など天皇の戦争責任は免れえないが、日本国民は天皇に敬慕の念をもち「象徴的国家元首」として選ぶだろうし、もし天皇が戦争犯罪のかどで裁判に付されるならば統治機構は崩壊し、全国的混乱は免れないだろう、と進言している（同前）。

二人の会談が上々のうちに終わったのもつかのま、日本政府は激震に見舞われる。発端は、政府が二九日に各紙に掲載されたマッカーサーと天皇が並んで立つ写真を「畏れ多い」と発禁処分に付したことに始まる。重ねて一〇月三日、岩田宙造《いわたちゅうぞう》法相、山崎 巌《やまざきいわお》内相は外国人記者団との会見で、治安維持法、特別高等警察の廃止を否定した。

同四日GHQはこれに対し、いわゆる「人権指令」で応えた。指令は、天皇制批判の自由を含む言論の自由、政治犯の釈放、内相、警視総監らの罷免を命じていた。指令が政府への事前の連絡なしに公表されたことで、政府は「間接統治」下でも、「直接軍政」的な事態が起こりうることを思い知らされた。この日、近衛文麿がマッカーサーを訪ね、憲法の自由主義化の先頭に立つよう激励を受けている。翌五日、東久邇内閣は責任をとって総辞職した。

人権指令後、外務省は日本側の「自主的発意」によって日本の変革更生を具体的に実現することが焦眉の急務であり、「民主主義、平和主義、合理主義に基づく政治経済の社会に重点を指向」することが連合国の方向にも合致し、その信頼を得る道であるとした。そこには、皇室制度の合理化、憲法改正など抜本的な改革が含まれていた（『占領史録3』講談社学術文庫、一九九五）。

†憲法改正問題と東京裁判

一〇月一一日、マッカーサーは首相就任の挨拶に訪れた幣原喜重郎《しではらきじゅうろう》に、憲法の自由主義化といわゆる「五大改革指令」を出した。しかし、幣原は、日本の民主化は明治憲法の下でも十分可能であると考えており、憲法改正には慎重できわめて消極的だった。二一日、近衛はAP通信特派員のブライアンズとの会見で、元帥と天皇の命によって憲法改正に着手しており、さらに天皇退位や皇室典範改正をほのめかした。一一月一日近衛はGHQから突然絶縁声明を突きつけられ、日本側の憲法改正の動きは松本委員会に一本化された。

一一月五日には、幣原内閣は「戦争責任等に関する件」を閣議決定し、「憲政運用上確立せられる慣例に従って」、すなわち立憲君主として行動した天皇に戦争責任はないという見解を示した（『資料日本現代史2』大月書店、一九八〇）。今日に至るまで日本政府の見解とされている。同日、G・アチソンはトルーマン大統領宛覚書で、天皇制の存置は長期的には日本の民主化を阻害すると伝えた（『資料日本占領1』）。この頃ワシントンでは、天皇は戦犯として「逮捕、裁判、処罰は免れない」とし、二九日マッカーサーに、天皇に戦争責任があることを示す証拠を取り急ぎ収集するよう極秘の通達を送っていた。オーストラリアを筆頭に連合国の反天皇感情は強く、アメリカの世論も決して天皇に同情的ではなかった。

一一月一五日に、国家神道の廃止と政教分離の徹底を指示する神道分離令が、一八日には皇室財産凍結指令が出された。一二月二日広田弘毅《こうき》元首相や皇族の梨本宮守正《なしもとのみやもりまさ》等に、六日には近衛と木戸に逮捕命令が出た。同日ジョセフ・キーナン首席検事が来日、八日には東京裁判の被告を選定する国際検事局（IPS）が設置された。東京裁判（極東国際軍事裁判）の開廷を控えて、天皇の身辺はにわかに騒がしくなってきた。

†天皇の「人間宣言」と公職追放令

一九四六年一月一日、「新日本建設に関する詔書」、いわゆる天皇の「人間宣言」が出された。天皇をもって現御神《あきつかみ》とするのは架空の観念であると、自らその神性を否定した。

この詔書は、日米双方の人びとが多数関わり、GHQ発で作られた。木下道雄侍従次長の日誌に残る「大詔渙発。ダイク—ブライス—山梨—石渡—〇—幣原—鈴木」（『側近日誌』一九四五年一二月二三日）の記述は、その間の事情を示している。原案は民間情報局（CIE）局長ケン・ダイク、ここでは名が落ちているが同教育課長ハロルド・ヘンダーソン、そして学習院教師のレジナルド・ブライスが作成し、学習院院長山梨勝之進（海軍大将）に持ち込んだ。山梨は石《いし》渡壮太《わたそうた》郎《ろう》宮相に持ちかけたが断られ、別ルートで宮内省に預けられた。〇は天皇を指し、その承諾を得て、吉田を通じて幣原に渡り、彼が起草を引き受けた。鈴木は鈴木貫太郎である。

詔書の冒頭には天皇の強い要望で五ヵ条の御誓文が掲げられた。このことについて、七七年八月天皇は、明治大帝の思し召しである五ヵ条の御誓文を元に明治憲法ができたので「民主主義というものは決して輸入のものではない」ことを示したかったと説明している。それはまた、人間宣言とは異なる、民主主義と天皇制の親和性を強調し、二つが両立しうることを証明するものだった（河西二〇一八）。マッカーサーは直ちに「天皇は人民の民主化に指導的役割を果たした」と歓迎の声明を発した。

二月の神奈川県下を皮切りに始まった地方巡幸の旅は、各地で国民の歓迎を受けた。戦後の天皇制に関する世論調査でも、「天皇制支持」がなべて八〇～九〇％を記録し、逆に「天皇制の強化」と「天皇制反対」は五～七％だった。しかし、支持の内容については「政治の圏外に立ち、民族の総家長として道義の中心となる」が四五％に達し、天皇の非政治化を求める声が多かった（安田常雄「象徴天皇制と国民意識」『占領と戦後改革』吉川弘文館、一九九四）。

†マッカーサーの天皇擁護

一月四日、公職追放令がだされた。天皇は「これは私に退位せよというナゾではないだろうか」と側近に洩らした（藤田尚徳『侍従長の回想』講談社学術文庫、二〇一五）。同日、天皇制存置に批判的だったアチソンはトルーマン大統領宛に、占領統治の現実からみれば、天皇制の存置が最善の策であろうと送っている。同一一日、ワシントンからSWNCC二二八「日本統治体制の変革」が届いた。天皇制については廃止とも存続とも結論を出さず、存廃は「日本国民の自由に表明せる意思」に委ねるとした。ただし、存続する場合は、民主化された天皇でなければならないとした。また、日本の軍備については廃棄ではなく、制限を示唆していた。

一方で、来日中の極東諮問委員会代表団が、チャールズ・ケーディスら民政局代表、さらにはマッカーサーと懇談会をもち、憲法改正問題について質問を繰り返していた。GHQ側の回答は、憲法改正の権限は貴委員会に属するというものだった。二つの会談を通じて、民政局は極東委員会が日本の憲法問題に並々ならぬ関心を抱いていることを知った。ホイットニー民政局長が、この前後から憲法改正に動き始める。二四日、彼はケーディスに、最高司令官に憲法改正の権限があるかどうかについて研究するよう命じた。同日、幣原喜重郎が天皇制存続の確約を得るためにマッカーサーを訪ねている。このとき戦争放棄について話されたという。

翌二五日、マッカーサーはドワイト・アイゼンハワー米陸軍参謀総長にあて、「過去一〇年天皇が日本帝国の政治上の諸決定に関与したことを示す、明白な証拠は発見されていない」とし、占領管理と共産化防止のために、天皇を戦犯とすべきでないことを、さもなければ「少なくとも百万人の軍隊」を要するとの多少脅しめいた言葉を付して、ワシントンに打電した。マッカーサーは明確に天皇擁護へと動き出した。同月、オーストラリア代表は昭和天皇を含めた四六人の戦犯リストを出した。

二月一日、『毎日新聞』が、松本委員会案の一つをスクープした。ホイットニーは、天皇が統治権を総攬《そうらん》する「きわめて保守的な性格のもの」で、マッカーサーが「同意を与えることができるような線からはるかに離れたところにいる」と報告している。奇しくも同じ日、ケーディスから「極東委員会の政策決定がない限り」、最高司令官に憲法改正の権限があるとの報告が届き、ホイットニーは翌二日に「彼らに指針」を与えるべきだと動き出した。

ついでながら、この頃出そろった政党や民間の憲法改正案をみると、主権在民を唱えたのは共産党のみで、政府・進歩党は天皇に、自由・社会両党は「国家」にあるとした。三党とも天皇制存続において違いはなかった。また天皇大権については、進自社三党とも議会権限の強化の主張と相まって、縮小もしくは廃止を唱え、天皇の「非政治化」を主張している。そのなかで民間の憲法研究会案が、統治権は「日本国民より発す」「天皇は祭祀のみを司る」と国民主権と象徴天皇を明らかにしていたことは異彩をはなっていた。

†象徴天皇制の成立過程

二月三日、マッカーサーとホイットニーは、「マッカーサー・ノート」と呼ばれる、憲法改正についての三原則を作成した。それは①天皇は国の元首である、②自衛権の発動をも含む戦争の放棄、③封建制度の廃止の三項目からなっていた。ここに象徴の言葉はない。

翌日、ホイットニーは、ケーディスをはじめ民政局局員全員を召集し、民政局が「憲法制定会議の役」を果たすことになると告げた。そして「(日本側の草案は) 右翼的傾向の強いものだろうと思われる。しかし自分としては、外相とそのグループに、天皇制を護持し、かつ彼ら自身の権力として残っているものを維持するための唯一可能な道は、はっきりと左よりの道をとることであると要請するつもりである」と続けた。以後、民政局ではケーディス、アルフレッド・ハッシー、マイロ・ラウエルの三名からなる運営委員会の下、七つの小委員会を設置し、不眠不休で草案作成を続け、期限とされた一二日深夜完成した。

天皇条項を担当したのはリチャード・プール海軍少尉とジョージ・ネルソン陸軍中尉だった。二人は、君主制や王政の国の憲法を読破し、とくにイギリスの制度を参考にしたという。

では、憲法の象徴という言葉はどこから来たのだろうか。プールは、ウェストミンスター憲章の前文のイギリス国王が国民統合の「象徴」であるから思いついたといい、また「象徴という言葉は、ことの成り行きから自然に出てきた言葉で、誰が発案したものかは分かりません。誰もが当然のごとく、象徴という言葉を使っていました」とも述べている（鈴木昭典『日本国憲法を生んだ密室の九日間』角川ソフィア文庫、二〇一五／塩田二〇一八）。対して、ネルソンは「ウォルター・バジョットの『英国憲法論』のなかに、国王の地位は〝儀礼的〟であるという意味で、〝象徴〟（symbol）という用語が使われていたことを思い出したのです。同書の影響を受けて、私が発言したことを記憶しています」と証言している（西修『証言でつづる日本国憲法の成立経緯』海竜社、二〇一九）ケーディス説、ハッシー説などさまざまにあるが、おそらくバジョットの『英国憲法論』が有力であろう。

最後に、日本側で最初にシンボルを使った例として、後に社会党入りし、片山内閣で文相となる森戸《もりと》辰男《たつお》を紹介しておく。彼は四五年一〇月四日に行われた政治顧問部のインタビューに答えて、天皇はイギリスやスカンジナビアの王のそれに近い、「モラル・シンボル」でなければばならないと述べていた（『GHQ民政局資料・占領改革2』丸善、一九九七）。

†GHQ対日本政府——象徴天皇と九条

一九四六年二月一三日、ホイットニー、ケーディスらGHQ代表と松本国務相・吉田外相ら日本側代表との間で懇談がもたれた。ホイットニーは、松本試案の受理を拒否し、代わりに用意した民政局草案（以下、GHQ草案）を提示し、強く受諾を求めた。

ホイットニーはつづけた。最高司令官は天皇を戦犯として取り調べるべきだという他国からの圧力から天皇を守ろうという決意を固く保持しています。しかし、最高司令官といえども、万能ではありません。最高司令官は、この新しい憲法の諸規定が受け容れられるならば、実際問題としては、天皇は安泰となると考えています。また日本国民のために連合国が要求している基本的自由が、日本国民に与えられることになると考えています、と（『日本国憲法制定の過程I』有斐閣、一九七二）。

マッカーサーは急いでいた。日本案に不満を持っていたことも確かであるが、それ以上に天皇制存置を心に決めていた彼にとって、ソ連やオーストラリアを含む極東委員会の介入を避けたかった。またマッカーサーは、四月に予定されている総選挙で、憲法草案を日本国民に問いたいと考えていた。

日本政府は、GHQ草案を前に立ち尽くすほかなかった。松本はGHQ草案と松本案は「具体的な手法が異なるだけで目指す方向は同じである」として、ホイットニーに再考を求めた。改正を法学的に処理しようとする松本と、政治的配慮で動くホイットニーとの溝が埋まるはずはなかった。二月一八日、ホイットニーは「若しも連合国より改革案を押し付けられることになれば、このような生易しいものにならない」と告げ、四八時間以内に返事するよう最後通牒を突き付けた。二一日には、マッカーサーは幣原に、アメリカは「天皇護持のために努めている」のであり、戦争の放棄と主権在民をうたったこの憲法を採択することが天皇制を守ることになると力説した。かくして二三日上奏を受けた天皇は「先方がそういうならば認めてもよいのではないか。第一条はイギリスのように象徴と変えてよいのではないか。民の心をもって心とする。それが祖宗の精神であった」と応えたという(松村謙三『三代回顧録』東洋経済新報社、一九六四)。

三月五日、天皇は天皇制存続が確定し、議会の承認を要せず世襲が認められたことに安堵した。この前後、『読売報知』に「宮内省の某高官(東久邇宮を指す)と会見」した記録として、天皇の退位問題が報じられた。この報道を見て、木下は日誌に「これは折角いままで努力したM(マッカーサー)の骨折りを無にする事になる」(『側近日誌』中公文庫、二〇一七)と記している。

一九四六年四月八日、IPSは二六名の被告者リストを確定した。そこに天皇の名はなかった。オーストラリアは極東委員会に働きかけたが、すでに四月三日天皇の不訴追を決定していた。かくして五月三日、東京裁判が開廷した。

†おわりに

新憲法によって、天皇は象徴として、日本国憲法体制という統治構造のなかに組み込まれた。升味準之輔《ますみじゅんのすけ》がいうように、GHQ草案の二大眼目である象徴天皇と戦争放棄は、日本占領の二大目標（非軍事化と民主化）の達成であり、マッカーサーによって国体護持の期待と占領統治の必要とが抱き合わされた。象徴となった天皇にとって、人間宣言や新憲法は国体の断絶ではなく、むしろ本来の天皇に戻ったのであり持続そのものであった（升味一九九八）。

天皇は新憲法の下でも依然として政治に強い関心と意見を持ちつづけた。計一一回に及ぶマッカーサーとの会談でも、二人は「世界のほとんどの問題について話し合った」という（『マッカーサー回想記』）。そこから、沖縄の長期租借という方式でアメリカの軍事占領下に置く、象徴天皇の枠を越えた沖縄メッセージを送った。このメッセージについては、沖縄を切り捨てたと見るか、日本の主権を確認するためのものだったかという二説ある。以後も、講和に至るまでさまざまな機会に天皇外交が見られた。

さらに詳しく知るための参考文献

秦郁彦『昭和天皇五つの決断』（講談社、一九八四）……二・二六事件から占領期までの、反乱と軍事占領という歴史的危機における天皇の姿を、占領研究の先駆者の一人として日米の資料を用い明らかにしている。

升味準之輔『昭和天皇とその時代』（山川出版社、一九九八）……公刊されているさまざまな天皇周辺の資料を読み解き、立憲君主としての天皇を開戦から五五年体制までの昭和史のなかに位置づけている。

冨永望『昭和天皇退位論のゆくえ』（吉川弘文館、二〇一四）……天皇の戦争責任に端を発した退位問題がいかに起こり、議論されたのかを軸に、昭和史における天皇を簡潔に位置づけている。

河西秀哉『天皇制と民主主義の昭和史』（人文書院、二〇一八）……象徴天皇制の形成過程を敗戦直後の退位論との関連で追い、象徴天皇イメージおよびその展開過程を明らかにしている。

塩田純『9条誕生――平和国家はこうして生まれた』（岩波書店、二〇一八）……平和国家をキーワードに、憲法改正過程を追い、九条が誕生するまでの過程を日米双方の関係者の証言を用い明らかにしている。

鈴木昭典『日本国憲法を生んだ密室の九日間』（創元社、一九九五／角川ソフィア文庫、二〇一四）……GHQの日本国憲法草案が作成された一九四六年二月四日から一二日までの九日間を、アメリカ側資料と関係者とのインタビューをもとに再現した迫真のドキュメントの記録。

古関彰一『新憲法の誕生』（中央公論社、一九八九）……日本国憲法の成立過程を、日米の史資料を丹念に読み込み解明した制定過程の必読書。九五年中公文庫から、二〇〇九年加筆修正の上、『日本国憲法の誕生』と改題し岩波現代文庫から再版。

第2講

戦後改革

福永文夫

†はじめに――戦後改革か、占領改革か

第二次世界大戦後に行われた民主化改革をめぐっては、戦後改革か、占領改革か、という議論がある。まず二つの言葉の起源からひも解いてみる。

戦後改革という呼称は、一九七四年から七五年にかけて刊行された東京大学社会科学研究所編『戦後改革（全八巻）』（東京大学出版会）に由来する。同シリーズは七〇年を前に、戦後四半世紀を経て戦後改革によって作られた枠組みが動揺し始めているという問題認識のもと編まれた。各巻冒頭に掲げられた「はしがき」は、戦後改革について次のように説明している。第二次大戦後、①主としてアメリカ占領軍のイニシアティブによって実施された、②経済、政治および法制度上のいわゆる民主的改革を指す。それは同時に③戦前・戦中の日本社会にも一定の根拠

をもつとともに、④改革後の日本社会の展開に大きな影響をもたらすものであった。

対して占領改革という呼称は、一九九〇年前後から見受けられる。管見では、升味準之輔《ますみじゅんのすけ》『日本政治史4・占領改革、自民党支配』（東京大学出版会、一九八八）が最も早く、油井大三郎《ゆいだいざぶろう》『未完の占領改革――アメリカ知識人と捨てられた日本民主化構想』（東京大学出版会、一九八九）と五百旗頭真《いおきべまこと》「占領改革の三類型」（『レヴァイアサン』第六号、一九九〇）が続く。

ただ三人とも、占領改革とは何かを明確に示しているわけではない。わずかに五百旗頭論文が、「太平洋戦争において日本に勝利した米国によって主として推進された」「四六年と四七年のわずか二年で、憲法改正を含む主要な制度改革はほとんど完了している」と記している。また油井はのちに、中村政則《なかむらまさのり》・豊下楢彦《とよしたならひこ》との共編になる『占領改革の国際比較――日本・アジア・ヨーロッパ』（三省堂、一九九四）で、占領改革は「主として第二次世界大戦における敗戦国や被解放国において実施されたものであり、それは多くの場合、米ソを中心とする連合国による『外からの改革』という性格を帯びていた」と指摘している。そして「占領と改革を結合させるというアイデア自体が、反ファシズム戦争としての第2次世界大戦の経験から生み出された新しい構想であった」という。ここからは、占領権力による改革、あるいは占領期における改革のイメージが浮かびあがる。

中村政則は二つを比較して、占領改革が占領軍の力による「上からの改革」を強調しているのに対し、戦後改革にはそれを受け入れるだけの「受け皿」が日本側にあった、言いかえると戦前・戦時（大正デモクラシー時代の農民運動など）や戦後の「日本人の内発的で持続的な支持によって定着した」ことを含み、その意味で占領を相対化していると評価する（『占領と戦後改革』吉川弘文館、一九九四）。この点、「占領改革の三類型」も、GHQと日本政府いずれにどの程度のイニシアティブがあったかという観点から、先取り改革定着型、GHQ指令型、混合型の三つに分けている。先取り型は、日本側の自主的改革案がGHQの介入なくそのまま実施されたもので、選挙法、労働組合法、第一次農地改革などがある。指令型は、財閥解体、独占禁止法、警察法などGHQの指令によって行われたものである。著者が占領改革の「典型」とする混合型は、日本側の構想を改革に含んでいるとする点で日本側の「主体性」を見いだし、併せてその構想が戦前・戦時と連続する点に注目することで、それと戦後との連続と断絶の問題に応えている。

これらを踏まえて天川晃《あまかわあきら》は、占領改革を、占領改革とその後の「逆コース」期の「占領後改革」を併せてとらえ、戦後体制の成立と関連づけて歴史のなかに位置づける（天川二〇一七）。

以下では、占領政策を縦糸に、占領側（とくに民政局）と日本側それぞれの動きを横糸に、民主化改革の過程をたどってみる。民主化は勝者であるGHQという外からの強制によってのみなされるわけでなく、敗者である日本側でも戦時体制から平時体制に移行するために、非軍事化・民主化に取り組んだ。その意味で、占領は勝者と敗者が織りなす相互作用の結果である。

†占領改革の三類型――先取り改革

占領の目的は、日本を再び世界の平和を乱すことのない平和的な「民主国家」に作りかえることにあり、そのために日本の非軍事化・民主化を推し進めた。マッカーサーは日本の占領を軍事的・政治的・経済的の三つの段階に分けて考えていた。それぞれ非軍事化・民主化・経済復興に対応する。その第一段階である非軍事化は、日本軍の武装解除、軍の解体、戦争犯罪人の逮捕など極めて迅速に行われた。四六年一月に出された公職追放令はその一つの終結点であった。

一九四五年一〇月四日には政治的・市民的・宗教的自由の制限の徹底した「自由化」と政治犯の釈放を求める「人権指令」が、同一一日には、いわゆる「五大改革指令」(婦人参政権の付与による解放、労働組合の育成奨励、経済の民主化、教育の自由化、秘密機構の廃止)が出された。それは、マッカーサーから日本政府に送られた民主化のシグナルであり、カタログだった。

しかし、この時期GHQ(連合国総司令部)はまだ民主化のための組織・政策の準備段階にあった。民政局を含む特別参謀部は、一〇月二日に発足したばかりだった。また、彼らが政策の立案に際してバイブルとした、「日本占領および管理のための連合国最高司令官に対する降伏後における基本的指令」(「基本的指令」非公表)が届いたのも一一月七日であった。さらに権限をめぐるC・ウィロビー率いる参謀二部(G2)を含む軍参謀部との争いという大きなハードルが眼前にあり、民政局が民主化政策の具体化に着手するには甚だ弱体かつ無力だった。

この間、幣原喜重郎内閣は、GHQに先手を打つかたちで「自主的」に改革を進めた。婦人参政権を認め、選挙権・被選挙権年齢もそれぞれ二〇歳と二五歳に引き下げた衆議院選挙法の改正、労働者の団結権、団体交渉権、争議権を認める労働組合法の制定。そして、自作農創設を目的とする農地改革の着手などである(改革過程のプロセスについては『昭和史講義2』第19講参照)。前二つは日本側の改革案がGHQの承認を受け、そのまま実施された。これらの改革は一方で戦時からの断絶であり、他方で「満州事変以前の政治」への復帰という、幣原のいう「日本デモクラシー」の再現だった。ここに戦時中埋もれてきた改革案が新たな装いを凝らして蘇り、それは「満州事変以前」にとどまらない、日本からのもう一つの戦後像の提示となった。

†日本国憲法の誕生——民主化最大のモニュメント

一九四五年一二月一五日、マッカーサーの分身ともいわれたC・ホイットニーが民政局長に就任した。新局長は、GHQ内の対立を受けて停滞していた選挙法・公職追放問題を、軍参謀部などの反対を排して片づけ、民政局員たちを喜ばせ鼓舞した。四六年は、一月一日の天皇の人間宣言、四日の公職追放令の二つの衝撃のなか幕を開けた。

民政局が民主化改革に本格的に乗り出すなか、日米の憲法改正問題をめぐる争闘が始まった。ポツダム宣言は、憲法改正の責務を日本政府に委ねていた。マッカーサーもこれに従い日本側の改正作業を待った。日本側では、近衛文麿、次いで幣原喜重郎（松本烝治を委員長とする憲法問題調査会）の二つのラインが競合するかたちで進んだ。彼らにとって、「国体護持」、すなわち天皇制の存続こそが至上命題だった。彼らはまた、明治憲法の下でも運用によって十分に民主化は可能であると確信していた。それゆえ、改正への動きは鈍かった。しかし、連合国の天皇および天皇制への眼差しは次第に厳しさを増しつつあった。

マッカーサーも、占領統治を円滑に進めるために、天皇制と「民主化」の両立を図る必要があった。そこに、四五年一二月にモスクワで開かれた英米ソ三国外相会談で、連合国の日本占領管理機関である極東委員会と対日理事会の設置が決まったとの報が入った。マッカーサーは、極東委員会の介入を嫌い、その活動が本格化する前に自らの手で憲法改正を行うことを決意した。

また二月一日に毎日新聞にスクープされた松本委員会案は明治憲法の枠から多くを出ない保守的なもので、最高司令官を満足させるものではなかった。同三日マッカーサーは腹心ホイットニーと密かに、ワシントンに諮ることなく、天皇制の存続、自衛権も含めた戦争の放棄、封建制の廃止の「三原則」を作り、草案作成をホイットニーの民政局に任せた。出来上がったGHQ草案は、象徴天皇と戦争放棄を両輪に、言論・思想の自由、基本的人権の尊重などポツダム宣言に列挙された諸条件を満たしていた。三月六日、民政局との共同作業でできあがった草案は、「憲法改正草案要綱」と名づけられ政府案として発表された。マッカーサーは、象徴天皇制で日本国民を納得させ、これに戦争放棄を抱き合わせて、日本軍国主義の復活を恐れる連合国を説得し、二面作戦を成功させた。

日本国憲法は、日本民主化の最大のモニュメントだった。民主化と天皇制の調和を図り、日本の「戦後」を画した。ホイットニーの民政局がこの大事業を独占的に成し遂げたことで、GHQの政治的参謀として政治的民主化の強力な推進者となる。

一九四六年四月、戦後初めての総選挙が行われた。マッカーサーは、選挙に憲法の信認投票を期待したが、争点となることはなかった。選挙後幣原内閣が倒れ、憲法改正は吉田内閣に引き継がれ、最後の帝国議会での審議を経て一一月三日公布された。

並行して、政府は新憲法の原理と調和させるために多くの法律の「民主化」を急がねばならなかった。法制改革の中心となったのは、民政局と四六年七月に設置された臨時法制調査会だった。調査会は皇室および内閣関係を扱う第一部会、国会関係を扱う第二部会、司法関係を扱う第三部会、財政、地方自治関係を扱う第四部会に分けられた。第三部会はさらに裁判所構成法・検察庁法を扱う第一小委員会、民法・民事訴訟法・戸籍法などを扱う第二小委員会、そして刑法・刑事訴訟法などを扱う第三小委員会の三つから構成された。民政局は各部会にスタッフを配し、監視するとともに、必要に応じて助言を行った。各部会では小委員会を設置し、各省庁の調査会等とも連携しながら、一〇月六日の第三回総会で計一九件の要綱の答申を行った。

同年一二月末に召集された第九二帝国議会には、新憲法施行に合わせたおびただしい法律――国会法、内閣法、裁判所法、地方自治法、教育基本法・学校教育法、労働基準法など統治機構を規定する重要法案が提出、審議可決され、憲法と併せて公布施行された。

これらの法の制定を終えて、吉田は「新日本を誕生させるためのレールは、大体敷けた」（『回想十年』第二巻、中公文庫、一九九八）と自負した。だが、民法と刑法の改正は残され、民政局は首相の「改革に対する受け身の抵抗を本能的に感じていた」（オプラー一九九〇）という。

†民主化改革の加速

一九四七年三月、マッカーサーは非軍事化が終了し、民主化もほぼ完成に近づきつつあり、次なる課題は経済復興に置かれるとする「早期対日講和声明」を発した。二・一ストにみられるように、経済的困窮は民主化を揺るがしかねないと考えたのである。民主化改革の完成に次いで、経済復興を優先課題に加えた。

四月に行われた総選挙では社会党が比較第一党となり、六月片山哲を首班とする社会・民主・国民協同の三党連立内閣が成立した。ケーディスは、「片山のリーダーシップのもと、占領目的の達成が加速される大きな機会を得た」と語り（筆者とのインタビュー）、A・オプラー法規課長は「我々は今、より誠実で協力的な政府を得た」と喜んだ。

事実、片山内閣は、占領政策と共振しながら、吉田が残した民主化政策を進めていく。民法改正、刑法改正、労働省の設置などである。民法改正で焦点となったのは、第四編（親族）と第五編（相続）の「イエ」制度改革にあった。新民法は四六年七月に司法省に設けられた司法制度審議会で原案が作られ、翌四七年一月に「民法改正要綱案」として政府に提出された。この間、オプラーは両性の平等と個人の自由の原理が守られるならば、家族法の近代化と改正の問題は日本国民自身の問題であるとし、介入することは少なかった（オプラー一九九〇）。彼は、大陸法を専門とし、西欧的な観念を東洋の国に押しつけるのは賢明でないと考えていた。「イエ」制度、戸主権および家督相続の廃止は、起草委員となった我妻栄《わがつまさかえ》（東京大学）、中川善之助（広島大学）、川島武宜《たけよし》（東北大学）ら法学者が中心となって進められた。改正民法は、四七年一二月に公布され、翌四八年一月に施行された。ちなみに片山を中心に社会党でまとめられた「家庭法案」は戸主専制を排し、配偶者の相続権、均分相続、婚姻の自由など内容的に新民法に近く、非嫡出子《ちやくしゆつし》の差別の廃止を提言していることは注目される。

また刑法改正も、新憲法の精神に基づいて、自由・進歩両保守党の反対を排して不敬罪、大逆罪、姦通罪を廃し可決した（一九四七年一〇月公布一一月施行）。

†改革の終結に向けて――内務省解体

民政局は、官僚組織を軍閥・財閥と並ぶ「封建的全体主義的な保塁の一つ」「官閥」とし、その民主化が必要であると考えていた。その意味で、内務省解体は彼らにとって民主化の総仕上げでもあった。内務省は戦前、地方行政・警察のみならず土木・衛生などの国内行政を管轄する「官庁のなかの官庁」と呼ばれていた。四七年四月、ホイットニーは憲法と地方自治法の公布施行を前に、内務省を人民への「中央集権的統制の中心」であるとして、その「分権化」を指示した。具体的には、地方局の廃止、財政関係事項の大蔵省への、土木関係事項の他省への移管を求めていた。しかし、六月二〇日に、新聞で民政省と名を改めて温存する内務省案が報じられると、民政局は分権から解体へと踏み出した。同二七日、閣議は内務省を解体し、地方局を自治委員会に、国土局を建設院に、警保局を公安庁にして総理庁の外局とする案を決定した。

しかし、並行して進められていた警察制度改革をめぐる民政局とG2の対立は片山内閣を揺さぶった。もともと警察はG2の管轄下にあったが、内務省は民政局の権限内にあり、自治体警察を中心とする「分権化」を主張する民政局と、国家警察を軸に中央統制を主張するG2の考え方の違いもあり、解体を遅滞させた。この厳しい対立を処理する力は内閣にはなく、九月、片山は書簡でマッカーサーに裁定を求めた。回答は、人口五〇〇〇人以上の市町村に自治体警察をおくなど「八割位が民政局ホイットニー＝ケーディス＝ライン」（『戦後自治史IX』自治大学校、一九六七）の案を支持するものだった。一二月、警察法が制定され、内務省は解体された。

そして、一二月一五日、ケーディスは、内務省解体の道筋がついたことを見届けて、現在同局が国会で進めている公務員法改正など一一の立法計画を除いて民政局が主導する法改正は行わず、「これは占領目的達成のために当民政局の立法計画が完了したことを意味する」と告げた。四八年半ばには、その組織も再編・縮小され、同時に改革を担ってきた人びとも任務を終え順次帰国の途についた。以後、民政局は日本政治への影響力を減退させていく。

†「逆コース」のはじまり――吉田茂の占領政策是正の要求

民政局の縮小と並行するかたちで、アメリカ政府は経済復興に、さらには日本経済の自立化に重点を移していく。一九四八年一〇月には、G・ケナンの起草になるNSC13／2「アメリカの対日政策に関する勧告」が承認され、非軍事化・民主化を主とする「初期の基本的指令」に代わる新たな占領政策が確定した。日本占領も、マッカーサーの占領からアメリカの占領へと変わっていった。

講和を前に、日本側から民主化改革の是正を求める動きも起こってきた。一九五一年四月九日、吉田はマッカーサーに宛て、占領期に行われた諸改革の見直しを求める書簡を送った（『吉田茂＝マッカーサー往復書簡集』講談社学術文庫、二〇一二）。それは地方自治制度（内閣の監督権の強化）、家族制度（家長の地位の法制化、長子相続の復活）、警察制度（国家警察と地方警察の相互協力の能率化など中央集権化）、教育制度（教育委員会の独立性の廃止、六三制の再検討）など極めて広範囲にわたり、これまでGHQが行ってきた「改革」の根本に関わるものだった。しかし、マッカーサーが書簡を目にすることはなかった。突然の解任（四月十一日）によって、ホイットニーを引き連れて慌ただしく帰国の途についたからである。

同一八日、吉田はJ・F・ダレス、マッカーサーの後任の最高司令官M・リッジウェイと会い、マッカーサーの原則的同意を得ていると偽って、占領政策の見直しを求めた。翌一九日、ホイットニーを継いだF・リゾー民政局次長は、吉田の申し入れは民主化改革を放棄する印象を与えかねず、講和実現を妨げるおそれがあると反対した。五月一日、リッジウェイは、リゾーの反対に配慮することなく、吉田の要求をそのまま受け入れ、日本政府に占領下の諸法規の再検討を認める声明を発した（『GHQ民政局資料・第一一巻』丸善、一九九九）。

政令諮問委員会が首相の諮問機関として設けられ、追放解除問題、経済関係諸法、労働法、行政機構、地方自治、税制等多方面にわたって検討した（なお委員会は独立を前に、任務を終了したとして五二年三月解散している）。

六月以降、石橋湛山、鳩山一郎、緒方竹虎ら大物政治家たちの追放が解除され、「逆コース」との批判をよんだ。この言葉は、第一回目の「追放解除をはじめ世はさながら『逆コース』時代」「近ごろいろんな戦前ものが復活し始めた」からはじまり、『読売新聞』（一九五一年一一月二日～一二月二日）に二五回にわたり連載された特集記事に由来する。以後、テーマは軍艦マーチ、チャンバラなどの復活から、靖国神社、「オイコラ」警察、団体等規正令、教育勅語など多岐にわたる。また連載半ばには、同紙社説は「最近見られる日本の社会風景には、新憲法を制定して立ち上がった数年前の革新気分とはおよそ縁のない恐ろしい逆戻りの珍現象があり、それがもし社会人に何の驚きも与えずに展開しているとしたら悲惨である」と民主化に対する「逆コース」の動きに警鐘を鳴らしている。

†おわりに――戦後改革の遺産

民主化改革は、占領初期のほぼ二年半で行われた。日米双方にとって日本の非軍事化・民主化は不可欠であったが、両者が描く戦後像・民主化像のズレは民主化過程に影響を与えた。日本側が描くデモクラシー、すなわち満州事変以前の政党政治への復帰は、ＧＨＱにとっては軍国主義日本を生んだ政治でもあった。それでも、選挙法や労働組合法など先取り改革型は戦前のよきデモクラシーを継ぐものであり、その意味でGHQも認め定着した。

次の日本国憲法は民主化の頂点に立ち、日本の「戦後」を画した。象徴天皇制、三権分立制、議院内閣制を柱とし、主権在民の観点から国会を国権の最高機関と規定した統治の仕組みは戦後政治の枠組みとなり、言論の自由、基本的人権さらには生存権も盛り込まれた。新憲法に基づく法制度の民主化は吉田内閣でもなされたが、つづく片山内閣で、民政局との日米の「改革派連合」とでもいうべき協調関係のもと民主化を加速させた。人びとはこれら民主化の成果を着実に自分のものにした。それゆえ、講和を前に出された吉田の申し入れも、警察法、独禁法、集中排除など、ごく一部を除いて実現しなかった。

日本は平和的な民主国家として「強兵なき富国」の路を歩んだ。本講では触れることができなかったが、一連の経済民主化（財閥解体・農地改革・労働改革）は、日本の社会経済構造を変え、結果的に高度成長の礎をつくった。なお財閥解体と労働改革は経済科学局の、農地改革は天然資源局の管轄に属していた。

さらに詳しく知るための参考文献

＊以下の他に『昭和史講義2』第19講の文末参考文献も参照。

アルフレッド・オプラー（内藤頼博監修／納谷廣美・高地茂世訳）『日本占領と法制改革』（日本評論社、一九九〇）……民政局法規課長、GHQ法務局長を務めたオプラーの回想録。法制改革の過程を概観する。

天川晃『戦後自治制度の形成』（放送大学叢書、左右社、二〇一七）……日本の地方自治制度を、緻密な史料の読み込みによって、戦前・戦時、占領期、講和後の歴史過程のなかで明快に解明した好著。

出口雄一『戦後法制改革と占領管理体制』（慶應義塾大学出版会、二〇一七）……戦後日本の起点となる占領期の広範にわたる法制改革の実態と占領管理の構造を、近現代法制史のなかに位置づけている。

福永文夫『日本占領史一九四五～一九五二――東京、ワシントン、沖縄』（中公新書、二〇一五）……日本占領を、本土と沖縄の二つの占領を比較し総体化、そしてアメリカ政府、GHQ、日本側諸政治勢力が織り成す政治的相互作用のなかに描き出した通史。さまざまな民主化改革の過程を簡潔に記している。

第3講　シベリア抑留

長勢了治

†ヤルタ会談と日ソ戦

ソ連軍は終戦直前の一九四五（昭和二〇）年八月九日午前零時、日ソ中立条約を破棄して満州に侵攻した。北朝鮮にも同日、北部沿岸に爆撃を始めた。樺太には八月一一日から北部国境方面にソ連軍が侵入した。千島列島への侵攻は遅く、終戦後二日も経った八月一七日深夜にソ連軍が占守島《しゅむしゅとう》へ砲撃して上陸し日本軍との間で本格的な戦闘となった。

スターリンはルーズベルト、チャーチルとの一九四五年二月のヤルタ会談で、ドイツ降伏後二カ月ないし三カ月で対日戦に参戦すると約束し、参戦の見返りに樺太、千島列島、東清鉄道、大連、旅順を貢がせた。スターリンはこの極東密約通り実行したわけである。

ヤルタ会談ではドイツに関して「国民資産の撤去」と「ドイツの労働力の使用」を賠償とし

て明記していた。スターリンが日本についても同様に考えたであろうことは容易に想像がつく。

スターリンは満州侵攻後の八月二三日、有名な「秘密指令九八九八号」を出して五〇万人の日本兵をシベリアへ連行するよう命じた。同時に満州、北朝鮮の施設と物資を「戦利品」として大量に掠奪し国内へ移送することも命じた。

ソ連軍は満州・樺太・千島・北朝鮮で降伏し武装解除された軍人と、一部民間人を集結地に集め、まず軍組織を解体して一〇〇〇人ないし一五〇〇人の作業大隊を新たに編成した。強固な絆で結ばれた軍隊組織をバラバラにして抵抗を防ぐ分断支配である。

この作業大隊をソ連とモンゴルに送りこんだ。ソ連の移送先は主に極東とシベリアと中央アジアであるが、西はウクライナ、東はカムチャツカ、北は極北、南はウズベキスタンまで全国二〇〇〇カ所以上といわれる収容所に散らばっていた。これがシベリア抑留である。地域的には「ソ連モンゴル抑留」と呼ぶのにふさわしい広がりがあった。

†抑留者数と死亡者数

抑留者数と死亡者数を論じる場合、抑留者の範囲を明らかにしておく必要がある。本稿では「強制抑留者」と「現地抑留者」を合わせたものをシベリア抑留者とした。

強制抑留者とは「ソ連軍支配地域（満州、北朝鮮、樺太、千島、旅順大連地区のこと）からソ連本土とモンゴルに連行・抑留された軍民」のことで、法律上は「戦後強制抑留者」と呼ばれる。強制抑留者だけが慰労金や特別給付金の交付対象となった。政府が公式数字として掲げる「シベリア抑留者五七万五〇〇〇人、死亡者五万五〇〇〇人」はこの強制抑留者だけを指していることに注意したい。

一方、現地抑留者は「ソ連軍支配地域でソ連軍が管理する収容所や病院に収容された軍民」のことである。ソ連・モンゴルには移送されなかったものの真岡、大連、元山、咸興（興南）の本国送還収容所を含む現地のソ連軍収容所に入れられた。現地抑留者の実態については近年ようやくその一部が報道されているだけでほとんど未解明なままである。

従来、シベリア抑留者としては強制抑留者のみを指すことが多かったが、ソ連管理下の収容所で辛酸をなめたという意味では現地抑留者もまったく同じであり、両者を合わせる方が実態に即している。

最終的に何人の日本兵と民間人がソ連とモンゴルに抑留され、そのうち何人が死亡したか、まだ確定できない。ソ連側と日本側の諸資料を総合すると、七〇万人以上が現地およびソ連モンゴルに抑留され、およそ一〇万人が死亡したと推定される。

死亡者については単にその数が多かっただけではなく、死者を冒瀆するような乱暴な屍体の扱いや、粗末でかつ放置された墓地も大きな問題だった。

ソ連がなぜこれほど大量の日本人を抑留したのか、もまだ確定的なことはいえない。ただ確かなことは、戦争で二五〇〇万人ともいわれる膨大な犠牲者を出し、国土が荒廃したソ連が、国民経済復興のために咽喉から手が出るほど「若い男性の労働力」を必要としていたことだ。スターリンは、すでにヤルタ協定を根拠にして大量のドイツ軍捕虜をソ連に連行して使役し、捕虜は使えると味をしめていたから、日本兵をソ連に連行することも当然と考えたであろう。

一方で、いわゆる関東軍文書とシベリア抑留密約説がある。これは、シベリア抑留は日本軍や日本政府にも責任があると主張するもので、その根拠とされたのが①関東軍総司令部の「ワシレフスキー元帥ニ対スル報告」と②朝枝《あさえだ》繁春大本営参謀の「関東軍方面停戦状況ニ関スル実視報告」である。①は草地貞吾大佐が起草し秦彦三郎総参謀長と山田乙三《おとぞう》総司令官の決裁を受けた八月二九日付の文書で、満州に残りたい希望者に限ってソ連占領下での満州経営に協力させて欲しいという趣旨で書いたものだ。②は作成日が八月二六日で、在留邦人を満州や朝鮮に「土着」させ、日本国籍を離れてもよい、とするもの。朝枝自身はこの文書の起草を否定している。いずれも満州や朝鮮で経営に協力させるか土着させる、というものでシベリアに連行させる内容ではないうえ、スターリンが秘密指令でソ連・モンゴルへの移送を命令した日付八月二三日よりあとなのである。ゆえに関東軍文書をもってシベリア抑留の密約だとするのは無理がある。

†「ダモイ（帰国）」の嘘と苛酷な移送

ソ連・モンゴルへの移送は貨車輸送と徒歩が多かった。戦利品輸送によって貨車不足になっていたから歩かせたのである。北朝鮮と樺太・千島からはソ連本土まで船で輸送された。黒河からブラゴヴェシチェンスクへも主に船で渡った。

敗戦後の日本人の虚脱と不安につけこむように囁かれる「トウキョウ・ダモイ（帰国）」の嘘は、日本兵の逃亡や反抗の意思を挫くためだった。早い帰国を念願していた日本兵は、この嘘に手もなくだまされた。しかし、ことあるごとに吐かれるダモイの嘘は日本人にソ連に対する決定的な不信感を植えつけたのも確かだ。

シベリアへ連行されるとわかった段階で列車から飛び降りて逃亡する者が出た。脱走者は見つけられると容赦なく射殺され、死体は放置された。脱走以外にも移送中の列車内で死亡したり、雪中の徒歩行軍中に倒れる者が続出した。移送中の犠牲者は数千人から数万人ともいわれるが、今となっては確かめようもない。

†ソ連の収容所管理体制、収容所管理総局(グラーグ)と捕虜抑留者管理総局(グプヴィ)

ソ連の収容所《ラーゲリ》には内務省管轄の収容所と軍事力省管轄の独立労働大隊（ＯＲＢ）の二種類があった。主体は内務省管轄で、軍事力省管轄はおよそ一〇％にすぎない。国際的には陸軍省が捕虜を管理する国が多いのに対して、ソ連は内務省という「弾圧機関」が主に担当したことが際立った特徴である。内務省が担当することで、捕虜も限りなく「囚人」に近い待遇を受けることになった。端的にいって、囚人収容所と同じく有刺鉄線で囲われ、機関銃を構えた警備兵が二四時間立哨する収容所に監禁されたのだ。

ソ連は第二次世界大戦が始まると、内務人民委員部（内務省）に囚人を管理する「収容所管理総局（グラーグ）」とは別に、「捕虜抑留者管理総局（グプヴィ）」をつくった。ドイツ人や日本人などの外国人捕虜・抑留者はここが管理した。グプヴィは独裁者スターリンが死亡した直後の一九五三年五月、業務は内務省監獄局に移管され、一四年足らずでその歴史を閉じることになる。

内務省管轄のラーゲリは「収容地区―支部―分所」という三層構造になっていた。日本人用の収容地区は全部で六八あった。その下に多数の支部と分所があり、二〇〇〇カ所ともいわれる収容所数はそれらとＯＲＢを合わせたものを指している。収容地区で大きいものは一万人を超えたが、ORBはもともと五〇〇人～一〇〇〇人の小部隊で機動性があって場所や人数が変動しており、一九四七年三月時点では五七カ所ほどだった。

内務省収容所とORB以外に、捕虜専用の病院である「特別病院」が九〇カ所ほどあった。各収容所には診療室や小病院（ラザレート）があったが、ここで手の負えない重病人は特別病院に移された。

なおモンゴルには一万二〇〇〇人あまりが抑留されたが、これは日ソ戦にモンゴルが参戦した見返りだとされる。モンゴルには「捕虜管理庁」がつくられ、ソ連から「顧問」が派遣されて指導監督していたからソ連に準じた取り扱いだった。四〇カ所ほどの収容所があった。実際の待遇はかなり悪く、一六〇〇人あまりの死亡者を出して死亡率は一三％と、ソ連の平均死亡率一〇％を上回るほどだった。

†シベリア三重苦（飢餓、重労働、酷寒）

収容所はソ連全土に分散していたため、その環境は一概にはいえない。地域や収容所によって待遇面でかなりの差があったのは事実だ。しかし抑留者はおおむね飢餓、重労働、酷寒のいわゆる「シベリア三重苦」であらわされる苛酷な生活を強いられた。

抑留者は食料では筆舌に尽くしがたい思いをした。どの収容所でも食料がひどく不足してい

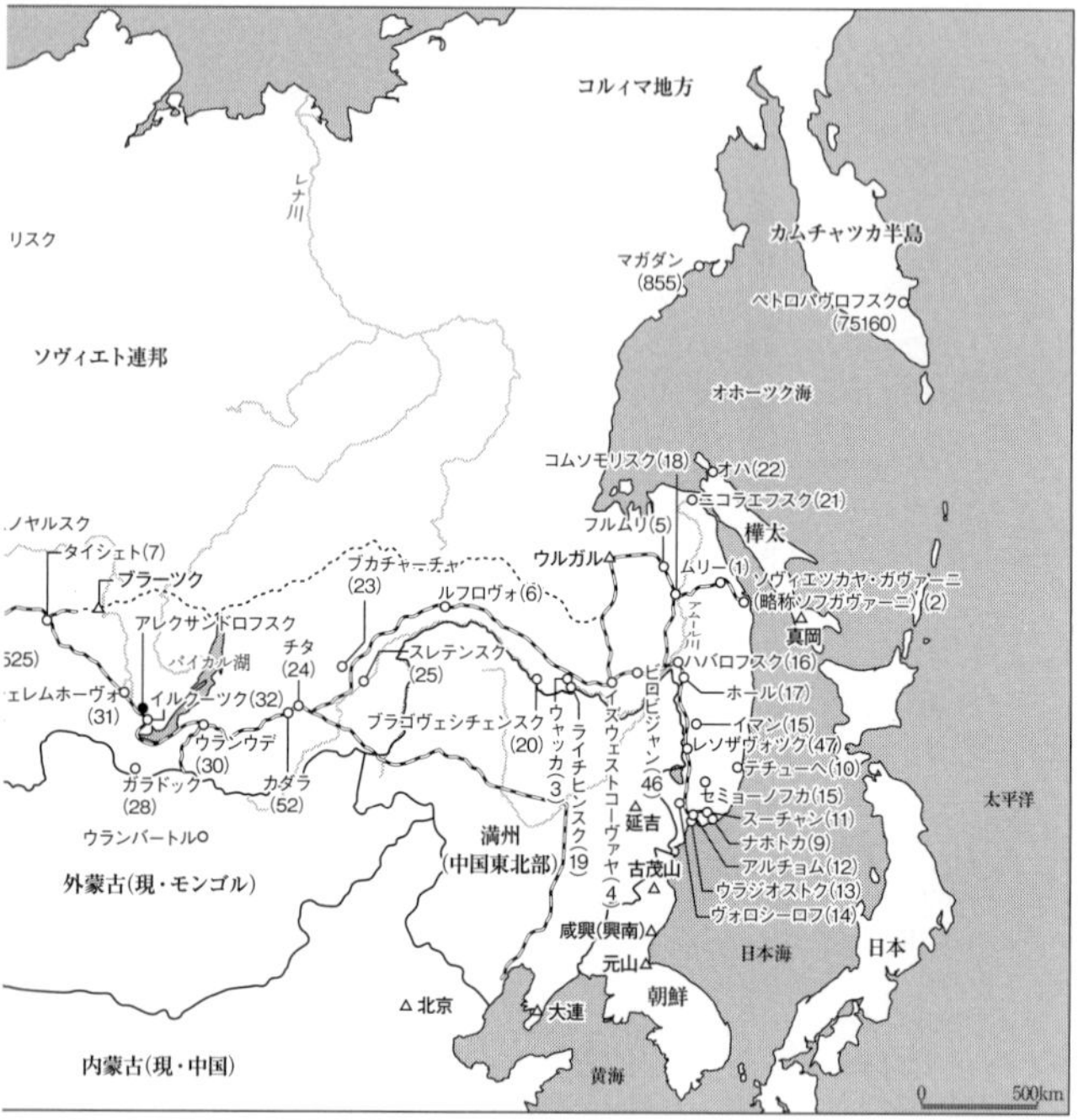

た。慢性的な飢餓状態は多くの人を栄養失調にさせた。背景には戦争によるソ連国土の荒廃や飢饉があった。ソ連国民自身が飢えていたのである。その上に（それゆえに）収容所ではとりわけ抑留初期は、職員による食料の横領が横行していたし、日本人の中でも旧軍組織の幹部将校がピンハネしたところもあり、兵卒はますます苦境に陥った。

　ソ連にも一応、給食の基準はあった。一九四五年九月二八日の内務人民委員部

日本人用捕虜収容地区と囚人収容所

命令で捕虜用の四つの基準が定められた。日本陸軍の基本定量と較べると、全般に少ないとはいえ、ソ連の基準通りに支給されていれば、栄養失調でバタバタ斃れることはなかったに違いない。問題は、基準をはるかに下回る量しか供給されなかったことである。初期においては大まかにいって基準の半分以下だった。

さらに作業能率給食制（ノルマ給食制）が導入され、生産ノルマの達成度によって食料が増減されるようになった。体力がない病弱者は、ノルマを達成できないと食料が減らされますます体力を減らす悪循環に陥るという非情な制度だった。

骨と皮ばかりのドハジャーガ（極めつきの栄養失調者）ともなれば死を待つだけだった。いわば「餓死」である。かくて収容所では、少ない食料をめぐる「餓鬼道」ともいうべき生き地獄が出現した。

食糧事情が少しずつ改善されるのは一九四六年夏以降であるが、それでもひもじさが解消されたわけではない。

†重労働、奴隷労働

ソ連が日本人捕虜を抑留した最大の狙いは、戦争で破壊された国民経済の復興のための労働力だったからとにかく働かせようとした。貧弱な食料で、つまりは食わせずしてノルマだけは強要したのだ。

ソ連には共産主義独特の「ノルマ制」があった。ノルマは作業の種類ごとに一人一日の基準作業量を細かく規定していた。ソ連では、職場や企業が自主的にノルマを決めるのではなく、国家が集権的に作業ごとに細かく定めて下へ指示した。これは自由人労働者向けのものだが、捕虜や囚人にも同じく適用された。

ノルマで問題になるのは第一に、体力の優るロシア人のノルマをそのまま日本人に適用したことである。第二に、労働能力一級と判定された日本人同士で体力の差はあってもすべて一律に適用されたことである。ソ連のノルマ制度は個人の能力（熟練度）と体力の違いを無視し、平等を装った悪平等の制度だった。

ソ連のノルマ制の特徴のひとつは、「多少とも技術的な作業のノルマは低く、単純作業は高い」という明らかな傾向をもつことだった。だから旋盤工などは軽々と二〇〇％達成する一方で、伐採作業や鉱山作業では必死に働いても五〇％も達成できないといった矛盾が至るところで見られた。どのような作業を命じられるかは、抑留者にとって死活の問題だった。抑留者はあらゆる種類の労働を強いられたが、森林伐採、鉱山労働、貨車への貨物の積み降ろしが三大重労働だった。

八時間労働が基本だったが、ノルマが達成できなければ超過労働をさせられた。安全対策がおろそかなので作業中の事故も多く、インワリード（労働廃疾者）になったり、死亡したりした。賃金の支払いはノルマの一〇〇％遂行または超過遂行が条件だった。しかし、当初はまったく支払われず、一九四六年の夏ごろから一部の技能労働者に支払われた。一般労働者には一九四八年頃から少額が支払われた。ただし抑留中まったく賃金を支払われなかった抑留者も少なからずいた。

これは、ソ連が国際法に違反して賃金から「給養費」を控除したことが大きな要因だった。この給養費には食費などの捕虜自身の給養費だけでなく、収容所職員の給与など収容所維持費が加算され、当初は二〇〇ルーブルと設定された。何とかノルマを一〇〇%達成しても賃金からまず給養費を控除し、残額の七〇〜八五%掛けを支払うとしたから、支払いゼロか、少額にしかならない制度だった。

非情なソ連は、この給養費二〇〇ルーブルを一年後の一九四六年一〇月から四〇〇ルーブルに倍増し、一九四八年四月にはさらに四五六ルーブルへ引き上げた。捕虜にはできるだけ賃金を支払わない、という意図が明白だった。

このように、多くの抑留者はほとんど賃金を支払われない「無償労働」を強いられた。すなわち「ただ働き＝奴隷労働」であり、共産主義国家ソ連はその理想とは裏腹に、日本人抑留者を奴隷のように搾取したのだ。

†暁に祈る事件

これはモンゴルのウランバートルの捕虜収容所で、隊長の吉村久佳大尉（じつは池田重善《しげよし》憲兵曹長）が食料不足と重労働に苦しむ隊員に恣意的な作業ノルマを強制し、果たさない隊員に私刑《リンチ》を加えて三〇人近い犠牲者を出したとされる事件である。ノルマ未達の隊員を零下三〇度にもなる厳寒の屋外の木に縛りつけて放置し、死亡した隊員が昇る朝陽に向かって首《こうべ》を垂れる姿になっていたことから「暁に祈る事件」と呼ばれた。

この事件は日本でセンセーショナルな話題となり、裁判沙汰にもなった。結局、池田重善は遺棄致死罪と逮捕監禁罪で懲役三年の刑が確定したが、のちに遺棄致死罪は事実誤認であることが判明した。すなわち、大々的に報道された「残忍なリンチ殺人」はなかったというのが裁判の結論だ。

事件の背景には作業をめぐる対照的な考え方があった。一つは健康第一主義であり、もう一つは作業第一主義である。吉村隊長は作業第一主義をとり、当局に迎合して過重なノルマも受け入れて隊員に強制し罰則まで与えたのである。ソ連の収容所では「働くな!」が生き延びる要諦であるから、吉村隊長のようなやり方は非常に危険な選択だったといわねばならない。

†酷寒(マロース)

シベリアはカザフスタンとモンゴルの北部を含めて、北緯五〇度線より北側にすっぽり収まる高緯度地帯である。しかも大陸性の気候なため非常に寒い。真冬にはマイナス四〇度から五〇度以下にも下がる。温暖な気候で育った日本人には想像を絶する寒さだ。

ソ連側は早い段階で、日本人がシベリアの酷寒(マロース)に耐えられない体質であること

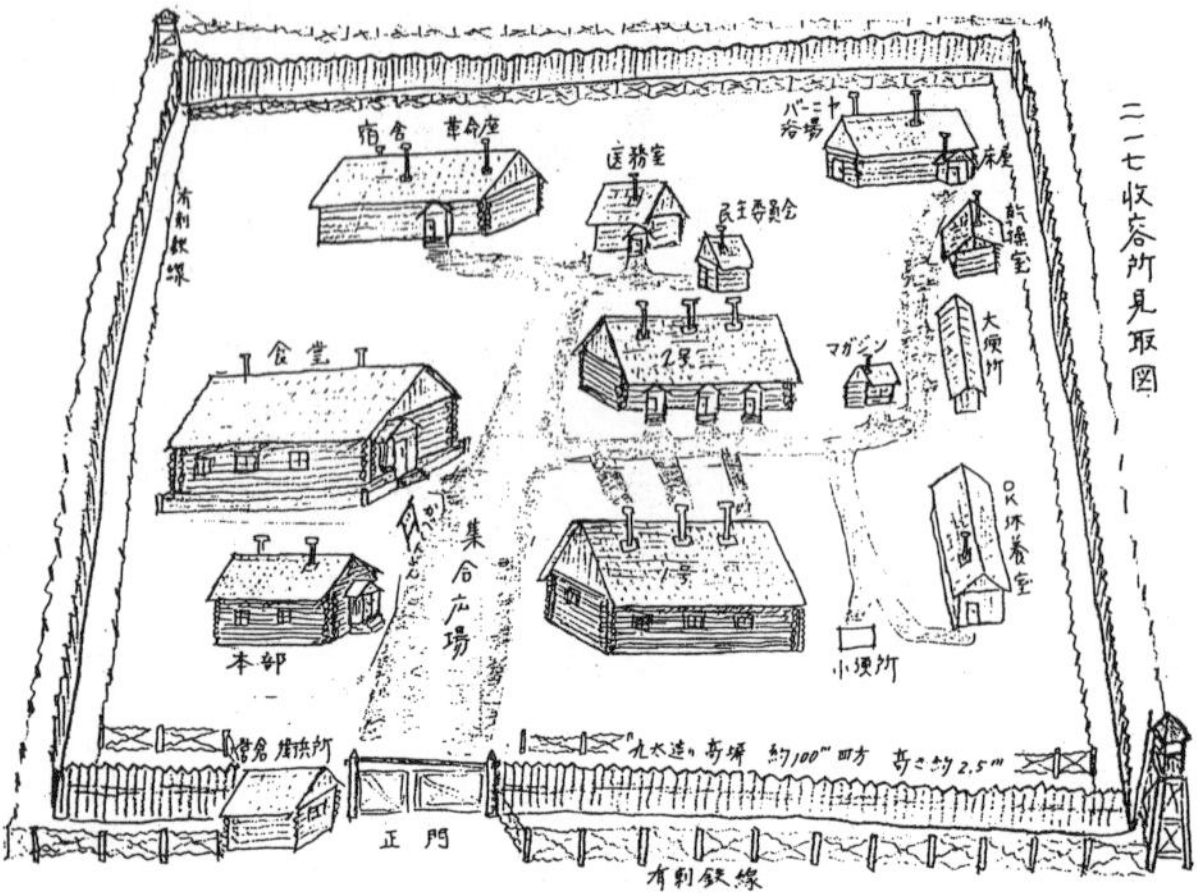

収容所見取り図（217会編『シベリア・二一七捕虜収容所』）

に気づいていた。一九四五年一一月には、内務人民委員部指令で「屋外作業への出動は季節に応じた服と靴を着てのみ行うこと、作業施設では凍傷を防止するあらゆる措置を取り、暖まり場をつくること」と命じていた。しかし食料基準と同じく、これも守られなかった。粗末な服で焚火をして暖まると警戒兵に追い立てられることがよくあったのだ。

作業停止になる「限界気温」は収容所によりまちまちだった。内務人民委員部が一九四五年一〇月に出した命令では、「日本人捕虜は、日本人の冬季作業条件への適応力を考慮して共和国内務人民委員部／州内務局の裁量で気温の限度を定める」と規定していたから実際には収容所長の裁量だった。したがって、マイナス三〇度から四〇度までばらつき、マイナス五〇度で作業に出された例すら見られた。それだけでなく、雪嵐や強風ともなれば体感温度はさらに下がるが、あまりそれが考慮された形跡はない。貧弱な防寒具とも相まって、寒さに弱い日本人に凍傷患者が続出したのは当然であった。

収容所長はノルマの達成を第一に考えているので、限界気温を超えても作業出動させることがあった。ただ、凍傷患者を出さないため限界気温を守ろうとするソ連医師が、無理やり作業出動させようとする所長と対立する場面がよく見られたのは救いだった。

酷寒、飢餓、重労働という三重苦のひとつでも大変なのに、これが重なったのである。ソ連側もそれなりに対策を講じようとしたが、当初はほとんど効果がなかった。とりわけ抑留当初の一九四五年から四六年にかけての冬は厳しく、抑留中の死亡者のおよそ八割がこの時期に集中している。

衛生や医療も劣悪だった。住居が不潔なため虱《しらみ》や南京虫に悩まされ、発疹チフスや赤痢などの伝染病が流行した。当時のソ連の医者のレベルが低かったことは衆目の認めるところで、体温が三八度以上でなければほとんど病人扱いされないなど、日本人の不信を買った。反面、日本の軍医に救われることも多かった。医薬品もまったく足りなかった。

†思想教育とシベリア「民主運動」

苛烈な生活にくわえて、抑留者たちの精神に重苦しい影を落としたのが、ソ連による思想教育だった。ソ連は当初から抑留者を思想教育する計画をはっきり持っていた。それを裏づけるのが、日本兵向けの宣伝新聞「日本新聞」を早くも一九四五年九月一五日に発行した事実だ。新聞にはソ連の礼賛、共産主義の宣伝、天皇制批判などが載せられた。これがシベリア「民主運動」を領導することになる。

ソ連政治将校の後押しで、やがて日本新聞「友の会」がつくられ、次第に「民主」グループができてくる。さらには「講習会」や「政治学校」で養成された筋金入りのアクチーヴ（活動分子）がリーダーとなり「反ファシスト委員会」に発展する。こうして、ソ連と共産主義に共鳴し反軍思想を抱くようになった者が収容所内で権力を行使しはじめるのである。

収容所内では旧軍組織が解体され、反ファシスト委員会が主導権を握るとともに「民主運動」が過激化していった。『ソ連共産党小史』などの学習が強制され、「反動」分子との闘争が展開される。将校や「前職者」が「反動」として批判会、吊し上げで激しく攻撃された。これは精神的拷問にも等しいもので、収容所を陰惨な雰囲気にし、被害者の心に大きな傷跡を残した。シベリア「民主運動」は日本人同士を分裂させ反目させて、同胞間に深い亀裂と感情的対立をもたらしたのだ。

「民主運動」の圧力に耐えかねて転向する将校が続出した一方で、最後まで妥協せず筋を通した将校がいたのも事実だ。その一人が「極反動」とされた草地貞吾である。草地貞吾は陸士・陸大出のエリート軍人で敗戦時は関東軍参謀大佐だった。ハバロフスク周辺の収容所と監獄を転々とし、「極反動」としてアクチーヴから執拗な攻撃を受けつづけたが、最後まで妥協を拒み、国際法を楯に階級章を外さなかった。しかし、その報いのように「戦犯」として資本主義援助罪で二五年の判決を下されて受刑者として監獄に拘禁され、一一年後に帰国することになった。

こうしたシベリア「民主運動」の総仕上げが、一九四九年夏の「スターリンへの感謝文」署名運動と、帰国後の日本共産党入党運動であった。

しかし、ソ連の思想教育は結局のところ、その意図とは裏腹に、抑留者の多くに反ソ連、反共産主義の気分を植えつける結果になったから成功したとはいえない。

†ドイツ人と日本人

以上のような収容所生活で日本人はドイツ人などヨーロッパ人の捕虜と接触することがあった。日欧の捕虜は別々の収容所に入れることを基本としていたが、将校収容所やウクライナの収容所では同居していたし、作業場などで一緒に仕事をすることもあった。

日本人が一番驚いたのは、ドイツ人が「今回はソ連に負けたがこの次はやっつけてやる」と意気軒昂なことだった。長い戦乱の時代を経てきて「勝敗は時の運」という現実的な戦争観をもつドイツ人と、常勝の日本軍ゆえたった一度の敗戦にうろたえ、もう戦争はこりごりだと考えるばかりの日本人の違いであろう。

日本人はドイツ人の「ロシア人に対する優越感」や「団結心の強さ」や「頑固さ、しぶとさ」をよく見ていた。日本人は互いに競争するように早く仕事を仕上げて休もうとするが、ドイツ人はゆっくりと時間内に仕事を仕上げ、決して抜け駆けしない団結心と頑固さを発揮していた。ドイツ人も「民主運動」をしたが、日本人のように他人を吊し上げて強要するようなことはしなかったという。

ウクライナの収容所では一緒に音楽会を開いたり、運動会で競争するなどさまざまな交流があった。

†国際法と帰国（ダモイ）の遅れ

ソ連側の捕虜待遇は、一九〇七年のハーグ陸戦規則や一九二九年のジュネーヴ条約のような国際人道法（戦時国際法）に明らかに違反するものだった。

一九二九年のジュネーヴ条約は、「捕虜の送還は平和克復後、なるべく速やかに行われる」と規定していた。また、日本が受諾したポツダム宣言第九項は、「日本国軍隊は完全に武装解除せられたる後、各自の家庭に復帰し、平和的且生産的の生活を営むの機会を得しめらるべし」と定めていた。

それにもかかわらず、ソ連は停戦し武装解除したあと、本国送還するどころか、自国とモンゴルへ強制連行し、長期間抑留して強制労働をさせたのである。

日本政府はGHQを通じて日本人の早期送還をソ連に要求したが、それが実現したのは「ソ連地区引き上げに関する米ソ協定」が調印された一九四六年一二月になってからであり、一般の抑留者が全員帰国するのは一九五〇年四月だった。一九五〇年春までに帰国した人を短期抑留者という。

†無実の囚人、長期抑留者

ところが、短期抑留者よりもさらに長く抑留された人たちがいた。いわゆる「戦犯」として裁かれた受刑者である。ソ連は警官、憲兵、特務機関員、高級将校などの「前職者」をスパイ、反ソ行為などで逮捕・尋問・拷問した。つまり、何をしたかの事実(犯罪行為)ではなく、何の職業だったかだけで断罪したのである。多くは非公開、弁護人なしの即決裁判により二〇年、二五年の長期刑が言い渡された。

それも主に有名な刑法第五八条「反革命罪」で裁いたのだ。反革命罪はソ連体制にまつろわぬ人たちを政治犯として裁くための法律で、これにより膨大な政治囚が生みだされた。きわめて恣意的な断罪であり、彼らは基本的に無実の囚人だった。日本人受刑者は二七〇〇人ほどである。

受刑者になると「捕虜」から「犯罪者」扱いに変わる。捕虜収容所（グプヴィ）から囚人収容所（グラーグ）に移されて待遇が悪化する。外国人を含む一般の受刑者（政治犯、刑事犯）に混じって、残忍なロシア・ヤクザの洗礼を受けることにもなる。

最も苛酷だったのは、短期抑留者が帰国したあと、孤独のうちに長期間抑留されていたことだった。独りまたは数人の日本人として収容所や監獄に取り残された受刑者の胸中には孤独と将来への不安が重くのしかかった。

一九五三年になって、日本赤十字社とソ連赤十字社がモスクワで交渉し、一一月一九日に共同コミュニケに調印する。こうして長期抑留者の帰国が一九五三年一二月から始まった。すでに抑留後八年経っていた。そして一九五六年一〇月一九日の日ソ共同宣言により最後の長期抑留者一〇二六人が帰国したのは同年一二月二六日、じつに一一年ぶりの祖国だった。

さらに詳しく知るための参考文献

長勢了治『シベリア抑留全史』（原書房、二〇一三）……旧ソ連で刊行されたシベリア抑留関係の多くの公文書館資料集と研究書を初めて全面的に利用し、日本側の抑留記などの資料と対照して書かれた、一冊でシベリア抑留のことがわかる包括的な概説書。

長勢了治『シベリア抑留――日本人はどんな目に遭ったのか』（新潮選書、二〇一五）……前記の著作を一般向けにわかりやすく要約して書かれた著作。

富田武『シベリア抑留――スターリン独裁下、「収容所群島」の実像』（中公新書、二〇一六）……日ソ、日露関係の専門家が、シベリア抑留をスターリン独裁下の矯正労働収容所（ラーゲリ）をモデルとした非人道的システムであるとして、その起源から、ドイツ人捕虜、そして日本人が被った一〇年に及ぶ抑留の実態まで記述。

富田武・長勢了治編『シベリア抑留関係資料集成』（みすず書房、二〇一七）……シベリア抑留に関連する旧ソ連、日本、米占領軍の公文書館資料のうち重要なものを網羅した客観的な基本資料集。巻末にはシベリア抑留記約二三〇〇点の書誌も収録。

小林昭菜『シベリア抑留――米ソ関係の中での変容』（岩波書店、二〇一八）……若手の研究者による著作で、ロシアの公文書館資料だけでなくＧＨＱ資料を駆使して、日本人抑留者の役割が冷戦のなかで変容していく過程を明らかにした。

戦後強制抑留史編纂委員会編『戦後強制抑留史』全八巻（平和祈念事業特別基金、二〇〇五）……全国強制抑留者協会の呼びかけで作られた編纂委員会が戦後強制抑留の全体像を描いた出版物として刊行した。日本側の資料が主体で、旧ソ連の公文書館資料集や研究書の利用は一部にとどまる。

ソ連における日本人捕虜の生活体験を記録する会『捕虜体験記』全八巻（一九八四〜一九九八）……抑留

体験者自身が編纂した抑留地域別の体験記。特に第一巻「歴史・総集編」は一部ソ連の資料も使いながらシベリア抑留を総括的に描いている。

第4講

復員と引揚げ――戦争終結後の人の国際移動

浜井和史

†国境線の変更にともなう人の移動

ポツダム宣言の受諾により、敗戦後の日本の主権は本州・北海道・九州・四国および連合国が決定する諸小島（本講ではこれらを「本土」と称する）に局限され、明治以降の対外膨張によって形成された大日本帝国は崩壊した。この国家領域の縮小はすなわち、国境線の変更を意味した。本講で扱う「復員・引揚げ」という事象は、戦争終結により変更された国境線の内／外に所在した人々の戦後における国境線を越えた移動現象を捉えたものである。

アジア・太平洋戦争の終結にともなう日本陸海軍の軍人・軍属の「復員」は、連合国の管理のもとに行われた敗戦国家としての「総復員」であり、変更後の国境線の「外（＝海外）」に展開していた部隊はすべて武装解除のうえ本土に送還され、復員の完結は日本軍の終焉を意味した。また同様に新たな国境線の「外」に在留していた民間人（一般邦人）も曲折の末、最終的には私有財産を現地に残してすべて本土へ引揚げることを余儀なくされた。「復員・引揚げ」は戦争終結後に国境線の「外」に所在した日本人の「内（＝本土）」への移動を意味し、そのプロセスは、大日本帝国崩壊のプロセスというべきものとなった。

これら「復員・引揚げ」については、一九九〇年代以降に研究が盛んとなり、その経緯や実態が大いに明らかになってきた。また、国境線の「外」に留まることとなった「残留／抑留」をめぐる問題や、本土在住の朝鮮人・台湾人の出身地への送還という「復員・引揚げ」とは「逆向き」の人の移動についても関心が高まっている。さらに最近は、日本人の「復員・引揚げ」とドイツ人の「追放」との連関性が指摘され、東アジアの視点を越えて、グローバル・スタディーズとしての展開をみせている。

もちろん、それらのすべてを扱うには紙幅が足りないので、詳細は参考文献等に譲るとして、本講では「復員・引揚げ」をめぐる基本的な問題について整理することとしたい。

†軍人・軍属の復員プロセス

終戦時における日本軍の総兵力数は、陸海軍あわせて約七八九万人（陸軍＝約五四七万人、海軍＝二四二万人）であり、このうち日本本土以外に所在していた軍人・軍属は約三五三万人（陸軍

＝約三〇八万人、海軍＝約四五万人）で、全兵力の約四五％にあたっていた。

日本軍の武装解除と復員は、ポツダム宣言の第九項（「日本国軍隊ハ完全ニ武装ヲ解除セラレタル後各自ノ家庭ニ復帰シ平和的且生産的ノ生活ヲ営ムノ機会ヲ得シメラルベシ」）に規定された戦争終結の条件であり、速やかな実施が求められた。「終戦の詔書」により大本営は全部隊に対して武力の停止を命じたが、なおも徹底抗戦を訴える一部軍人の行動を制するため、昭和天皇より「一糸紊《みだ》レサル統制ノ下整斉迅速ナル復員ヲ実施シ以テ皇軍有終ノ美ヲ済ス」ように促す「勅諭」が出され、八月二五日より武装解除と復員（海軍では「解員」という）が開始された。

国内部隊に関して陸軍は一〇月一五日にほぼ復員を終え、海軍やその他の陸軍諸機関も陸海軍省が廃止された一一月三〇日までに完了した。陸海軍省は、第一・第二復員省に改組され、引き続き復員業務を担当することとなった（両省は復員庁、引揚援護庁に改組されるなどした後、厚生省引揚援護局に吸収された）。

海外部隊に関しては、連合国軍最高司令官（ＳＣＡＰ）による「指令第一号」（一九四五年九月二日）で示された中国・ソ連・豪州・英国・米国の各連合国軍の管理地域で、それぞれ部隊ごとに降伏文書への調印と武装解除を行った。その後、指定の現地収容所に集結し、本土送還まで各種の労務に従事して待機した。

海外部隊のうち、米国管理下の中部太平洋地域のように環境が劣悪で孤立した部隊は、終戦直後の一九四五年九月から一〇月にかけて、短期集中的に送還された。終戦時に一〇〇万人以上の大部隊を残していた中国大陸からの送還も順調に進み、同年一一月頃から各地で復員輸送が開始され、一九四八年一月頃までにおおむね完了した。特に一九四六年一月以降は米軍のLST（大型揚陸艦）や輸送船、病院船などが輸送に使用されることとなり、当初の予想以上に急速に日本人の送還が進展した。

そうした中、英国軍管理の東南アジア地域では、一九四六年九月までに南方軍主力の約六〇万人が送還されたのに対し、同年五月の英国の決定により、同地域内の合計約一三万二〇〇〇人が「作業隊」として当初の計画よりさらに約一年間の強制残留を余儀なくされた。英国は、降伏後の日本軍人をジュネーヴ条約が適用されるPOW（戦争捕虜）ではなく、JSP（降伏日本人）として扱うことで労務期間中の賃金を支払うことなく使役する方針をとっていた。この強制残留の背景には、戦時中の日本軍による英軍捕虜虐待などからくる強い反日感情があり、東南アジア地域における日本軍による破壊からの復興や、食糧不足の事態にJSPを活用することを狙ったのである。しかしこの英国の措置は、日本軍の早期復員を大原則とする米国と鋭く対立した。日本軍の復員をめぐっては、シベリア抑留をめぐる米ソ対立が知られるが、一方で、米英対立の様相をともないながら展開したのである。

なお、朝鮮・台湾出身の軍人・軍属は、武装解除と同時に「カイロ宣言」に基づいて日本国籍を離れることとなり、日本人とは分離するかたちで連合国軍に収容され、優先的にその出身地へと送還された。しかし講和後、日本国内では戦傷病者戦没者遺族等援護法が施行され、軍人恩給も復活したが、これら朝鮮人・台湾人の元軍人・軍属は、国籍を喪失したとみなされて適用の対象外とされ、補償も認められなかったのである。

†一般邦人の引揚げプロセス

終戦時、植民地や占領地など本土以外の旧帝国圏には三〇〇万人を超える一般邦人が居留していた。これらの日本人を戦後どのように扱うかについては、すでに一九四三年頃から米国政府内において、ドイツ人の「追放」政策を参照するかたちで検討が始まっていたことが明らかになっている。しかし、海外部隊の本土送還が既定方針であった軍人・軍属の場合とは異なり、終戦時において一般邦人に対する措置を規定した連合国の包括的命令がなかったため、現地ではさまざまな混乱が生じた。

敗戦を迎えた日本政府は、輸送力不足と食糧難などの社会事情を背景に、海外に居留する一般邦人に対しては原則として「現地定着」の方針を検討していた。一九四五年八月一四日発の東郷茂徳大東亜大臣による中国及び東南アジアの在外公館宛の電報ではすでに「居留民ハ出来得ル限リ定着ノ方針ヲ執ル」ことを訓令している。

九月に入ると、最大の居留民（約一五五万人）を抱えていた中国東北部（満州）の緊迫した情勢が伝えられた。ソ連の対日参戦以降、国策によって入植していた開拓団約二七万人を含む満州の一般邦人は混乱のうちに避難を開始した。壮年男子は関東軍に召集されており、残された老人や婦女子らは過酷な退避行を強いられ、途中、戦闘や飢餓、集団自決などによって多くの人が犠牲になった。混乱は一〇月頃に沈静化したが、収容所に到着後も劣悪な環境下で多くの命が失われた。

しかし、満州における日本人及びその財産への危害を懸念する状況が伝えられてなお日本政府は、「現地定着」から早期引揚げへと転換を図ることができなかった。政府は厚生省を中心に引揚港を指定して国内の受入体制を整備したが、一〇月二五日に日本の外交権が全面的に停止されると、政府が引揚げに関して主体的に連合国軍総司令部（GHQ）と交渉することが不可能となり、引揚げに関する方針の策定はGHQに委ねられた。

米国政府は引揚問題を中国情勢との関連で検討していた。国共内戦が激化し、中国情勢が不安定化する中で、中国在留の日本人の影響力維持を懸念した米国は、ソ連軍の満州からの撤退問題とあいまって一九四五年一二月に対中政策を転換し、中国問題への積極的関与を表明するとともに、日本人の速やかな本国送還を実施する方針をとった。

こうして一九四六年一月にGHQのほか米軍関係機関が東京で開催した「引揚げに関する会

議」で、全地域からの一般邦人の本国送還が基本方針として確認された。そして三月の「引揚げに関する基本指令」に基づいて、満州や北朝鮮、樺太などソ連軍管理以外の地域からの引揚げが急速に実現し、一九四七年末までに各地域からの引揚げが「概了」した。満州においても、ソ連軍の撤退後、一九四六年五月以降に引揚げが開始され、葫蘆《ころ》島から佐世保・博多・舞鶴などの各港に続々と引揚船が到着した。その後一九四八年八月にいったん打ち切られるまでの前期集団引揚げにおいて約一〇五万人が帰国し、一九五三年三月の再開後、一九五八年七月までの後期集団引揚げにおいては軍人・軍属を含む約三万二五〇〇人が帰国した。

†「非日本人」の送還

日本本土から他地域への「逆向き」の移動についてもみておこう。一九四五年一一月一日のSCAP指令「日本からの非日本人の輸送」により、本土在住の朝鮮・中国・台湾等の出身者の故地への送還に関する基本方針が示された。この「非日本人（non-Japanese）」には米軍の軍政下にあった沖縄の出身者も含まれたことが注目される。

この方針に基づいて、翌年二月には「計画輸送」のための「登録」が実施され、「登録」時の本人の希望に応じてそれぞれの出身地へと送還された。中国・台湾へは一九四六年五月、南朝鮮へは同年一二月、沖縄へは一九四九年四月までにほとんどの輸送が終了した。

ソ連の管理下にあった北朝鮮に関しては、一九四六年一二月の米ソ協定に基づいて一九四七年六月までに送還が終了したが、この時の帰国希望者は少数であった。また、米国の統治下におかれた旧南洋群島に関しては現地の島民だけが帰還を許され、米軍の軍政下におかれた小笠原諸島に関しても、戦時中に本土疎開をしていた人々のうち帰還を許されたのは欧米系の者に限られるなど、地域によって対応に違いが生じた。このことは、旧島民であった日本人の不満を招き、戦後における祖国復帰や帰島、墓参を求める運動につながっていった。

†残留日本兵と残留日本人

数百万にのぼる軍人・軍属及び一般邦人の復員と引揚げは、おおむね一九四八年までに大部分が完了したが、この段階で希望するすべての日本人が本国へ帰還できたわけではなく、さまざまな事情により自発的にまたは強制的に現地に「残留」する結果となったものも少なくなかった。

中国大陸では、国共内戦にともない技術者や医療関係者を中心に多くの日本人が国民党軍や共産党軍によって「留用」された。国民党軍の場合はその敗北後に逐次留用を解除されて日本に帰国したが、共産党軍に留用されていた日本人は中華人民共和国成立後も引き続き留用され、その人数は家族も含めて三万五〇〇〇人以上と推定される。また、中国山西省では第一軍司令部が一部の現地除隊を認めた結果、約二六〇〇人の日本軍人が残留して内戦に参加し、約五五〇人が命を落とした。

中国以外にもインドネシアやベトナムなどで残留日本兵が独立戦争にかかわった。こうした残留日本兵は約一万人と推計される。日本政府は、戦友や現地からの情報をもとにこれら「未帰還者」の調査を継続し、一九七〇年代にはグアムやフィリピンで相次いで残留日本兵が「発見」され、日本国内で話題となった。

一般邦人に関しては、満州を中心に、引揚げ時における混乱と厳しい状況の中で、肉親と離別して孤児となり中国人の養父母に育てられた「残留孤児」や、生活の手段を失って中国人の妻となった「残留婦人」が生じた。これらの中国残留日本人に関して政府は、一九五九年に成立した「未帰還者に関する特別措置法」を適用し、約一万三六〇〇人に対して「戦時死亡宣告」を行い、約一〇〇〇人を自らの意思で残留したものと認定した。

一九七二年の日中国交正常化後に政府は改めて調査を進め、一九八一年からは「残留孤児」の訪日調査が実施された。訪日調査は一九九九年度まで行われ、二一一六人の孤児が参加し、六七三人の身元が確認された（その後の日中共同調査により一二人の身元が判明）。ただし当初は、私費による帰国が原則とされ、国費による帰国の申請は日本の親族に限定されるなど問題が多かった。その後政府は、一九九四年に帰国促進や自立支援を国の「責務」とする「中国残留邦人等支援法」を制定したが、政府の対応が不十分であったとして国家賠償訴訟が各地で相次いだ。それらはいずれも原告側の敗訴となったが、二〇〇七年に「支援法」が改正されるとともに、福田康夫首相が従来の政府の対応を陳謝することとなった。

残留日本人の問題は中国に限らない。特に戦後反日感情が強かったフィリピンにおいては、迫害を免れるために日本人であることを隠して生活し、証明書類などを失ったため「無国籍」となった日系移民二世が現在も多数存在している。一九九〇年代以降、こうしたフィリピン残留日本人の実態が調査され、彼らの多くは民間のNPOによる聞き取り調査に基づいて日本政府に対して日本国籍の取得を求めている。しかし、中国の場合と異なり、支援法が整備されていないこともあって、そのハードルは高いのが現状である。

†復員兵と引揚者の戦後

無惨な戦争と収容所での過酷な労務という筆舌に尽くしがたい経験を経て日本に帰国した復員兵を待ち受けていたのは、敗戦の厳しい現実であった。占領下におかれた国内では、GHQによって非軍国主義化政策が進められ、東京裁判の開始などもあいまって、悲惨な敗戦を導いた国家指導者や軍人に対する国民の批判や反発が高まった。そうした中、本土に帰還した復員兵たちは、社会復帰も困難で、就職難と生活難に直面し、犯罪に走るものも少なくなかった。

さらには、戦後の混乱の中で、すでに死亡公報が出され葬儀も行われた後に本人が帰宅するという「生きている英霊」も各地で社会問題となった。

講和後、旧軍人や戦犯は批判をともないながら次第に復権し、一九五三年八月には軍人恩給も復活した。戦友会の結成も相次ぎ、高度経済成長期には活動の最盛期を迎え、戦没者慰霊碑の建立や遺骨収集、部隊史の刊行などが盛んとなっていった。

一方、現地に財産を残して急遽引揚げざるを得なかった一般邦人の戦後生活もまた苦難に満ちたものとなった。生活再建のためには帰国後の定着地の確保が不可欠であったが、国内の住宅事情は非常に厳しかった。政府は一九四六年四月に「定着地における海外引揚者援護要綱」を定めるなどして「引揚者住宅」を建設して収容するという対応をとったが、翌年の昭和天皇への上奏では、住宅難が容易に緩和しない状況が報告されている。

また講和後、引揚者団体連合会を中心に在外私有財産の補償を求める運動が展開した。一九五六年には引揚者給付金等支給法が成立し、生活資金として総額約五〇〇億円が支給され、一九六七年には引揚者特別交付金支給法が成立した。ただし、これはあくまで引揚者にとって「特別な意味と価値をもった」財産の喪失に「報いる」性格のもので、「補償」ではなかった。これにより在外財産問題は「一切終了」したとみなされたが、その後も個人補償をめぐる運動が継続した。

敗戦による植民地等の喪失は、食糧や資源をそれらの地域に依存していた日本にとって食糧難と資源不足に直結した。政府は一九四六年度から五年間で一五五万町歩の開墾などを計画した緊急開拓政策を決定し、この事業に就職難にあった復員兵や引揚者を斡旋した。特に故郷の家財や土地を処分して満州に渡った開拓団の人々は、帰国後、開拓民援護の一環として国が選定した開拓地に再入植したものも多かった。しかし、劣悪な環境に加え、準備不足や農地改革の影響もあり、いくつかの成功例を除いて「戦後開拓」のほとんどは失敗に終わった。また満州開拓民の中には、一九五六年に募集が開始されたドミニカ移住に参加した人たちもいたが、ドミニカ政府の要請により二年後には移住事業は中断し、参加家族は帰国するか、南米へ再移住という結果となった。このように、引揚者の中には、戦後においても杜撰な国策に翻弄される人々が少なくなかったのである。

†「死者」の残留と送還

これまでみてきた復員と引揚げの問題は、軍人・軍属や民間人、出身地にかかわらず、戦争を生き抜いた人々に焦点を当てたものであり、いわば「生者」の送還/残留の問題と捉えられる。その一方で従来見過ごされてきたのが、国境線の「外」に取り残された「死者」の存在であったが、近年はこれらの存在にも研究の射程が伸びている。

アジア・太平洋戦争における日本人戦没者は約三一〇万人で、このうち日本本土以外の海外戦没者（沖縄や硫黄島を含む）は約二四〇万人（軍人・軍属は約二一〇万人）とされる。戦前期の日本においてこれら海外戦没者の遺骨は可能な限りすべて回収し、本土に送還して遺族のもとへ届けることが原則とされていた。しかし一九四三年以降、ガダルカナルの撤退戦やアッツ島の戦いなど戦局の悪化により、遺族のもとへは遺骨の代わりに戦場の石や砂、位牌などが入ったいわゆる「空の遺骨箱」が届けられた。復員時には戦友たちが少なからぬ遺骨を持ち帰ったものの、現地には多数の遺体や遺骨が取り残された。

戦時中の厳しい情報統制により、戦没者の無惨な状況について国民はほとんど知らされていなかったが、講和の前後から戦没者の遺骨が野ざらしになっている状況が国内に伝わり、国民の関心が高まった。講和後、政府は関係国と交渉の上、旧戦場に遺骨収集団を派遣する方針を決定した。しかし、戦没者の数が余りに多い上に対象地域が広範囲であること、また遺骨の風化により氏名判別がすでに困難になっていることなどを理由として、米国の要請に基づき、あくまで各戦場の一部の遺骨を象徴的に持ち帰るという「象徴遺骨」の収容方式を採用した。これにより政府は、一九五〇年代末に南方の遺骨収集は「概了」したとの立場をとった。

しかし、一九六四年の海外渡航の自由化以降、戦友や遺族たちが慰霊巡拝のために旧戦場を訪問した際に、現地に多数の遺骨が放置されている現状を目の当たりにしたことを契機に、遺骨野ざらし問題が再燃し、政府は一九六七年度以降に遺骨収集団の派遣を再開することとなった。以後、今日に至るまで遺骨収集事業は継続しているが、二〇二〇年の時点で約一一二万柱の遺骨が「残留」している。また、政府の遺骨収集の対象はあくまで軍人・軍属等に限られており、引揚げの最中に死亡した一般邦人は対象に含まれていないなど、課題も多い。

「死者」をめぐって生じたもう一つの問題として、「墓参」問題がある。戦争末期に小笠原諸島から本土へ強制疎開を余儀なくされた人々や、ソ連の対日参戦とその後の敗戦により北方領土から引揚げざるを得なかった島民たちは、戦後、本土復帰運動の一環として、現地に残してきた先祖の墓の墓参実現を要求した。墓参は一九六〇年代に実現したが、島民たちは米ソ冷戦や領土問題といった国際関係のより大きな文脈に翻弄されることとなった。

また、戦後、本土から切り離された沖縄では、沖縄戦戦没者の遺骨収集を独自に実施していたが、沖縄返還前に実施された本土発の遺骨収集団に沖縄の人々は参加できなかった。そうした状況に対して、特にサイパンやテニアンなど南洋群島から引揚げた人々の不満が高まり、日本政府や沖縄の米国民政府（USCAR）に対して陳情が繰り返された。その結果、一九六八年になってようやく「慰霊墓参団」の派遣が認められ、二〇一九年まで継続した。

このように、戦争による「死者」の存在は、遺骨収集や墓参を通じて、「復員・引揚げ」を果たした人々や戦後社会にとっても少なからぬ影響を与えた。今後、「生者」のみならず「死者」の送還／残留をも対象とした研究がますます盛んになることで、「復員・引揚げ」の全体像がよりいっそう明確になるだろう。

さらに詳しく知るための参考文献

蘭信三編『中国残留日本人という経験――「満洲」と日本を問い続けて』（勉誠出版、二〇〇九）……「残留孤児」や「残留婦人」として語られる中国残留日本人の「残留」と「帰国」の経験を、子どもや孫の世代まで視野に入れて、多様な視点からその歴史的経験の全体像に迫ったもの。

蘭信三・川喜田敦子・松浦雄介編『引揚・追放・残留――戦後国際民族移動の比較研究』（名古屋大学出版会、二〇一九）……戦後の国境線変更にともなう国際的な民族移動について、従来の東アジア引揚研究の限界を突破してグローバルな連関性の視点から個々の事象を捉え直すことを試みた当該分野の研究の最前線。

今泉裕美子・柳沢遊・木村健二編『日本帝国崩壊期「引揚げ」の比較研究――国際関係と地域の視点から』（日本経済評論社、二〇一六）……旧帝国圏における「移民」と「引揚げ」をめぐる諸問題について、樺太からパラオまで多様な地域の事例を比較検証した共同研究の成果。引揚げに関する研究動向も整理されており便利。

加藤聖文監修・編『海外引揚関係史料集成』（国内篇＝全一六巻、国外篇・補遺篇＝全一九巻、ゆまに書房、二〇〇一～二〇〇二）……各地方の引揚援護局の局史や公文書史料など、日本国内及び朝鮮・満州・台湾・樺太などにおける引揚げプロセスや現地の状況などに関する史料を網羅的に収録した基本史料集。

加藤聖文『「大日本帝国」崩壊――東アジアの一九四五年』（中公新書、二〇〇九）……「大日本帝国」を形成した朝鮮、台湾、満州、樺太、そして日本の「八月一五日」以前と以後の変容過程を丹念にたどりつつ、その全体像を明らかにした必読書。

浜井和史編『復員関係史料集成』（全一二巻、ゆまに書房、二〇〇九〜二〇一〇）……中国大陸及び南方地域からの海外部隊の復員の経緯や実態、また復員業務の状況や担当者の回想などをまとめた史料集。

浜井和史『海外戦没者の戦後史――遺骨帰還と慰霊』（吉川弘文館、二〇一四）……戦後における戦没者の遺骨収集事業の展開について、その政策決定や諸外国との交渉経緯を明らかにしたもの。

増田弘編『大日本帝国の崩壊と引揚・復員』（慶應義塾大学出版会、二〇一二）……「復員」や「引揚げ」、「武装解除」、「戦犯」といったテーマについて、アジア冷戦史の観点を踏まえて基礎的な知見を提供する論文集。収録された加藤聖文の論文「大日本帝国の崩壊と残留日本人引揚問題」は、引揚げのプロセスを国際関係の観点から実証的に明らかにしている。

増田弘『南方からの帰還――日本軍兵士の抑留と復員』（慶應義塾大学出版会、二〇一九）……東南アジア地域全体からの復員過程を各国の公文書を用いて実証的に明らかにしたもの。特にＪＳＰ（降伏日本人）の強制残留の経緯について詳しい。

林英一『残留日本兵――アジアに生きた一万人の戦後』（中公新書、二〇一二）……アジア各地で発生した残留日本兵について、残留の理由や定着の要因などを史料に基づいて検証し、その全体像を明らかにしたもの。

第5講

東京裁判――被告東条英機のケースから

髙杉洋平

†勝者の裁き

一九四六（昭和二一）年五月三日、東京の市ヶ谷、旧陸軍士官学校に特設された法廷において裁判が開廷した。太平洋戦争の戦争責任を問われた日本人指導者、いわゆるA級戦犯は二八名。一九四八年一一月一二日の判決言い渡しでは、被告人二五名全員に有罪が宣告され（三人は死亡その他で免責）、うち七名は死刑となった。極東国際軍事裁判（東京裁判）である。

東京裁判は、ナチス・ドイツの指導者を裁いたニュルンベルク裁判と並び、典型的な「勝者の裁き」とされる。被告らには事後法たる「平和に対する罪」が適用され、連合国一一カ国（米・英・中・ソ・仏・オランダ・カナダ・オーストラリア・ニュージーランド・インド・フィリピン）が一方的に敗戦国日本を裁くという形で裁判が進んだ。もちろん、戦勝国の戦争犯罪は一切問題にされなかったのであるから、批判は当然であろう。東京裁判が多くの法的、倫理的問題を内在していることについて、研究者の間に異論は少ない。

他方、この裁判は、太平洋戦争を如何に評価するかという歴史認識問題とも密接に関わるため、政治的にはその評価を難しくしている。東京裁判は「勝者の裁き」であるがゆえに、その判決（戦争責任）を否定するのか。それとも前述のような種々の問題点を認めながらも、裁判の意義を認めて判決を尊重するのか。両者は今日においても（あるいは今日だからこそ、と言うべきだろうか）、首相の靖国神社参拝問題などを契機に論争を繰り広げている。

本講では、こうした勝者と敗者の対立構図からは少し離れ、東京裁判の別の側面に注目してみたい。それは裁かれた側（東条英機）から見た裁判の積極的側面である。東条にとって、東京裁判は自身と日本を断罪し、最終的には自身に死を宣告した「迫害」の場であった。と同時に、東条にとって東京裁判は、日本の政治的「潔白」を主張し、また何よりも、昭和天皇の免責を確実にする、敗戦国の指導者に与えられた稀有な「チャンス」でもあったのである。そこには東条の、一人の人間としての弱さと苦悩、そして国家指導者・臣下としての強さとプライドの両面が表れているように思うのである。

†誰が「責任」を被るのか

太平洋戦争末期の米・英・中三ヵ国による対日講和勧告宣言「ポツダム宣言」（一九四五年七月二六日）では、その第一〇項において「吾等ノ俘虜《ふりよ》ヲ虐待セル者ヲ含ム一切ノ戦争犯罪人ニ対シテハ厳重ナル処罰加ヘラルヘシ」と宣言し、戦争終結後の戦犯処罰を予告していた。しかし、それ以前から、日本降伏後は戦争指導者に対する何らかの報復的処罰が行われるであろうことは、日本側指導者の間でも常識的な共通認識となっていた。

第二次世界大戦は、イデオロギーや国際正義の価値観とあまりに一体化した戦争だったが故に、戦争後の「犯罪者」処罰は、連合国にとっても避けえない仕事であった。そしてその場合、日本側指導者が最も恐れ、それだけに終戦の最大の障碍となっていたことが天皇の戦争責任問題、すなわち国体護持の問題である（厳密に言えば両者は必ずしも同一の問題ではないが、終戦時にこの違いを認識していた政治家は少数のようだ）。

大日本帝国憲法下、「天皇ハ神聖ニシテ侵スヘカラス」（第三条）とされ、あらゆる政治的責任から超越した存在であった。しかし、それは飽くまで国内向けの論理であり、連合国に通用するはずもなかった。また、国務と統帥における天皇の権能は、内閣・議会・統帥部の輔弼（輔翼）と協賛を受けて発揮されることになっており、慣例的にも、昭和天皇が政府や統帥部の最終的決定を覆すようなことはなかった（もっとも、政府・統帥部の政治決断に相当の影響力を及ぼしえたことは否定しがたいが）。また昭和天皇個人の心情を問題にすれば、天皇が一貫して平和を希望していたことも確かである。しかしこれも、連合国に天皇の完全な免責を納得させる理屈にはなりがたいであろう。

日本政府は国体護持について連合国側への照会を行ったが、天皇の地位に対する明確な保証は最後まで与えられなかった。最終的に、日本は昭和天皇の異例の政治決断（聖断）によって降伏を選択したが、天皇の免責について確信があったわけではない。むしろ、聖断による終戦は、天皇の政治的発言権とそれに付随する政治責任を証明する材料になりかねない。その意味では、国体護持上の疑義から再照会を主張する「継戦派」の懸念も、それなりの理屈があった。

連合国による「戦犯」処罰が避けられないのだとしたら、そこから如何にして天皇を除外するか。ここにスケープ・ゴート（贖罪山羊）の論理が生まれてくる。「山羊」の第一候補は東条英機である。まだ戦争たけなわの一九四四年、政界では東条内閣打倒工作が密かに行われていたが、戦争責任を東条一人に負わせ、皇室（天皇）を免責するためには、むしろ東条内閣が継続した方が良いとする考えがあった。例えば、東久邇宮稔彦王は「すべての責任を東条にしょっかぶせるがよいと思うのだ。内閣が変わったら責任の帰趨がぼんやりして最後には皇室に責任が来るおそれがある」と言い、近衛文麿も「〔東条以外の〕他の責任者出で戦争を継続する時は、責任の帰趨不明となり、その結果は累を皇室に及ぼす」とし、東条に全戦争責任を負わせることで、戦争責任の追及が天皇に指向することを防ごうと考えていた（近衛文麿『近衛日記』

共同通信社、一九六八)。

こうして終戦時には、東条が進んで「生贄」となることで、天皇を免責すべきだとする考えが、指導者層の共通認識となっていくのである。

†東条の自殺未遂

内閣総辞職(一九四四年七月一八日)以来、東条は公職を退き、世田谷区玉川用賀町の自宅で家庭菜園の世話をしながら、隠居生活を送っていた。終戦後、陸軍大臣阿南惟幾ら陸軍要職者の自決が散発的に起こるなか、東条も自決を決意しているらしいとの情報が流れた。陸軍大臣下村定は、これを諫止するために、東条を陸軍省に招致した。下村は、日本の立場や政府の責任を「明白公正」に弁明するため、また「累を陛下に及ぼし奉るような事態」を阻止するために、東条に生きて法廷に立つことを求めた。

これに対して、東条は当初は容易に応じなかったが、しかし、累が皇室に及ぶかもしれないという点に関しては、「大いに苦悩した」。「君のいうことはよく解る。しかし(中略)自分は、かつて公布した戦陣訓の中に、俘虜の辱しめを受けるよりも潔ぎよく死をえらべと訓えた。連合国側がもし容疑者に対して侮辱的な取扱をする場合、自分はこれを甘受することはできない」(東條英機刊行会『東條英機』芙蓉書房、一九七四)。

東条は法廷に出る必要性を理屈の上では認めつつも、しかし感情的には、「俘虜」となり「侮辱的な取扱」を受けることを恐れていた。国家指導者・臣下として果たすべき義務と、個人的な願望の狭間で、東条は葛藤していた。自決の是非について確信のつかぬまま、東条は最後まで逡巡し続けたと考えるべきだろう。

九月一一日、米軍の逮捕隊の突然の来訪を受けた東条は、娘婿の形見の拳銃（古賀秀正陸軍少佐。終戦時に自決）で自身の心臓を撃ったが失敗する。この自決失敗には、東条の揺れ動く心の迷いが何らかの影響を及ぼしたようにも思われる。

いずれにせよ、かつての陸軍大将であり、総理大臣・陸軍大臣・参謀総長を兼任した最高権力者の行動として、自決失敗はあまりに無様であると見られた。結果として、東条は「俘虜」になったことではなく、死を選び、しかし死に切れなかったことで、世間の嘲笑を浴びたのである。

†国家弁護と天皇免責

さて、一命を取り留めた東条は、生きて裁判に臨む決意を固めることになる。自決に失敗し恥辱に塗れたこと、死刑以外の判決は元より望みえないこと、そして一度「死んだ」身であることが、東条の決意を確固たるものにしていた（佐藤賢了『大東亜戦争回顧録』徳間書店、一九六六）。

また治療中に米国人に接し、彼らの人間性を再評価し、「米の民主主義」の核心は「国民に知らせ自覚を持たせ」ることにあると看取したことも、裁判で自分の主張を世界に開陳しうるという期待に繋がったのだろう（東條英機刊行会『東條英機』。重光葵『巣鴨日記』文藝春秋、一九五三）。

裁判に臨むにあたって東条には指針があった。第一に、「大東亜戦争」は強いられた戦争であり、また植民地「解放」の意義を有していたことを主張すること（国家弁護）。第二に、昭和天皇は終始平和を愛好しており、一切の責任がないことを明確にすること（天皇免責）である。さらに、最終的責任は東条一人にあり、同僚・部下を巻き込まないことが留意された（東條英機刊行会『東條英機』）。

東条は和文タイプで二百有余枚に及ぶ宣誓供述書を準備して裁判に臨んだ。それは日本の立場を「自衛戦争論」で正当化するとともに、天皇の責任を否定して、自己の責任を強調するものであった。もっとも、東条は「自衛」の論理が連合国に受け入れられるとは始めから期待しておらず、むしろ、それは日本国民と後世に対する訴えであった。

ただし、東条にとって、天皇の「潔白」だけは絶対に連合国に納得させなければならない至上命題であった。同じくA級戦犯として訴追されていた重光葵《しげみつまもる》（元外務大臣）は記録する。

東條大将――私に対して其の口供書に対する米国方面の世論反響を問ふ。自衛権の主張を攻撃すべきも夫れは意とするに足らず。只天皇の責任を蒸し返す様のことがなければよい。と云ひ、日本の新聞が東條口供書を全面的に取り上げた事に対して満足な現象であると喜んだ。

（重光葵『巣鴨日記』）

一方、天皇免責に関して、東条とは全く異なる理由から焦慮している国があった。米国である。

†米国のジレンマ

昭和天皇の戦争責任問題について、米国がかなり早い段階から不起訴の方針を決定していたことは良く知られている。米国内では前駐日大使ジョセフ・グルーを中心とした知日派勢力が、戦中から天皇免責に向けて動いており、米陸軍省にも、占領政策を円滑に遂行するために、天皇を利用すべきとする勢力が形成されていた。

日本降伏後の一九四五年九月二七日、マッカーサーは天皇との直接会談に臨んだ。この会談はマッカーサー、天皇双方にとって高度な政治目的を有した会談であり、その意味では、単なる美談で終わるような単純な問題ではない。しかし、会談を終えたマッカーサーが天皇の人間性に感銘を覚えたことは事実らしい。

一九四六年一月二五日、米本国から、天皇訴追問題について事実上の最終判断を求められたマッカーサーは、天皇を戦犯として起訴した場合、一〇〇万人の軍隊と数十万人の行政官が新たに必要になるだろうとの返答を行い、米政府内での議論に一応の終止符を打った。

しかし、米国にもジレンマがあった。一つは国内世論の問題である。終戦直前、ギャラップの実施した世論調査では、天皇の処遇として、殺害・苦痛を強いた餓死三六%、処罰・国外追放二四%、裁判に付し有罪ならば処罰一〇%、戦争犯罪人として処遇七%という結果が出た。天皇の免責を容認する者は七%に過ぎなかった（山極晃他編『資料日本占領』一巻、大月書店、一九九〇）。大半の米国人にとって、政治家や軍人が責任を問われているのに、国家元首が裁判にすらかけられないというのは矢張り理解ができなかったであろう。

いま一つは連合国間の問題であった。対日戦争の勝利に際し、米国が最大の貢献国であることは論を俟たないところではある。しかしこのことは、米国が自国の一存で対日政策を自由にできたことを意味するわけではない。極東国際軍事裁判所の構成国は一一カ国であり、そもそもその存在自体が、米国の法廷であるのか、連合国の法廷であるのか、はっきりしない曖昧な位置付けだった（日暮二〇〇八）。米国としては他の連合諸国の意向も無視できない。

よく知られているように、オーストラリアは一貫して天皇の起訴に積極的だった。オーストラリアは最終的には天皇不起訴に同意したものの（一九四六年四月三日、極東委員会）、不満は残った。悪いことに、裁判長に就任したウィリアム・ウェブはオーストラリア人であり、天皇不起訴への不満を法廷においてさえチラつかせた。そのたびに、マッカーサーの指令を受けて天皇免責に躍起になっている米国人首席検察官ジョセフ・キーナンは肝を冷やすことになる。

実際、こうした米国内外の不満が相乗的作用を起こしたとき、裁判の正当性に重大な疑義が投げかけられ、ことによると天皇不起訴の撤回を強いられる可能性さえ絶無とは言い切れなかったろう。少なくとも、天皇の証人出廷を求める声を抑えきれなくなる可能性はあるだろう。そうなれば、マッカーサーに対する日本人の信頼は崩壊し、占領政策に天皇の権威を利用するという方針も見直しは不可避であろう。不透明な政治情勢のなかで、前例のない政治裁判の当事者にならざるをえなかったのは、日本人戦犯だけではなかった。誰もが不安を抱え手探りの状態であった。いずれにせよ、その最終的政治責任を問われるのは米国であり、あからさまに言えば、天皇問題は「マッカーサー元帥の政治生命」(大統領就任)に関わる問題であった(田中隆吉『田中隆吉著作集』私家版、一九七九)。

一九四六年五月三日、極東国際軍事裁判が開廷した。ところが六月、おそらく燻ぶる天皇訴追論への牽制のつもりであったのだろうが、一時帰国中のキーナンがワシントンで天皇は起訴しない方針である旨を独断発表してしまう。この声明は直ちに日本にも伝えられ、巣鴨の戦犯を歓喜させた。なかでも「東條非常に喜ぶ」(重光葵『巣鴨日記』)。

しかし、この声明は国際裁判所と検察団からすればキーナンの暴走であった。元々キーナンの狷介な性格が顰蹙を買っていたこともあり、非難の声があふれた。天皇免責への貢献という点では逆効果であったろう。

†東条への工作

米国が望んだのは、A級戦犯が天皇の「全責任」を被り、連合国諸国と国民の憎悪を一身に背負って死ぬことだった。そうすることにより、天皇弾劾の舞台となりかねない危険な裁判は、天皇の「無罪」を確定し、保証する舞台となるだろう。米国は占領政策に天皇を堂々と利用できるようになるだろう。そして東条はその「悪名」において、また天皇への忠誠心ゆえの「信頼性」において、全く打って付けの人物であった。ここに東条と米国の奇妙な握手が成立するのである。

米国から東条への働き掛けは複数回にわたって行われたことが記録されている。日米両国にとって最高レベルの機密を要する接触であったため、必ずしも全てに明確な記録が残されているわけではないが、そのうち主なものを確認していこう。

最初の接触は、裁判開廷前にマッカーサーの腹心であるボナー・フェラーズ准将から米内光政（元海軍大将）を通して行われた。フェラーズは米内に対し次のように東条への伝達を依頼し、米内は快諾した。

天皇が何等の罪のないことを日本人側から立証して呉れることが最も好都合である。其の為には近々開始される裁判が最善の機会と思ふ。殊に其の裁判に於いて東條に全責任を負担せしめる様にすることだ

即ち東條に次のことを言はせて貰い度い。「開戦前の御前会議に於て仮令陛下が対米戦争に反対せられても自分は強引に戦争迄持って行く腹を既に決めて居た」と(豊田隈雄『戦争裁判余録』泰生社、一九八六)

二回目の接触は、一九四七年初め頃、弁護団の一人アリスティディス・ラザラス(海兵隊中尉)がハリー・トルーマン大統領の極秘命令を受けて行われた。ラザラスは東条に大統領の意向を伝え、「あなたが英雄として死ぬことで天皇と国を救うことができる」と協力を要請した。「東条元首相はじっと聞き入っていた。最後に『この役割を演じることで、あなた自身の罪は免れないでしょう』と付け加えると、すべてを了解したという様子でうなずき、笑顔を見せた」。関係書類はすべて廃棄され、もし発覚した場合はラザラスの独断行為として処理される約束だったという(『毎日新聞』一九八九年二月二〇日)。

こうして裁判は、天皇免責に関する限り、東条と米国の「芝居」の様相を帯びてくる。一九四七年一〇月二三日、裁判は木戸幸一（元内大臣）に対する反対尋問を迎えていた。そこで象徴的光景が見られた。重光は記録する。

キーナンが木戸に対する反対尋問で、開戦当時の木戸と東條との関係を追及して着席して東條を見上げた。その質問応答が終つた時に東條は何か可笑しくて笑つた。キーナンが之を見付けて両者の顔は向き合つたが、互にニコ〳〵笑つた。之が解顔《かいがん》（顔をほころばすこと）と云ふことである。（中略）東條は巣鴨でも笑声を出すことが多くなつた。私は之を非常に喜んで居る。（重光葵『巣鴨日記』）

キーナンとの直接対決を控えたある日、東条が持ち前の喧嘩っ早さでキーナンと論争になることを恐れた武藤章と佐藤賢了（ともに東条の元部下）が東条に自重を促すと、東条は「大丈夫、ケンカなんかしないよ。キーナンも憎いとは思わない。特に彼が天皇陛下を起訴したり、証人として喚問したりすることに反対してくれたから感謝している。彼の反対尋問には親切に答えるよ」と言い、法廷に臨んだ（佐藤賢了『大東亜戦争回顧録』）。しかし、この直後に思わぬ事態が起こることになる。

†東条の「失言」

三回目の工作は、東条の「失言」に端を発する。一二月三一日、木戸の担当弁護士ウィリアム・ローガンは、東条に対し、木戸が「天皇の平和に対する御希望」に反した行動をとったことがあるかと質《ただ》した。これに対して東条は言下に、「そういう事例は、もちろんありません。（中略）日本国の臣民が、陛下の御意思に反してかれこれするということはあり得ぬことであります」と断言した。その瞬間、法廷には緊張が走った。これはすなわち、開戦も天皇の意思であったと読み替え可能な発言であったからだ。日暮吉延氏が指摘するように、これは東条が木戸を庇おうとしたのである（日暮二〇〇八）。木戸に関する場合に限らず、法廷での東条は他の被告を庇おうとする姿勢が顕著であった。しかし、この「失言」の結果は重大なものになりかねない。

キーナンは狼狽した。直後、東条への質問に立ったキーナンは、東条への悪印象を強調することで「失言」の効果を減殺しようとしたのか、「被告東条」と呼び捨てて攻撃を挑んだ。しかし、これはキーナンの「人間性」に対する嘲笑を引き起こしただけであった。

午後に休廷となると、キーナンは直ちに行動を開始した。キーナンは検察側証人田中隆吉（元陸軍少将）や木戸幸一の子息で弁護人の木戸孝彦を通じて東条と接触し、証言の取り消しを約束させた。「東条快諾」の返答が到着するまで数日、法廷でのキーナンは精彩を欠き、両者の直接対決は東条の圧勝だと衆目の一致するところであった。しかし、これはキーナンにしてみれば、東条の返答が気掛かりで尋問どころではなかったのであろう。
取り消しの機会は翌一九四八年一月六日に訪れた。

キーナン　「二、三日前にあなたは、日本臣民たるものは何人たりとも、天皇の命令に従わないというようなことを考えるものは、ないということを言いましたが、正しいですか」
東条　「それは私の国民としての感情を申し上げておつたのです。責任問題とは別です」
キーナン　「戦争を行えというのは裕仁天皇の意思でありましたか」
東条　「私の進言――統帥部その他責任者の進言によつて、しぶ〳〵御同意になつたというのが事実でしょう」（裁判速記録から抜粋引用）

これで危機は回避された。翌々八日、マッカーサーはキーナンを招致して天皇の不起訴、不喚問を改めて確認した。この知らせをキーナンから直接聞いた若槻礼次郎（元首相）は、「陛下を被告扱いにしようとする者さえある中で、この問題に確定的なピリオドを打つたことは、われ〳〵としては、何としても感謝に堪えない所であつた」と述懐した（田中隆吉『田中隆吉著作

集』。若槻礼次郎『古風庵回顧録』読売新聞社、一九五〇)。

†刑死とその意味

年末から一週間に及んだキーナンとの直接対決を終えた東条は、さすがに疲れを見せたが、満足であったのだろう。「肩軽しこれで通すか閻魔王」と戯れ歌を詠んだ(東條英機刊行会『東條英機』)。この後、四月一六日の結審まで、東条の「国家弁護」の戦いはまだ続くが、天皇問題についてはすでに決着がついていた。後はその決定を遡及翻倒されないように、「立派に死んで行くのが彼に残された義務」であった(重光葵『巣鴨日記』)。

一一月一二日、東条を含む七名に絞首刑の判決が下った。死刑の決定的要因は「残虐行為の命令許可・防止義務の不履行」であり、「平和に対する罪」だけでは死刑の宣告には至っていない。刑の執行は一二月二三日午前零時であった。

東条はその「遺書」において、天皇に累を及ぼさなかったことに満足の意を示した。また天皇と国民に敗戦を謝罪し、「国内的な責任」の観点から死刑は当然である旨を述べたが、「国際的な犯罪」は最後まで認めなかった。しかし、連合国への非難は意外なほど少なく、抑制的である。そして日本復興に対する米国の助力を依頼し、自身の死を以って、戦犯の訴追には終止符を打つべきことを訴えた(東條英機刊行会編『東條英機』。清瀬一郎『秘録東京裁判』中公文庫、一九八六)。

べつに東条の遺書が影響したわけではないが、連合国は死刑執行翌日、残るA級戦犯容疑者の釈放を行う。それは折から戦犯裁判のコストとベネフィットが深刻な問題となるなか、結果として東条らの死によって、国際裁判に体裁とけじめを付けた格好になった。続いて各国でBC級戦犯の裁判も終結していく。その意味では、東条は天皇だけでなく他の戦犯の「責任」も引き受けた。

東条の「自衛戦争論」や「植民地解放論」には、今日客観的に見て牽強付会な主張が多いことは否定しがたい。このことは、しばしば非難されるが、しかし本来、被告にとって裁判とは弁明の場であり、懺悔をする場所ではない。まして国家の悪意や過失を認めてしまえば、それは他の被告にも関わってくるのである。この問題で東条を過度に非難するのも、逆に東条を英雄視するのも、ともにお門違いだろう。また戦前から戦中、東条は国家指導者としてあまりに多くの過誤を犯したが(本シリーズ『昭和史講義3』と『昭和史講義【軍人篇】』を参照されたい)、しかし、その責任の追及と、東京裁判における東条の評価は、一応別個の問題として考える必要があろう。

政治的に見れば、東条は東京裁判で自身に与えられた「役柄」を律義に演じ、米国からすれば余計なアドリブ(国家弁護)を交えつつも、結果的に米国の占領政策に貢献した。そして日本人は、東条に騙された「一二歳の未熟な子供」として、米国の「庇護」を受けることになる。

東条は天皇の「責任」を、もっと言えば日本国民の「責任」をも背負って刑場に消えた。終戦七十有余年の今も、東条はスケープ・ゴートとしての役柄を演じ続けているのだろうか。

さらに詳しく知るための参考文献

*東京裁判に関する書物は多いが、研究者の手になるもので読みやすく、かつ書店や図書館で入手しやすいものとしては次のものがある。なお、東京裁判研究はある種の政治的立場やイデオロギーと無関係ではなく、研究者による書物であってもその影響は少なからずある。読書に際しては、その点も念頭に置かれたい。

粟屋憲太郎『東京裁判への道』（講談社選書メチエ、二〇一三）／同『東京裁判論』（大月書店、一九八九）……東京裁判研究の泰斗による書物。

日暮吉延『東京裁判』（講談社現代新書、二〇〇八）／同『東京裁判の国際関係』（木鐸社、二〇〇二）……国際関係史の視点を導入しつつ、価値判断を排した政治分析が特徴。

宇田川幸大『考証東京裁判』（吉川弘文館、二〇一八）……若手による研究。戦争犯罪やアジア人被害者問題に力点がある。

吉田裕『昭和天皇の終戦史』（岩波新書、一九九二）……天皇側から見た天皇免責運動の実態を考察している。

その他

児島襄『東京裁判』上・下巻（中公新書、一九七一）……七一年初版の初期の研究。歴史作家の著作だが、裁判の全体像を把握するのに便利。ただし、現在では事実関係の誤りも指摘されており、前記研究書と併せて読まれることをお勧めする。

極東国際軍事裁判所『極東国際軍事裁判速記録』全一〇巻（雄松堂書店、一九六八）……法廷の全記録。大学図書館や公共の大型図書館などで閲覧できる。東条にとってみれば、こうした記録が刊行され、後世に自身の主張を開陳できるのも、生きて裁判に出た「効能」であろう。

第6講　日本国憲法

大石　眞

†ポツダム宣言の受諾と降伏文書への署名

一九四五年（昭和二〇年）七月二六日、日本に対し戦争終結の機会を与えるため、米国・英国・中華民国の首脳の名でポツダム宣言が発せられた。ベルリンの郊外ポツダムで会談したのは米国トルーマン大統領、英国チャーチル首相、それにソ連共産党のスターリン書記長であったが、ソ連は当時日本との間に中立条約（一九四一年四月）を結んでいたため、米英中三カ国による共同宣言の形をとったのである。

ポツダム宣言は全一三カ条からなるが、(1)「平和、安全及び正義の新秩序」が建設され、「日本国の戦争遂行能力が破砕せられたることの確証」が得られるまで日本国は連合国の占領下に置かれる、(2)日本国の主権は、本州・北海道・九州・四国及び連合国が決定する諸小島に限局される、(3)日本国軍隊は完全に武装解除される、(4)一切の戦争犯罪人に厳罰を加えるとともに、日本国国民の間における民主主義的傾向の復活強化に対する障碍を除去し、基本的人権(fundamental human rights)の尊重を確立する、(5)これらの諸目的が達成され、「日本国国民の自由に表明せる意思に従ひ平和的傾向を有し且つ責任ある政府が樹立」されたときは、直ちに占領軍は撤収するといったことが盛り込まれた。

日本政府は、当初この宣言を黙殺するつもりだったが、八月に入って広島・長崎への原子爆弾の連続投下(六日・九日)による甚大な被害とソ連の対日参戦(九日)に大きな衝撃を受けた。そして一四日の御前会議で米英中ソによる共同宣言を受諾することを決定、在スイス公使を通じて連合国に伝えられた。翌一五日のラジオ(いわゆる玉音放送)は、「時運の趨く所堪へ難きを堪へ忍び難きを忍び以て万世の為に太平を開かむと欲す」という戦争終結の詔勅を全国に伝えた。

九月二日、東京湾上に停泊する米国戦艦ミズーリ号上で、日本政府全権の重光葵と大本営全権の梅津美治郎が、八月末に来日した連合国最高司令官ダグラス・マッカーサー及び連合各国代表に対し、ポツダム宣言を誠実に履行すること、天皇・政府などが連合国最高司令官などの要求にもとづく命令・措置をとることを約束する降伏文書に署名した。これは、約六年後のサンフランシスコ平和条約(一九五一年九月)で、「日本国と各連合国との間の戦争状態は、第二十三条〔批准・発効要件〕の定めるところによりこの条約が日本国と当該連合国との間に効力を生ずる日に終了する」ことが明記されたように（第一条(a)）、休戦協定の意味合いをもつと同時に、日本が対外的な主権を喪失したことを意味する。

同日、GHQは、「連合国最高司令官が連合国に対し有害なりと認むる行為あるときは……厳重且迅速なる制裁を加ふる」ことなどを内容とする一般命令（第一号）を出した。これは約九カ月後の占領目的有害行為処罰令（昭和二一年六月勅令三一一号）につながるが、「政治的、公民的及び宗教的自由の制限の除去に関する覚書」（自由の指令、一〇月四日）や「国家神道、神社神道に対する政府の保証、支援、保全並に弘布の廃止に関する覚書」（神道指令、一二月一五日）などは、最高司令官が発した日本政府に対する命令の代表例である。とくに前者による共産党の合法化、戦時期に解散されていた政党の再建とともに社会党・自由党・進歩党などが結成されたことは（一〇〜一一月）、来るべき国政選挙に大きな意味をもつ（ただし、進歩党は約一年四カ月後の一九四七年三月に解散）。

†占領管理体制と憲法改正問題

連合国による日本統治は、アメリカ主導の下、連合各国による共同管理、しかも被占領国の統治機構を通して支配権を行使する間接管理というやり方で行われた（沖縄は例外的に米軍の直接統治下に置かれた)。その上、米ソ連戦構造を背景として、ソ連の介入をできるだけ制限し、日本本土にソ連を駐留させないという対日基本政策にそって進められた。

東京など日本の主要地点に配備された五十数万人に及ぶ占領軍は、米軍にオーストラリア軍を主力とする英連邦軍が加わったもので、アメリカ極東陸軍司令官のマッカーサーが就いた連合国最高司令官の補佐組織であり、その軍政を援助、保障する機構でもあった。横浜から日比谷に移された最高司令官の総司令部(GHQ)は、軍事を担当する参謀部と非軍事事項担当の幕僚部に分かれ、憲法制定の主役となる民政局(GS)は後者の一局である。

日本国憲法の制定過程は、明治憲法の改正問題として始まり、その全面的な否定をもって終わるが、その端緒となったのは、マッカーサーの示唆を受けたとする内大臣府御用掛の近衛文麿による憲法改正調査である。これに対しては、しかし、その依頼を受けて憲法改正の必要を説いた佐々木惣一による調査をも含めて憲法の精神に反するとの批判が強まり、内大臣府の廃止(一一月二四日)によって頓挫した。憲法改正という重要な国務は内閣が責任をもって行うべき事項であり、宮中機関である内大臣府がその調査を行うのは権限外というわけである。これに代わるべく政府内で閣議了解というかたちで設置されたのが、一〇月二七日に第一回会議を開いた憲法問題調査委員会――委員長の国務大臣松本烝治の名から「松本委員会」と俗称される――である。

この松本委員会は、学士院会員の美濃部達吉などを顧問とし、翌一九四六年（昭和二一年）二月二日の第七回総会を最後に事実上消滅するまで、約三ヵ月にわたって秘密裡に検討を重ねる。それは、美濃部門下の学識者（河村又介〔九大〕、清宮四郎〔東北大〕、宮澤俊義〔東大〕の三教授）、入江俊郎第一部長（のち次長）・佐藤達夫第二部長（のち第一部長）などの法制局幹部、議会実務に精しい小林次郎貴族院書記官長・大池真衆議院書記官長に司法省の奥野健一民事局長などをも加えた専門委員会であった。その目的は、名称が示すように、当初、憲法改正の要否とその必要があるならその要点を明示することにあったが、まもなく改正の必要があるとの前提にたって改正案を作成することに移った。

その成果というべき憲法改正案は一月下旬までにまとめられ（松本私案）、閣議でも説明されたが、二月一日の毎日新聞による「憲法問題調査委員会試案」と題するスクープによって広く知られることになった。それが漏れた経緯は未だ謎に包まれているが、ここで暴露された試案は、松本私案でもそれを宮澤委員が要綱化した甲案でも委員会の総会に現れた各種意見を広く採り入れた改正案（乙案）でもなく、宮澤委員が委員会での論議を整理して私的に作成した試案にすぎなかった。

†舞台の転換――GHQの「憲法制定会議」

このスクープ直後、総司令部は日本案を提出するよう督促し、政府は「憲法改正要綱」を提出したが（二月八日）、この時すでに総司令部は松本案拒否の方針を決定し、まったく別の動きを進めていた。一月一一日には、アメリカ政府の戦後日本処理案の方針を示した「日本統治体制の改革」と題する指令――国務・陸・海三省調整委員会（SWNCC）第二二八号文書――が届けられ、松本案はとうていそれに叶うものではなかったのである。

同指令は、最高司令官に対し、以下の目的を達成するために改革されるべきことを日本政府に指示すべきことを結論づけていた。(1)政府の行政部は、その権威が選挙民又は国民を完全に代表する立法部に由来し、それに対し責任を負うこと、(2)予算は立法部の明示的な同意なくしては成立しないこと、(3)日本国国民の自由意思を表明するような方法で、憲法の改正又は憲法の起草をなし、採択することなどである。

この指令はとくに天皇制について、「現在の形態」はその目的と合致しないとし、維持する場合は、①国務大臣が立法部の助言と同意に基づき選任され、立法部に連帯責任を負う、②内閣が立法部の信任を失うとき内閣は総辞職するか選挙民に訴えるかしかできないとし、議会支配型の議院内閣制を指示していた。五カ月前のポツダム宣言は「日本国国民の自由に表明せる意思」にそった「責任ある政府」の樹立を求めたが、その選択の範囲はかなり限定されていたことになる。

総司令部の要である民政局をみると、局長にコートニー・ホイットニー准将、立法・政党・政府機関・地方政治などの諸課をもつ行政部の部長にチャールズ・ケーディス大佐が任命された（一九四六年二月一日現在。ケーディスは後に局次長となる）。その連絡・交渉に当たった終戦連絡中央事務局次長の白洲次郎によると、ホイットニーはマッカーサーを看板に、ケーディスはホイットニーの後援で、ともに総司令部において飛ぶ鳥を落とす勢いであったという。

民政局では、二月四日、ホイットニーが局員二十数名を集め、これから一週間日本のための「憲法制定会議」の役割を果たす旨を述べ、いわゆるマッカーサー・ノートを伝えた。これは、民政局長から憲法改正問題を処理する権限を与えられているとの調査結果を受け取った最高司令官が、憲法改正の必須要件を記して手渡した簡短なメモを指す。ここには、(1)天皇制の存続を前提として天皇を国の元首とするが、その権能は憲法の定めにしたがい、国民に責任を負うものとする、(2)国の主権の行使たる戦争は、紛争解決のための手段としても、また自己の安全を保持する手段としても放棄する、(3)封建制度を廃止し、皇室以外の華族制度は認めない、(4)予算制度はイギリス型にならうことが書かれていた。

ここで注目されるのは現第九条の原型をなす(2)であるが、その起草を担当したケーディスにより、「自己の安全を保持する手段としても」という部分は、どの国にも自己保存権があり、自衛権の放棄は「非現実的」で「道理に合わない」として削られ、そのまま承認された。この事実は、第九条解釈において自衛戦力・武力合憲論に有利に働く。

憲法改正問題処理権限について調査した上で草案策定作業に踏み込んだのは、極東委員会――米英中三国・オーストラリア・カナダのほかソ連なども加わる――との関係が問題になるからである。同委員会は日本管理に関する政策決定機関であり、その任務は日本の「憲政機構……の根本的変革」を行うことも含んでいた。そこで最高司令官としては、二月二六日に第一回会合を予定していた極東委員会が政策決定を行う前に、アメリカの主導権による憲法改正案の策定を既成事実化する必要があったのである。連合国による占領管理という事態に付きまとう国際政治の影がここによく表れている。

民政局の憲法制定会議は、前記のホイットニー局長の指揮の下、ケーディス行政部長、A・ハッシー中佐、行政部法規課長のM・ラウエル中佐の三人――いずれもロースクール出の弁護士有資格者――が全体を統括する運営委員会を組織し、これを中心に立法権・行政権・司法権・人権・財政などの小委員会に分かれて進められた。

†マッカーサー草案から憲法改正案の確定へ

二月一三日午前、前文と全一一章九二カ条からなる憲法改正草案(マッカーサー草案)が松本大臣と吉田茂外相に手交され、日本側に革命的な衝撃を与えた。一週間前に提出した「憲法改正要綱」を説明するつもりでいたら、いきなり国民主権、「象徴」天皇制、戦争の放棄や一院制国会など、いわば驚天動地の完成案を渡されたからである。この時、ホイットニー民政局長は、同草案を呑むことがほとんど唯一の選択肢であることも告げた。

その模様はすぐに幣原首相に伝えられ、間もなく閣議でも経過報告が行われたが、外務省で仮訳された草案も後に閣議で配布された(二月二五日)。その前に日本側は先の松本案「説明補充」を届けて再考を促そうとしたが、その余地はないと一蹴され、マッカーサー草案の基本原則からの逸脱は許されないことを思い知らされた。こうした強い制約の中で日本側は検討を進め、総司令部の催促に応じるため予定を早めて三月二日に、前文を削り、刑事訴訟法的な手続的権利を縮減し、国会を二院制とするなどの修正を施した全九章一〇九カ条の改正案を作成した(三月二日案)。

同案は書きかけの未定稿にすぎなかったが、松本大臣と法制局の佐藤第一部長は、白洲次郎を伴って四日午前民政局におもむいた。同案説明のためであるが、夕方になって突然、「今晩中に確定案を作ることになった」ことを告げられる(この時松本大臣はすでに退席)。これ以後、翌五日の夕方まで、ケーディス、ハッシーと佐藤や途中から加わった法制局の井手成三第二部長などとの間で、マッカーサー草案と日本側作成案との異同に対する検討を中心に、夜を徹しての逐条審議が進められた（いわゆる徹宵交渉）。審議済みの案文は次々と首相官邸に届けられたが、作業がすべて終わった後、ホイットニー局長が現われ、一同の労をねぎらった。

しかし、重責を担わされた佐藤は、「無準備の儘《まま》、微力事に当り、然も極端なる時間の制約ありて、詳細に先方の意向を訊し論議を尽す余裕なかりしこと、寔《まこと》に遺憾に堪へず。已むを得ざる事情に因るものとは云へ、此の重大責務を満足に得ざりしの罪、顧て慄然たるものあり」と、この時の心情を綴っている。

相次いで届いた案文を前に開かれた五日夕方の閣議は「向こうの対案に服従するほかない」と判断し、その旨を上奏するとともに明治憲法所定の改正手続（七三条）を考えて、天皇の意思による改正案の発議という体裁をとることに決定した。翌六日夕方、内閣の「憲法改正草案要綱」（全九五項）が国民に公表されるとともに同案を支持する旨の最高司令官の声明も発表されたが、一般国民は政府の憲法改正案を非常な驚きをもって受け止め、政府各省からも問合せが殺到した。二月一日の松本案スクープ以後の舞台裏を知る由もなかったからである。

しかし、憲法改正に向けたスケジュールは進み、四月一〇日には、女性参政権をみとめるとともに選挙権年齢を満二〇歳に引き下げた改正衆議院議員選挙法（昭和二〇年一二月法律四二号）に基づく総選挙が行われ、当選者は、自由党一四一人、進歩党九四人、社会党九三人などという結果になった（改選数四六六人）。そして一週間後の一七日には、その要綱を平がな口語体で条文化した「憲法改正草案」も発表されている。

†憲法制定議会（制憲議会）としての第九〇回帝国議会

一月後に召集された第九〇回帝国議会に憲法改正案が付議されたのは、明治憲法下の手続に則して枢密院に諮詢《しじゅん》され、その議決を経た後の六月二〇日のことである。その間に幣原首相の退陣表明（四月二二日）、一月後に吉田茂内閣の発足という政変があって枢密院の審議も中断し、改めて枢密院に付議される（五月二九日）という紆余曲折もあった。

翌二一日、最高司令官から、改正憲法と明治憲法との「完全なる法的連続性」を保つこと、憲法の採択が「日本国民の自由なる意思を表明する」ものになることなどを求める、議会における討議三原則に関する声明が発せられた。ただ、これはマッカーサーの措置に不満を抱く極東委員会が制憲議会の前に決定し、伝達してきた「日本の新憲法採択に関する原則」（五月一三日）をそのまま取り入れたにすぎない。

前文に十章九五カ条と補則五カ条（第一一章）を加えた全百カ条の「日本国憲法」草案は、六月二五日、まず衆議院本会議に上程された。これ以後、議会における審議は、一〇月六日の貴族院における修正を経て、その回付案を衆議院が可決して全九章一〇三カ条の内容が確定するまで、会期延長を繰り返しつつ続けられた。こうして「帝国議会において修正を加えた帝国憲法改正案」は、再び枢密院に諮詢され（一〇月一二日）、その可決後に天皇の裁可を経て「日本国憲法」として成立する（同二九日）。

制憲議会は、政府提出の憲法草案に対して新たに四カ条を設け一カ条を削るなど多くの修正を議決したが、大別すると、(a)総司令部側の要求に対応するもの、(b)日本側独自の考案に基づくものに分かれる。まず、(a)に属するものに、①第一条「日本国民の至高の総意」を改め「主権の存する日本国民」と明記した（前文も同様に修正）、②第一五条に「公務員の選挙については、成年者による普通選挙を保障する」旨の明文を挿入した（三項、貴族院修正）、③両議院の議員・選挙人の資格に関する規定に「教育、財産又は収入」という文言を加えた（四四条但書）、④内閣総理大臣ほかの国務大臣は文民でなければならないとする「文民」条項を加えた（六六条二項、貴族院修正）、⑤国務大臣の過半数は国会議員でなければならない旨を新たに加えた（六八条）ことなどが挙げられる。

他方、(b)に属する修正は、自由党・社会党・進歩党などがほぼ一様に求めた、①国民要件を法律で定める旨（一〇条）、公務員の不法行為による損害賠償請求権（一七条）、納税の義務（三〇条）、刑事補償請求権（四〇条）に関する条文を新設したほか、②第九条一項に「日本国民は、正義と秩序を基調とする国際平和を誠実に希求し」という文言を、二項に「前項の目的を達するため」を冒頭に付加した（俗に「芦田修正」と呼ばれる）、③いわゆる生存権、つまり国民は健康で文化的な最低限度の生活を営む権利を有する旨を加えた（第二五条一項、社会党提案）、④日本国が締結した条約及び確立された国際法規は誠実に遵守することを必要とする旨を加えた（九八条二項）ことなどがある。

もっとも、日本側の考案に基づく修正とはいえ、すべて総司令部の承認を必要としたことを忘れてはなるまい。前述のように、総司令部が考えた基本原則からの逸脱は許されなかったのである。故にまた、第九条の意味が右の芦田修正により全面的な戦力否認から自衛戦力・武力を認める限定否認へと大きく変わったとみるのも無理がある。むしろ、前述のように、マッカーサー・ノートからの条文化に際し、「自己の安全を保持する手段としても」との文言が削られたことに注目すべきであろう。

†憲法制定史上の問題――「自主性を以てやったと云ふ自己欺瞞」の意味

日本国憲法は一一月三日に公布され、半年後の一九四七年五月三日（現憲法記念日）から施行された。しかし、アメリカ主導の占領管理とその下での憲法制定という異例の経緯はさまざまな反応を惹き起こす。

もともと極東委員会は総司令部を軸とする進展に不信をもち、それを牽制する政策決定を繰り返した。前述の「日本の新憲法採択に関する原則」(五月一三日)のほか、アメリカ政府の指令(国務・陸・海三省調整委員会第二二八号)とほぼ同一の「日本の新憲法に関する基本原則」(七月二日)、閣僚の文民要件を再確認し、参議院の衆議院に対する優先性を否定する決定(九月二五日)、衆議院による最終議決後の「日本の新憲法の再検討」に関する政策決定(一〇月一七日)などである。ここで極東委員会は、憲法施行後一〜二年内に新憲法に関する事情を国会が再検討すべきこと、日本国憲法が日本国民の自由意志の表現であるか否かを決定するにあたり、憲法に関する日本の意向を確認するためレファレンダムその他の適当な手続を要求できることを主張していた。マッカーサーは、しかし、「現に行われている憲法上の全手続は日本の政府と国民により行われている」との立場を崩さず、憲法再検討にも否定的であった。

とはいえ、「手足を縛られたに等しい……占領下においてこの憲法が制定された」(憲法調査会『憲法制定の経過に関する小委員会報告書』)ことは明らかである。この点は、「文民」条項の要求が総司令部側から出てきた時、貴族院の憲法改正案特別委員小委員会において交わされた次のやり取りにも表れている。

高木八尺《やさか》君　此の問題を扱ふに付ては、最後の段階に至って突如として斯る修正が憲法に何故入ったかは、一般の公然の秘密として問題にならなければならないものと思ふ。すると貴族院が外部の要求に依って修正したことになると、之が自由に審議された憲法であると云ふ事実を傷つけることになる。そこで斯る不必要な規定挿入の要求を貴族院として拒んで宜いではないか。

宮澤俊義君　高木君の意見は一応御尤もだが、憲法自体が自発的に出来て居るものではない。指令されている事実はやがて一般に知れることと思ふ。重大なことを失った後で此処《ここ》で頑張った所でさう得るものはなく、多少とも自主性を以てやったと云ふ自己欺瞞にすぎない……

高木八尺君　それならば議会で審議せぬ方が寧《むし》ろ宜かった。審議をする以上は自由な立場に於いて審議する建前をとりたい。

要するに、日本国憲法の制定は占領管理体制の下における強いられた「憲法革命」というべきであるが、これは現行憲法の効力をめぐるわが国独特の議論とも関連している。かつて、(a)君主主権の明治憲法から国民主権の現行憲法への転換は、憲法改正の限界を超えており、日本国民の自由な意思にも基づかず無効だとする主張（現行憲法無効論）もあった。だが、これではその後に整備された数多の法令や制度が本来すべて無効になってしまうという致命的な難点がある（そのためこの主張は明治憲法復活論に帰着する）。

今日では、(b)現行憲法の有効性を前提として、(1)憲法改正に限界はなく有効な憲法改正が行われたとする憲法改正無限界説、(2)憲法改正に限界はあるが、ポツダム宣言の受諾により国民主権へと転換したとし、その主権の発動として新たな憲法が制定されたとする八月革命説、(3)帝国議会の審議過程で国民主権が次第に確立したとする主権顕現説、(4)国民の自由意思を欠く瑕疵《かし》ある制定行為だったが、政府も国民も現行憲法を遵守しており、その履行により完全な効力をもつに至ったとする法定追認説など多彩な議論が見られる。

†現行憲法体制の成立——主権の回復と最高法規性の獲得

一国の憲法体制・憲法秩序は、たんに憲法典を制定しただけで完成するわけではない。そこに定められた国会・内閣などの国家機関は、その組織や運営手続などを具体的に定めた法令(憲法附属法)が整備されて初めて動き始めるのであり、憲法で保障された国民の自由や権利も、裁判所が機能しなければ画餅に帰すおそれがある。

そこで臨時法制調査会が設けられ(会長は吉田首相)、七月初めから憲法草案の審議と並行して関係法案の検討作業を進めた。同調査会は、副会長の金森徳次郎を座長として、皇室・内閣関係の第一部会、国会関係の第二部会、司法関係の第三部会、財政その他の関係を扱う第四部会に分かれ(ただし、第三部会は司法大臣の諮問機関である司法法制審議会と一体)、主要法案の骨子を作成すべく一〇月半ばまで検討を重ねた。そして憲法成立直前の一〇月二六日、改正皇室典範・内閣法・国会法・裁判所法・財政法などの憲法附属法の法案要綱と民法・刑法・刑事訴訟法などの基本法典の改正要綱を含む全部で一九件の法案要綱を吉田首相に答申するに至った。

これらの要綱を基に法制局を中心に法案化されたものが、次の第九一回臨時議会（四七年一一月二六日〜一二月二五日）と九二回通常議会（一二月二八日〜四七年三月三一日）に提出された。そのうち国会法案については、政府起案を不当とする総司令部側の意向をうけて衆議院起案に移して再検討が行われ、同院提出案として議決されたが、その他の法案は多くの修正を受けながらも成立し、憲法施行と同時に施行された（ただし、財政法だけは会計年度の関係から四月一日施行）。

しかし、そうした憲法附属法の制定によって日本国憲法体制が直ちに成立したわけでもなく、それには日本の主権回復が必要だった。占領管理体制が存続する限り、日本政府は連合国最高司令官の「超憲法的」な権力に服したままで、日本国憲法も「国の最高法規」（九八条一項）としての効力を発揮できないからである。

一九五一年九月、サンフランシスコで締結された平和条約は、「連合国は、日本国及びその領水に対する日本国民の完全な主権を承認する」（第一条ⓑ）とある通り、そうした独立国家としての主権回復を意味する。これによって、日本国民・政府機関の自主的な判断による憲法運用も可能になるが、日本の主権回復が実現するのは半年後の同条約の発効（五二年四月二八日）によってである。同時に締結された日米安全保障条約は、米ソ対立が深刻化する国際政治の中、日本が自由主義陣営の一員として再出発することを示している。

こうして現行憲法体制は憲法施行後六年半を経てようやく成立するが、かつて国際連盟を脱退した日本が再び国際社会の一員として「名誉ある地位」を占めるようになるには、さらに日ソ共同宣言後に国連総会で日本の加盟が承認される時（五六年一二月）を待たなくてはならなかった。

さらに詳しく知るための参考文献

衆議院事務局『第九十回帝国議会衆議院　帝国憲法改正案委員小委員会速記録』（一九九五）／参議院事務局『第九十回帝国議会貴族院　帝国憲法改正案特別委員小委員会筆記要旨』（一九九六）……前者は、一九五六年（昭和三一年）五月の議院運営委員会の決定により国会議員以外閲覧不許可とされていた速記録を約半世紀ぶりに公開、芦田均委員長以下一四名の小委員会の議論を収めたもの。後者は、正式な議事速記録ではないが、当時事務局で要点筆記を整理、作成していた記録を公開したもの。ともに各本会議・委員会の議事録を補う貴重な資料である。

国立国会図書館・電子展示会『日本国憲法の誕生』（二〇〇四増補）……このサイト（https://www.ndl.go.jp/constitution/index.html）は、同館の専門調査員として勤めていた高見勝利氏の監修になり、日本国憲法の制定過程について本体である資料の展示・解説のほかに概説を添え、主要な論点を示した学術的香りの高いコーナー。なお、同館の電子展示会『史料にみる日本の近代』（https://www.ndl.go.jp/modern/index.html）第五章「新日本の建設」も、終戦・占領から占領政策の転換・独立の回復までを扱い、有益である。

佐々木高雄『戦争放棄条項の成立経緯』（成文堂、一九九七）……護憲派・改憲派を問わず見られる憲法制定史における「史資料軽視の態度」を戒め、権威ある論説でも「なんの根拠も示さずになされたもの」なら独断として斥けるべきだとする良心的な研究者による、マッカーサー・ノートに始まる第九条制定史の決定版。

園部逸夫『皇室制度を考える』（中央公論新社、二〇〇七）……一〇年に及ぶ最高裁判事の勤めの中で天皇・皇室構成員に接する機会が多く、『皇室法概論』（第一法規、二〇〇二）を著した著者が、皇室制度は皇室と国民の信頼関係を基礎に成立し、維持されているとの考えから、天皇・皇室制度をめぐる論点を平易に説いた書物。

出口雄一『戦後法制改革と占領管理体制』（慶應義塾大学出版会、二〇一七）……法制史・法史学と占領史・戦後史研究の成果に学び、現行の刑事訴訟法の制定過程を中心とする戦後法制改革と、ポツダム命令や広範な白地刑罰法規である占領目的有害行為処罰令などを柱とする占領管理体制のありようを実証的に解き明かした意欲的業績。

廣田直美『内閣憲法調査会の軌跡』（日本評論社、二〇一七）……戦後初めて公的に日本国憲法の本格的な再検討を加えた憲法調査会について、その二大成果ともいうべき『憲法調査会報告書』と『憲法制定の経過に関する小委員会報告書』の作成過程に正面から取り組んだ、今後の戦後憲法史研究における必須文献とも評価される。

第7講　新憲法と世論の変遷

境家史郎

†日本人の憲法観をめぐる虚実

　戦後の日本人は、憲法とどのように向き合ってきたのだろうか。二〇〇〇年代に入り、憲法改正論議が高まったこともあり、日本人の憲法観について社会的な関心が強まっている。憲法典の内容には、国民多数からの安定した承認が求められるから、現時点だけでなく、昭和期も含めた歴史的な世論の推移を理解することが肝要である。

　ところが、戦後日本人の憲法観をめぐって、特に昭和期の世論に関しては、これまで多くの「神話」が語られ、信じられてきたという問題がある。「憲法制定当初から九条は圧倒的多数の国民から支持されていた」「高度成長期を通し、改憲を望ましいとする国民は減る一方だった」。これらは、一般社会においてだけでなく、政治史・政治学研究者の世界でも、暗黙裡に前提とされてきた常識であった。しかし実際のところ、これらの主張を支える実証的な根拠は、後述するように、きわめて弱いのである。

なぜこうした「神話」がまかり通ってきたのだろうか。背景のひとつは、論壇や学界における基本的な護憲志向の強さであったろう。自分の（あるいは自分の周囲に支配的な）価値観を、社会一般にも無意識に投影して世論を理解するという向きがあったのではないか。

もちろんどの論者も、世論を語ろうという場合、「客観的」数値として世論調査の結果は参照する。しかし、その参照の仕方は、多くの場合慎重性を欠いたものであった。同趣旨の内容を問おうとしても、質問文の文言や選択肢の置き方、他の質問との順序関係、調査自体の回収方法（面接か電話かなど）やタイミングによって、調査の回答結果には無視できない差が生じる。世論調査の引用を恣意的に行うとすると、自分の事前の想定に合うようなデータを見つけてくることが往々にして可能である。その場合、想定に合わないデータは、仮に目に入ったとしても「調査に不備があったはず」と見なされ、黙殺されるであろう。

世論調査の結果は安定したものではなく、慎重に解釈されなければならない。このことは、有権者の政治意識を専門とする研究者には古くからの常識である。しかし、日本の政治学者——特に統計分析を手法とする分野において——は、日本人の憲法観という論点についてこれまでほとんどまともに取り扱ってこなかった。憲法意識ほど、高い社会的関心がもたれながら、学術的関心が低かったテーマはないのではなかろうか。

バランスの取れた世論理解のためには、「つまみ食い」ではなく、体系的、網羅的な世論調査結果の検討が必要になる。以下、そうした方法によって得られた知見を、重要論点に絞って紹介していこう。

†新憲法はなぜ受け入れられたのか

一九四六年一一月に公布された日本国憲法を、当時の国民はどのように受けとめたのだろうか。公布直後の貴重な世論調査が残っている（毎日新聞四六年一一月調査）。これによると、吉田茂内閣の行った憲法改正について、「成功」とみなす者が三五％、「大体よろし」と評価する者が五七％であったのに対し、「失敗」とするものは五％弱にすぎなかった。ここから判断するに、新憲法は、当時の日本人からおおむね良い評価で迎えられたと言ってよさそうである。

この結果に対し、毎日新聞（一九四六年一二月一六日付）は「敗戦以来国民の最大関心となった天皇制が維持されたということが決定的な要因であろう」と評しているが、天皇制存続については当時のどの調査でもたしかに圧倒的な支持が与えられており、妥当な分析と言ってよい。天皇制の維持は、制憲当事者たちの最大の関心事であったが、この点では国民にも合意が存在した。

九条に対する評価はどうであったか。この点については、冒頭で書いた通り、「制定当初から九条は圧倒的多数の国民から支持されてきた」という主張が繰り返されてきた。しかし、この主張を支える根拠は薄弱と言わざるを得ない。九条に関する意見を聞く調査自体が、占領期にほとんど存在していないのである。筆者は、憲法に関する世論調査の質問を、戦後を通して網羅的に、合計で一二〇〇件以上収集したが、憲法制定後から一九五〇年までの間、九条に関する質問は一つとして発見できなかった。判断材料がない以上、この時期の国民の九条意識は不明であるとするのが最も誠実である。

では、前述の「神話」を主張する文献（具体例は拙著『憲法と世論』を参照）が何に依拠していたかといえば、例外なく、毎日新聞が憲法制定前の一九四六年五月に行った調査であった。ここでは、新憲法に「戦争抛棄の条項を必要とするか」が問われ、「必要」が七〇％、「不要」が二八％という結果であった。この「七〇％」という数値が後世まで引かれ続けるのである。

しかしこの調査の結果から、実際に制定された九条を国民全体の七割が支持したと考えることはできない。ひとつの理由は、この問いが九条二項の「戦力の不保持」に関する賛否を問うていないことである。さらに、より致命的なのは、この調査が無作為抽出法にもとづいておらず、標本が母集団（当時の有権者全体）を代表していないことである。本調査の対象は、二〇〇〇名の「有識階級」（毎日新聞自身の表現）に限定されたもので、標本には、大学出身者が三九％、官公吏が二四％を占める一方、女性は一三％、農業従事者は六％しか存在していない。これらの割合は、当時の実際の人口構成からかけ離れており、ここから全国民の平均的意見を推し量ることは困難である。

†逆コース期の改憲運動と世論

一九五〇年代には、政治家・政党間で改憲論が高まった。背景として、占領統治終結に伴う右派政治家の公職復帰と占領改革の見直し機運の高まり、朝鮮戦争後の事実上の再軍備の進展などがある。五〇年代改憲運動では、九条改正はもちろん、天皇の元首化と国事行為の拡大、人権制限、国民義務の拡大、参議院改革、地方自治制限、改憲手続きの緩和など、全面的な憲法の見直しが主張された。当時の保守政治家の改憲論において、九条改正・軍隊保有論が最低ラインの主張にすぎなかった点には十分注意が必要である。今日では忘れられているが、九条改正論は、新聞社説においても五〇年代前半まではごく一般的な主張であった。

こうした状況に対応して、主権回復直後の時期、一般国民の多くは軍隊再建およびそのための九条改正に抵抗感を示していない。読売新聞一九五二年一月調査によると、「憲法を改正して軍備を行う」「警察予備隊を強化すべきだ」「どちらも必要だ」「どちらも不必要」という意見の選択割合は、それぞれ二四％、三七％、九％、一〇％であった。毎日新聞五二年三月調査ではシンプルに「軍隊を持つための憲法改正」の賛否を聞いているが、結果は賛成四三％、反対二七％と、明確に改憲論が多数である。しかしこの後、時間の経過とともに、九条改正・軍隊保有論に対する賛成率は減少していく。例えば、朝日新聞五七年一一月調査では、「正式の軍隊がもてるように憲法を改正すること」に賛成三二％、反対が五二％と、九条維持派の優勢が明確になっている。

一九五〇年代における以上の世論変化は、同時期に保守政権によって進められた、「なし崩し再軍備」の進展が背景にあった。自衛隊（五四年発足）と日米安全保障条約（五一年締結）による国防体制の整備と、その定着により、九条改正の必要性に関する認識が徐々に弱まっていった。この過程では、五〇年代後半における新聞論調の変化も大いに影響しただろう。

一九五〇年代の世論変化は、「自衛隊・日米安保・憲法九条の併存」を認める動きと解すべきであって、間違っても非武装中立論の高まりではない。自衛隊の必要性については、どの世論調査でも一貫して賛成多数が認められる。また、自衛隊発足後でさえ、先の朝日新聞調査に見られるように、五〇年代では依然として有権者の三割程度が「正式の軍隊」を求めていた点に留意したい。

なお紙幅の都合で詳しく説明できないが、一九五〇年代（特に前半）には、九条改正だけでなく、全面改憲論にもかなりの支持があったという証拠がある。例として、読売新聞五二年一月調査での、「平和条約発効後憲法を改正すべきだといわれていますがこれに賛成ですか反対ですか」という問い（全面改憲の賛否を問う趣旨とみられる）に対し、賛成四七％、反対一七％となっている。九条改正論の減少に伴い、この種の質問への賛成率も、時間の経過とともに減少していく。とはいえ、五〇年代末の時点でもせいぜい賛否拮抗というところで、依然として国民の中で新憲法が定着したとは言い難い。

†高度成長期における憲法意識の変化

安保闘争の激動を経て、一九六〇年代になると、自由民主党政権は保革イデオロギー対立の焦点であった憲法改正問題の争点化を避けるようになる。自民党内では早期改憲派が傍流化し、特に復古色の濃い全面改憲論は、改憲派議員の主張においてさえ退潮していく。他方、最大野党の日本社会党は非武装中立論を唱え、「平和憲法」と現実の安保政策の矛盾を政権批判に用い続けていく。こうして六〇年代以降も、憲法問題は九条問題に収斂しつつ、政党間では（シンボル的にではあれ）潜在的な対立争点として維持されることになった。

この間の世論の動きはどうか。一般的な理解では、「遅くとも一九六〇年代半ばには、憲法改正反対で国民的合意が形成され」たと大嶽秀夫（『日本政治の対立軸』中公新書、一九九九、四頁）も主張しているように、高度成長期以降、改憲を主張する有権者は減少を続け、異端な存在に

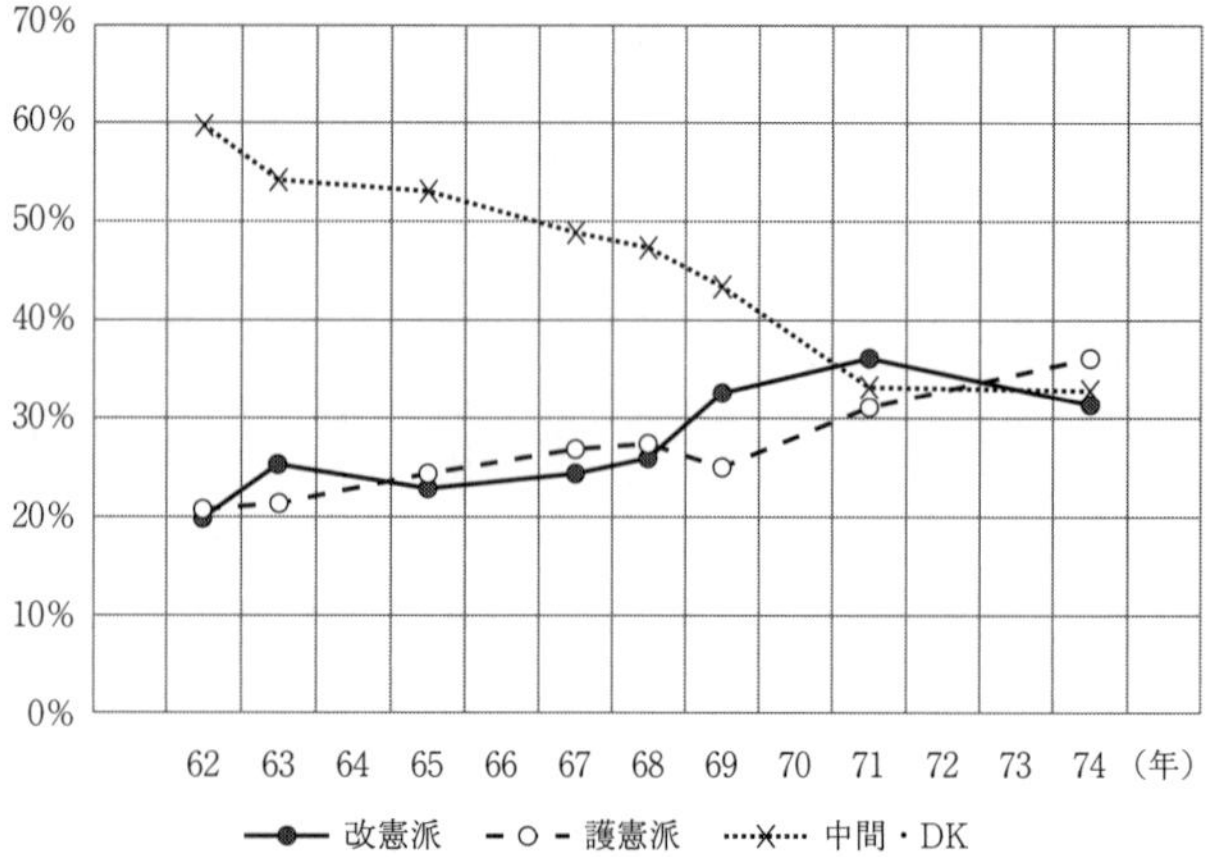

図1 「今の憲法を改正する必要があると思うか」(NHK調査)
「中間・DK」は、「どちらともいえない」または「わからない」と回答した者を指す。両回答の割合を合計してあるのは、NHKから公表されている数値自体が調査年によっては合算されているため。

なったと見られてきた。しかし図1を見ると、そうした理解は単純に過ぎることが分かる。このグラフは、六〇～七〇年代にNHKが行った「今の憲法を改正する必要があると思いますか」という質問の回答の推移である（同趣旨の質問について、この時期、他に時系列比較が可能な調査は見あたらない）。これによると、憲法改正に対する賛成率と反対率は、高度成長期を通してほぼ拮抗した状態にある。改憲派の割合は、通念に反して決して低下しておらず、むしろ六〇年代末には増加の傾向すら認められる。自民党の集票力が低下し、大学紛争やベトナム反戦運動が高まっていたこの時期、改憲派が護憲派と同等、あるいはそれ以上の割合で存在していたという点は、「憲法改正反対で国民的合意」があったとする通念的理解にまったく反している。

一九七〇年頃の改憲派の有権者は、具体的に憲法の何をどう変えたいと考えていたのだろうか。この時期、憲法に関する世論調査自体が下火になったため、解明が難しい論点であるが、筆者の考えは以下である。まず、政治家・知識層レベルの憲法論議の状況から判断して、有権者の理解においても論点が九条にあったことは推察できる。九条以外の論点（全面改憲論）は政治家間でさえ議論の俎上に乗らなくなり、当然メディア報道でも取り上げられず、その結果、一般の有権者にも意識されなくなったはずである。仮に意識されたとしても、七〇年頃になって天皇元首化といった復古色の濃い改憲論が高まったと考えるべき理由は見当たらない。なお、プライバシー権、環境権といった「新しい人権」追加論が人口に膾炙するのは平成に入ってからのことで、この当時の一般有権者の意識に上ることはまずありえない。

では、九条をどのように変えたいと考えられたのか。当時九条改正論で具体的に人々の念頭に置かれる可能性があったのは、大別して「軍隊保有のための九条改正論」と「自衛権・自衛隊明記論」の二種である（実際この時期、これら以外の九条改正論について問う世論調査は見当たらない）。これらをそれぞれ「軍隊保有論」「自衛隊明記論」と呼ぶとすると、このうち、高度成長期の改憲論の高まりが軍隊保有論の高まりでなかったことは疑いない。図2は、朝日新聞による「正式の軍隊を持てるように憲法を改正することに賛成か」という質問の回答の推移である。

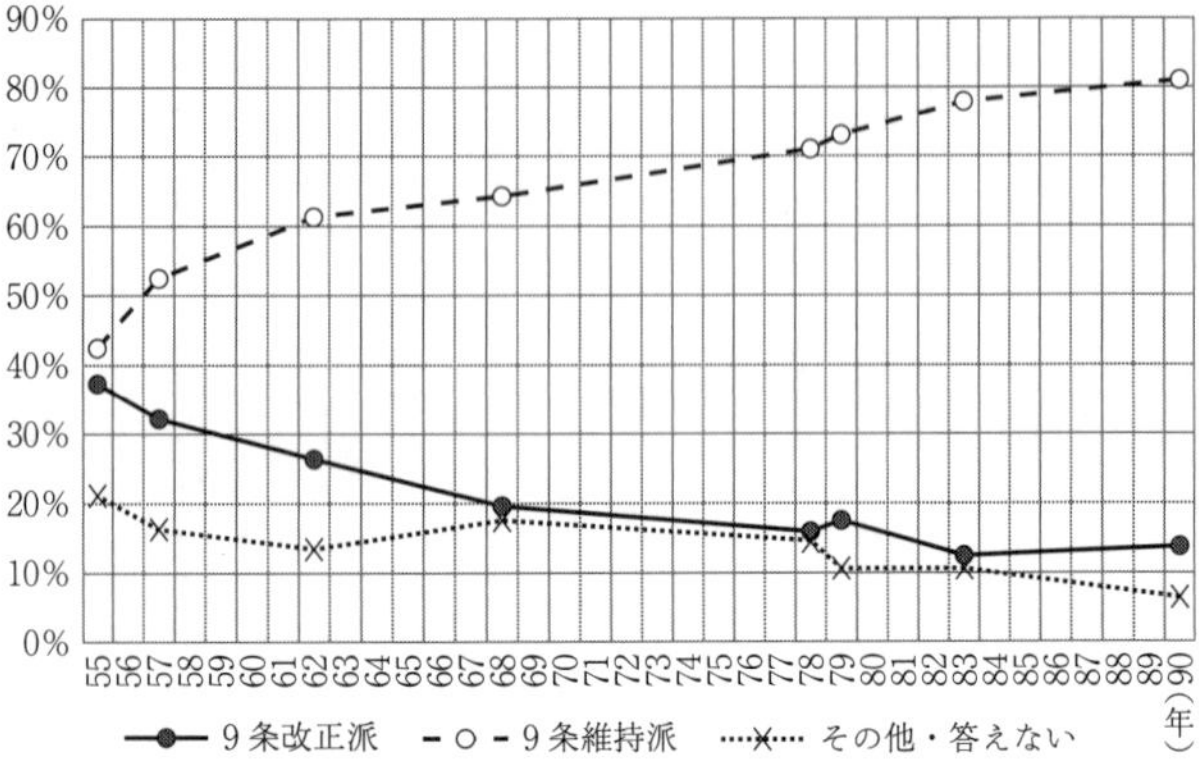

図2 「正式の軍隊を持てるように憲法を改正することに賛成か」(朝日新聞調査)
1968年調査は他と若干質問文の表現が異なる。1979年時にプロットされたデータは1978年12月調査の結果。

ここからは、軍隊保有論者(図中の「九条改正派」)が、高度成長期に減少し続けていたことが明らかである。

†革新主義者の改憲論、保守主義者の護憲論

筆者は、高度成長期の一般有権者における改憲論の中身は、ほぼ自衛隊明記論であったろうと考えている。直接的な証拠は少ないが、例えば、政府の調査で一九六〇年代前半に複数回、「今の憲法の規定を改めて、日本にも自衛のための権利があることを明らかにし、そのための軍隊をもつことを認めるべきだ」という意見への賛否が聞かれている。その結果はいずれの年でも三割程度が賛成で、反対派とほぼ同割合となっている。七三年一〇月には、読売新聞が「もし最高裁で自衛隊の憲法違反が確定した場

合、あなたは自衛隊をどうすべきだと思いますか」と問うている。これに対し、自衛隊を「解体すべきだ」と非武装主義の貫徹を希望する者は一〇％にすぎず、その倍（二〇％）の回答者が「憲法を改正してすっきりした軍隊にすべきだ」とむしろ改憲を提唱している。朝日新聞の（高度成長期を外れてしまうが）八〇年一二月調査によると、「自衛隊を憲法ではっきり認めるよう、憲法をかえること」に対し賛成四四％、反対四一％となっている。同時期の「正式の軍隊を持つための改憲」の賛否の結果（図2）と比較すれば、その差は歴然たるものがある。

興味深いのは、高度成長期に自衛隊明記論を唱えるようになったのが、自民党を支持する保守主義者ではなく、むしろ社会党支持の革新主義者であったと見られる点である。今日ほとんど知られていないことであるが、一九七〇年頃には、改憲志向の有権者は、党派性を問わず同程度に存在する。例えば、七〇年五月の時事通信社による調査では、自民党支持層に占める改憲派は三五％、社会党支持層では三三％とほとんど差がない。五五年体制最初期では、改憲派は明確に自民党支持者に偏っていた（朝日新聞五五年一一月調査では自民党支持者、社会党支持者中の改憲派割合はそれぞれ四四％、二六％である）ことから、高度成長期に、保守主義者の改憲派が減少し、革新主義者の改憲派が増加していたことが推察される。

すなわち、「自衛隊・日米安保・憲法九条の併存」という事態が長期化するにつれ、有権者の憲法意識に二方向の変化が生じていたのである。社会党の支持層には、同党指導部の問題提起を受け、自衛隊・日米安保と九条は共存不能であるとの認識が強かった。しかし、社会党支持層においても、自衛隊・日米安保の必要性自体は認める者が多かった（この点は調査から確認できる）。そのため、逆説的にも、この層で明文改憲派（＝自衛隊・日米安保維持派）が増える結果になったとみられる。

その一方、社会全体でより大きな割合を占めた自民党支持層についてみると、逆に、（同党執行部の方針と同じく）自衛隊・日米安保の合憲性を認め、九条改正の必要性を積極的に認めない、という意味での護憲的意見が強まっていたことがうかがえる。池田勇人内閣以降の自民党政権の方針転換、すなわち憲法改正問題の棚上げは、国民の憲法観にも変化を生じさせたのである。

†保守回帰と消極的護憲意識の高まり

一九七〇年代末から八〇年代は、保守回帰の時代と呼ばれる。この時期、自民党は支持率を高め、八〇年と八六年の衆参同日選挙では大勝を収めている。この好調に乗じて改憲派議員も勢いづき、長らく休止状態にあった自民党内の憲法調査会が再開されるなど、五〇年代以来、政治家の間で久々に改憲運動が活発化することになった。しかし結果としては、こうした運動が政府の方針に大きく影響することはなかった。八二年一一月には、戦後最初期から筋金入りの改憲論者として知られてきた、中曽根康弘がついに首相の座に就いている。しかしその中曽根ですら、首相在任中に「憲法改正を政治日程に載せない」旨を言明し、過去の内閣の方針を踏襲している。その宣言の通り、中曽根内閣は明文改憲の手続きには踏み込まず、代わって防衛費の「GNP一%枠」を破るなど憲法解釈の拡大をさらに進める方針を採った。

世論を見ると、一九八〇年代は、国民の護憲志向が戦後最も強かった時期に当たる。読売新聞八六年三月調査では、「いまの憲法を改正する方がよいと思いますか」という問いに対し、賛成二三%、反対五七%と非常に大きな差がついている。同種の調査は戦後数えきれないほど行われているが、筆者の知る限り、この読売新聞調査の結果が最も護憲寄りに偏ったものである。

各論で見れば、「正式の軍隊を持つための改憲に反対」という意味での九条維持派もこの時期、増える一方である（図2）。朝日新聞以外の調査結果も示しておこう。読売新聞の一九八一年一月調査では、「本格的な軍隊を持てる」ための改憲賛成派が一四%、反対派が七一%となっている。八六年一〇月にNHKが実施した調査では、自衛隊を「正式な軍隊」にするための九条改正について、賛成論が九%、反対論が八〇%であった。これら調査の結果にはかなりの共通性があり、反対方向での広い合意が確認できる。この時期もはや、軍隊保有の是非など、論点とすること自体が一般国民には時代錯誤的に捉えられたに違いない。

もっとも、以上の世論の動きを、有権者のイデオロギー的左傾化として理解するのは適切でないだろう。国民が左傾化していたとすると、同時期の自民党支持率の高さや、一般にタカ派とされた中曽根政権の長期持続が説明できない。中曽根政権期における改憲反対派の増加は、むしろ現状維持志向、当時の用語で言う「生活保守主義」の強まりを反映した現象とみるのが妥当である。石油危機後も、先進国の中で相対的に高い経済パフォーマンスを示した日本では、国民の間で現状追認、安定志向が広がっていた。政権政党の一時的交代さえ求めなくなった国民が、まして「国のかたち」そのものの変革を望むことはなくなったのである。

換言すれば、以上の世論変化は、憲法典の内容が積極的に支持されるようになったというより、「現行のままで特に害がない」という、消極的な理由での憲法維持志向が広がったものと筆者は捉えている。一九八〇年代の諸調査によると、自衛隊を違憲と見なしていたのは国民の二割にも満たない。自衛隊の存在に法的問題がないのであれば、あえて九条を書き換える必要はないわけである（逆に、九条を非武装中立条項として読まなければならないとすれば、多くの国民はなお改憲を支持したに違いない）。昭和の末期に至って、ようやく改憲不要との「国民的合意」が形成されたと主張することは可能である。しかしその「合意」の基盤は、積極的な憲法典の評価に基づいた強固なものではなかった。

今日振り返ってみると、昭和末期における憲法典と現実（自衛隊・日米安保体制）の平和的共存は、まさにこの時期に特殊な政治的・社会的文脈——永遠につづくと思われた安定と成長

――に支えられていたのである。多くの国民は、憲法に対して本来柔軟な考え方を持っており、憲法条文そのものを金科玉条のごとく神聖視していたわけではなかった。実際、平成に入り、経済成長や冷戦構造といった五五年体制の前提が急激に崩れる中、この束の間の「合意」もまた急速に失われてしまうのである。

さらに詳しく知るための参考文献

境家史郎『憲法と世論――戦後日本人は憲法とどう向き合ってきたのか』（筑摩選書、二〇一七）／三輪洋文・境家史郎「戦後日本人の憲法意識――世論調査集積法による分析」（『年報政治学』七一巻一号、筑摩書房、二〇二〇）……本講の内容について、より詳しい議論は前者の文献を参照していただきたい。後者は、最新の統計手法を用いて世論の推移を精密に推定した研究である。

蒲島郁夫・竹中佳彦『現代日本人のイデオロギー』（東京大学出版会、一九九六）／同『イデオロギー』（東京大学出版会、二〇一二）……有権者の憲法意識の背後にある「イデオロギー」について、理論的・実証的に綿密な議論が展開されている。

梶居佳広「一九五〇年代改憲論と新聞論説（一九五二―一九五七年）――地方紙を中心に」（『立命館法学』二〇一二年三〜四号）……一九五〇年代の新聞論調に関する貴重な研究。マスメディアの報道内容は、国民にとっての「情報環境」を形成し、世論に影響する。

渡辺治『日本国憲法「改正」史』（日本評論社、一九八七）／同編著『憲法改正問題資料　全二巻』（旬報社、二〇一五）……各時期における政治家・知識層レベルの憲法論争を知ることは、世論の動きを理解する上での前提となる。両書の史料面での価値は高い。

第8講 吉田茂内閣——時代で変化する吉田路線とワンマン宰相

村井哲也

†はじめに——吉田路線の歴史評価

政治家の個人伝記と異なり、内閣そのものを歴史的に振り返るには政権業績を抜きにしては考えられない。個人の人間的な魅力や思想に偏重することなく、その後の時代に何を残したかという冷徹な歴史評価に晒されるからである。

吉田茂は、首相として五次にわたり内閣を組織して通算で七年二ヵ月の長期政権を築いた。政権の途上からは、本人の強情で貴族趣味的な性格も相まちワンマン宰相とたびたび呼ばれた。その最大の政権業績は、言うまでもなく戦後国家に「吉田路線」を敷いたことである。

吉田は、サンフランシスコ講和条約を締結して六年八ヵ月に及んだGHQ占領に終止符を打った。それは、単なる日本の独立を意味したのではない。ソ連などを含む全面講和でなくアメリカを基軸とした西側陣営との片面講和を採用し、同時に締結した日米安保条約によって戦後国家に明確な方向づけを行った。

具体的に言えば、憲法第九条で生じる安全保障の空白をアメリカとの同盟関係で埋める一方で、度重なる再軍備要求をかわして防衛費を抑制し、その余力を経済活動にあてて通商国家を目指した。これが、「軽武装・経済優先」を選択した吉田のリアリズムとして高く評価される「吉田路線」である。

実際に戦後国家は、米ソ冷戦下で比較的に平穏な安全保障を確保し、敗戦国から世界第二位の経済大国にまで上りつめた。吉田個人でも吉田内閣としても、戦後の昭和史で世間から常に上位に評価される存在なのは間違いない。

ただし、平成から令和に移り変わる近年の研究では、「吉田路線」は吉田内閣で単線的に導かれたわけでなく、その理解不足も多いと指摘される。

第一に、吉田なき「吉田路線」と呼ばれるように、その評価は後付けの性格を否定できない(五百頭旗真編『戦後日本外交史(第三版補訂版)』有斐閣アルマ、二〇一四)。その神話化で政権業績に偏りが生じてもいる。特に、政権末期から転落後しばらくの評価は散々だった。

第二に、「吉田路線」を可能とした権力基盤をめぐる内政プロセスが捨象されがちである。長期政権でワンマン宰相として振る舞えた時代は思いのほか短い。政権初期の苦悩や末期の衰退、一九六〇年代からの再評価まで見据える必要がある。特に吉田は、明治憲法と新憲法の両方を経験した唯一の首相だけに、その権力移行プロセスは見逃せない。

これら二つの点を踏まえれば、政権業績を評価するには後付けの神話に陥ることなく、そのプロセスを時系列に辿ることが有効となる。その延長線上に、吉田内閣が紡ぎ出した遺産を偏りなく俯瞰することができるであろう。

†戦後政界への登場

一九四五(昭和二〇)年九月、吉田茂は東久邇稔彦内閣の外相に選ばれた。占領の現実を直視しない態度をGHQに見限られた前任の重光葵とは対照的に、連合国最高司令官の「マ元帥と話が出来る」という条件を満たしていたからである。

その意味で、外務次官や駐英大使を経験した新英米派の外交官という経歴は申し分なかった。とはいえ、必ずしも外務省の主流だったわけではない。大久保利通の次男で宮内大臣や内大臣を歴任した牧野伸顕の女婿であった吉田は、宮中政治家として昭和天皇とのパイプを見込まれての抜擢であった。

その期待どおり、吉田は外相就任直後にマッカーサーと昭和天皇との会見を成功裏に終わらせた。この会見で昭和天皇の戦争責任を回避する方針が確認され、円滑な占領統治に目途をつけたマッカーサーは吉田への信頼を深めていく。昭和天皇に加えてマッカーサーとのパイプは、吉田の大きな権力基盤となった。

一〇月に誕生した幣原喜重郎内閣で外相に留任した吉田は、その後も「マ元帥と話が出来る」存在であり続ける。その資質は、よく知られるように占領の現実を直視して「負けっぷりを立派にする」ことにあった。本心では反対だったGHQの戦後改革案を吉田が次々と受け入れたのは、この態度に基づいていた。

吉田は次のように回想する。「要は、出来るだけ占領政策に協力するにある……言うべきことは言うが、あとは潔くこれに従う」。「臣茂」と称するほど天皇を中心とした明治国家のメンタリティーを持つ政治家が、なぜこのような態度を取りえたのだろうか。

それは、GHQの占領統治は実利を追求する交渉の場だと看破する優れた外交感覚の持ち主だったからである。

一九四六年二月、予期せぬ急進的なGHQの憲法草案を手交されてからの場面をリードした吉田は閣内で抜きん出る存在となった。憤激する他の重要閣僚を横目に、「外国との条約締結の交渉と相似たものがあった」として吉田は、新憲法を国際条約的文書として受け入れたのである（渡邉昭夫「吉田茂」『戦後日本の宰相たち』中公文庫、一九九五）。

五月、戦後初の衆議院総選挙で第一党に躍り出た自由党の党首として首相就任直前だった鳩山一郎が公職追放された。鳩山もまた、占領の現実を直視する態度を持てなかった。ここで急遽、首相に担ぎ上げられ大命降下を受けたのが吉田である。

だが、昭和天皇とマッカーサーとのパイプが決定的な権力基盤となるのは外相時代までだった。首相としての権力基盤がこれで事足りるわけがない。そのことを吉田は、明治国家から戦後国家へと移行する第一次内閣で嫌というほど思い知ることになる。

†移行期としての第一次内閣

明治国家では、首相の権力基盤は最終的に天皇大権に行き着く。それが象徴天皇制と議院内閣制が見込まれる新憲法草案が現れたことで、戦後国家は、特に衆議院の絶対多数を制する与党が首相の権力基盤となった。

この移行期に、定数四六六議席に対して自由党一四〇、進歩党九四で連立与党を組んだ第一次内閣で、吉田にさしたる権力基盤はなかった。幻の鳩山内閣の組閣人事をほぼ引き継ぎ、鳩山派の会合へ頻繁にお伺いを立てにいかざるを得ない。「政党というものに生来あまり親しみを感じなかった」吉田にとって、さぞや鬱憤が溜まる日々だったに違いない。

頼みの綱はマッカーサーである。一九四六（昭和二一）年六月、吉田の必死の訴えで六八万七〇〇〇トンに及んだアメリカの対日食糧援助が決定した。これにより、大量の餓死者を出しかねなかった敗戦後の食糧危機をどうにか脱する。

ただし、このパイプを常には頼れない。二年後の大統領予備選への出馬を狙っていたマッカーサーは、占領統治の成功という業績評価に敏感である。GHQの指令がなくとも、民主化の建前を保ちつつ自前で業績が出せる安定政権を何より好んだ。

一一月、厳しい国会審議を乗り切って新憲法草案が公布されると、「吉田と閣僚のあげた成果は賞賛に値する」とマッカーサーは手放しで喜んだ。だが一方で、インフレの激化で深刻化した経済危機への対処では吉田内閣に不満を隠さない。食糧や資金の対日援助を無駄なく活用する統制経済の実行力に疑問を持っていたからである。

吉田は、自由党の有力者となった石橋湛山蔵相を中心とした経済閣僚たちに閣議での主導権を握られていた。この石橋グループが自由経済と積極財政を掲げGHQの統制経済に真っ向から対立したことで、両者の板挟みに苦しんでいたのである。

この板挟み状態と高まる労働攻勢に無力な吉田内閣に、GHQ各部局とパイプを築いた各省の次官グループもまた不信感を募らせていた。事もあろうに、経済危機への対処として、「挙国一致内閣を作りなさい……社会党を全部抱き込む」ことの直談判に及んでいる。官僚のトップ集団による、首相への明らかな越権行為であった。

与党と官僚に権力基盤のない吉田は、次第に首相官邸での閣議を欠席がちとなった。その対抗拠点として兼任する外相の官邸に私的ブレーンを集め、石炭と鉄鋼の重点配分策として知られる傾斜生産方式を主導していった。ここから社会党との連立交渉を成功させて閣内での主導権を奪い返し、統制経済と労働攻勢に対処する狙いである。

だが、自由経済と積極財政を批判する社会党が求める石橋蔵相の辞任を、吉田は党内で説得できなかった。一九四七（昭和二二）年三月、連立交渉の失敗を見届けたマッカーサーは、統制経済の強化と吉田不信任の明確なメッセージを発したのである。

†政権下野から吉田復権へ

一九四七年五月、総選挙で第一党となった社会党の片山哲を首班とする、民主党・国協党との中道連立政権が誕生した。第二党に転落した自由党は下野した。これを社会党の自滅を見越した吉田の慧眼とする説は歴史の後付けである。

「ワンマン」や「官僚派」のイメージが強い吉田だが、第一次内閣では政党と官僚に権力基盤がなかった。GHQでは民主化改革を主導するGS（民政局）やESS（経済科学局）の統制経済派に疎まれ、最後はマッカーサーの信任を失った。吉田は連立政権に参加しても、どこにも居場所がなかったのである。

だからこそ、下野で権力基盤作りに専念した。貴族院議員から衆議院議員になった吉田は、総選挙の当選直後に石橋グループが軒並み公職追放となった好機に、「総裁業に取懸候」として自由党の掌握に乗り出していく。

一九四八年の春、潮目が変わる。米ソ冷戦の激化で、日本を極東の安定勢力とすべく民主化改革から経済安定の優先へと占領政策は転換した。皮肉にも傾斜生産方式が一定の成果をあげたこともあり、中道連立政権の存立根拠は次第に薄れていた。

三月に民主党幣原派との合同で民自党を結成した吉田は、この潮目を優れた外交感覚で嗅ぎ取った。外資導入を中心とする経済安定には「先づ以て自主自立の国策の確立である」と唱えたように、外資導入を中心とする経済安定に必要なのは、まず保守勢力の結集による安定政権を実現することと悟ったのである。

七月には、運輸次官の佐藤栄作や大蔵次官の池田勇人を筆頭に官僚出身者二八名の入党と次期総選挙への出馬を発表した。第一次内閣では次官グループに苦杯をなめたものの、明治国家の遺産と言うべき優秀な官僚集団が権力基盤となることを自覚してこれを吸収したのである。これは、戦後の保守政党の政策立案能力を高める契機にもなった。

一〇月、民主党の芦田均を首班として継続していた中道連立政権が昭電疑獄で崩壊すると、吉田は満を持して政権復帰した。民自党が議席一五一の少数与党でスタートした第二次内閣は、権力基盤を固める正念場である。

山崎首班工作で知られるGSの組閣妨害を吉田が排除しえたのは、マッカーサーとのパイプを活かしつつ党内事情をそれなりに把握していたからだった（なお、田中角栄の機転でこの窮地を脱したという説はどこにも史料的な根拠がない）。

実際に第二次内閣では、吉田や官僚出身者に反発を隠さない民自党内の党人派の意向を押し切る場面が目立った。その強気の理由は、衆議院の解散を見据えていたからである。その目論見どおりに一二月、GHQと野党との妥協で国家公務員法改正と追加予算の成立と引き換えに解散がなされ、政局は総選挙に突入する。

その最中にアメリカ本土から届いたのが、なし崩しの統制経済で先送りされてきたインフレの一挙安定を目指す経済安定九原則の指令だった。戦後国家の権力基盤にも外交的な潮目の変化にも、吉田の感覚が研ぎ澄まされた瞬間である。

†講和条約への権力基盤

一九四九（昭和二四）年一月、民自党は二六四議席を獲得して圧勝した。「絶対多数を得政局安定せされハ我国再建復興の避け難し」として総選挙に臨んだ吉田は、戦後国家で初めて本格的な首相の権力基盤を手中に収める。この結果に満足したマッカーサーが、吉田に全幅の信頼を寄せるのはここからである。

そこから安定政権への執念は徹底していた。一二一名の新人議員を擁して党内に吉田派（官僚派）を形成したうえ、これに反発する党人派を分裂させて封じ込めるべく、強引に犬養健《いぬかいたける》ら民主党連立派との保守連立に踏み切る。二月に成立した第三次内閣は、初当選の池田を蔵相、佐藤を政調会長に抜擢するなど内閣と党で完全なワンマン人事を貫く。

興味深いのは、政権運営での意思決定システムである。再び外相を兼任した吉田は、主に外相官邸を拠点とする連絡会議を連日開催していた。ここに内閣や党の要職を占める吉田派の側近や私的ブレーンを集め、意思決定の一元化を図ることで政党や官僚の反乱の芽を摘み取っていた。これも第一次内閣の教訓である。

このワンマン体制で迎えたのが、経済安定九原則の具体化を図るべく来日した大統領特使J・ドッジだった。吉田は、超均衡予算と単一為替レート設定を柱とするドッジ・ラインが予備的な「事実上の講和」の交渉であることを鋭敏に嗅ぎ取る。

「Dodge は God send messenger である」。この確信を背景に吉田は、政権運営の障害としてGSやESS統制派に見切りをつけた。四月には苛酷なドッジ予算と一ドル三六〇円の為替レート設定が、五月には中央・地方を合わせ二五万人以上の行政整理が断行されたのである。

その過程では、選挙公約に大幅減税や公共事業を掲げた民自党の反対をドッジの威光で封じ込め、行政整理に対する各省の次官グループの抵抗には「徹底的にやっつける…絶対多数党でこそ出来る」と人事権を行使して抑え込んだ。

ドッジ・ラインの実行は、倒産や失業などのデフレ不況、下山・松川・三鷹の各事件や過激な労働攻勢などによる社会不安を招いた。他方で、インフレの一挙安定を果たし、講和条約への権力基盤という政権業績を築いたのも事実である。

一九五〇年六月、朝鮮戦争が勃発した。これが日本経済に朝鮮特需をもたらすと同時に、講和条約への機運は高まった。ここで吉田は、「絶対多数を使い切ってもよい、それで日本の再建をしたい」と並々ならぬ覚悟を示している。

講和条約の権力基盤を築いた自信の表れであると同時に、米ソ冷戦という国際政治の厳しい現実を前に、全ての国民には受け入れ難い決断を迫られることも予想できたのだろう。果たしてそれは、予想どおりになったのである。

†ワンマン宰相の盛衰

一九五一（昭和二六）年一月、大統領特使J・F・ダレスが来日した。

その詳細な経過は第11講・第12講に譲るとして、講和交渉での焦点は再軍備問題だった。アメリカ案は賠償問題に寛大で吉田は片面講和に迷いはなかったし、基地提供によって米軍の継続駐留を要請することも外務省に検討作業を行わせてきた。

だが、アメリカ側から強く要求された再軍備は、旧軍勢力の復活が懸念され、追放解除が秒読みとなった鳩山らの反吉田勢力が旗印に掲げていた。何より、いまだ不安定な日本経済の財政余力を考えれば重い負担であった。

消極的な姿勢にダレスは失望を隠さず交渉は難航したが、吉田は、どうにか着地点を見出したいダレスの本音を嗅ぎ取り五万人の保安隊を創設するカードを切る。二月、マッカーサーの側面支援も得て、ギリギリのところで再軍備を回避して交渉は決着した。

九月のサンフランシスコ講和会議で超党派の全権団に拘った吉田は、日米安保条約の調印は一人で署名した。「飽くまで暫定的な措置である」と語るほど、その不平等性に自覚的だったからである。戦後国家の命運を左右する孤独な決断に、吉田は「重大責任を果たしえて満足である」と安堵した（井上寿一「吉田茂」『戦後日本首相の外交思想』ミネルヴァ書房、二〇一六）。

吉田が帰国すると、アメリカと対等に渡り合ったワンマン宰相を国民世論は熱烈に歓迎した。内閣支持率は六割近くに及ぶ絶頂期である。これを花道に退陣していれば、吉田の政権業績は紆余曲折を伴わなかったかもしれない。

一九五二年四月、独立は達成された。それは同時に、鳩山、石橋、岸信介、河野一郎、三木武吉《ぶきち》らの追放解除が終了し、マッカーサーのごとく超憲法的な権力基盤を失うことも意味する。言い換えれば、占領終結で吉田は、衆議院の絶対多数をめぐる「数の論理」とその背後にある国民世論と向き合う新憲法本来の権力闘争に正面から対峙したのである。

周知のように、抜き打ち解散による一〇月の総選挙、バカヤロー解散による翌年四月の総選挙で、民主党連立派と合同して結成された自由党は二八五から二四〇、一九九へと議席を急減させる。最後の第五次内閣は絶対多数どころか少数与党に逆戻りし、反吉田勢力の結集が進んでいった。

それでも吉田は、党内政治を苦手とする従来のイメージと異なり、きめ細やかな粘り腰でこれに対抗している。総裁や党三役の権限を吉田派に有利な党則に改正し、予算や法案の修正で老獪な野党分断を図る（小宮二〇一〇）。だが結局、時流には抗しがたかった。

一九五四年に入り造船疑獄が自由党を直撃して世間の厳しい批判を浴びると、三月にはビキニ環礁で第五福竜丸事件の衝撃が追い打ちをかけた。長期政権への飽きが蔓延し、反米感情から吉田の外交路線は対米依存との誹りを受ける。

「ワンマン」は頼もしさより独り善がりの意味合いで語られはじめ、内閣支持率は二割台に落ち込んだ。政権は死に体となったのである。

†総辞職後の再評価

一九五四（昭和二九）年一一月、党内外にわたる反吉田の保守勢力が結集されて鳩山を党首に民主党が結成された。それだけではない。「吉田棚上げ」を図ることで保守合同の障害を取り除こうという機運は、自由党内にすら広がっていた。

それは、対米依存外交とのイメージに加え、ドッジ・ライン以来のアメリカの意向に沿った緊縮財政・自由経済の路線に不満が蓄積されていたからである。占領終結とともに噴出した議員たちの利益政治の渇望は、吉田を障害物とみなしたのだった（村井哲也「戦後政治と保守合同の相克」『日本政治史の新地平』吉田書店、二〇一三）。

翌一二月、民主党が左右の社会党と不信任決議案を提出すると、その対応をめぐり吉田派は瓦解した。後継者と目された緒方竹虎に続き池田でさえ総辞職を勧告すると、「ではやめて、大磯でゆっくり本でも読むか」と吉田は呟いた。最後の閣議が異例に開催されていた外相官邸を、総辞職のサインもせずに立ち去ったのである。

一九五五年一一月、鳩山内閣のまま民主党と自由党による保守合同が実現した。衆議院四六七議席のうち二九八を占める巨大与党の誕生だった。だが、そこに吉田の姿はない。結成当初の自民党には、どこにも居場所がなかったのである。

入党したのは鳩山総辞職後の一九五七年二月だった。自民党に居場所を見出せたのも、鳩山や岸らの再軍備・改憲路線が挫折した後の一九六〇年代に、池田、佐藤という吉田派の系譜が長期政権を築き「昭和の元老」などと称されてからだった。

そこから高坂正堯が「宰相吉田茂論」を発表して吉田再評価の機運が広がる。吉田が逝去した一九六七年の翌年に日本が西ドイツを抜き世界第二位の経済大国になると、「軽武装・経済優先」の選択は米ソ冷戦体制下で高度成長を成し遂げた成功物語とされた。

一九八〇年代には、特に宏池会（旧池田派）が吉田を起源とする保守本流の後継者であるとの正統化に使用したことで、「吉田路線」は定着する。だが吉田は、決してハト派でなく晩年に状況が熟したとして再軍備・改憲路線を唱えていたし、通商国家は唱えても重工業化による高度成長は予期していなかった（河野康子「吉田外交と国内政治」『年報・近代日本研究一六』）。

それでも、吉田なき「吉田路線」は神話の体を帯びつつ継続されていったのである。

†おわりに――吉田路線の行方

吉田内閣の軌跡を辿れば、ワンマン宰相を貫けたのは長期政権で二、三年である。

逆に言えば、それ以外の苦闘と模索がゆえに激動の占領下で輝いた存在となった。明治国家の権力基盤である官僚集団を有効に活用し、抜群の外交感覚でGHQ占領に適応しつつ戦後国家の権力基盤である絶対多数を自覚し、これを講和独立のために使い切った。

他方で、マッカーサーという超憲法的な権力基盤に頼ることが多く、その意思決定システムは外相官邸での連絡会議を多用したように、議院内閣制の理念とは程遠かった。

この絶対多数に物を言わせた側近政治を続けたことで、占領終結後は国民世論から見放されて絶対多数を失ったのも当然である。郷愁が入り混じったワンマン宰相の待望論が巷に蔓延っているが、いまの時代状況に適合するはずもない。

もちろん、その政権業績が依然として偉大であることは間違いない。問題は、後に神話化された「吉田路線」の中で、あるいは人間的な魅力や思想が前面に出されがちな政治家の個人伝記の中で、さまざまなプロセスが捨象されてしまったことにある。

一九九〇年代に米ソ冷戦体制は終結し、バブル崩壊とともに高度成長の時代も完全に終焉した。日米安保条約の再定義が幾度となく叫ばれ、経済大国は中国に抜かれ第三位となって長期の低迷が続いている。

時代状況は変化した。二一世紀に議論されるべきは、すでに「吉田路線」の是非ではなく、「吉田路線」の次に日本がどのような路線を選ぶべきかに移り変わっている（宮城大蔵「現代『日本史の論点』第五章、中公新書、二〇一八）。

そこで欠かしてならないのは、権力基盤をめぐる議論である。

「吉田路線」の実現は、占領の時代に適応した吉田の地道な内政プロセスの積み上げがあってこそであった。次の時代の国家路線や外交ビジョンを描くのであれば、今度こそ、絶対多数をめぐる「数の論理」とその背後にある国民世論と正面から向き合わなければならない。求められるのは、ワンマン宰相への郷愁でなく今の時代への状況適応である。
それでこそ、吉田内閣の遺産は昭和史の教訓となるのではないだろうか。

さらに詳しく知るための参考文献

五百旗頭真『占領期――首相たちの新日本』(講談社学術文庫、二〇〇七)……吉田茂など日本占領下で首相を務めた五人の軌跡を描いた書である。ドラマチックな筆致でありながら、GHQの占領統治や民主化改革の本質や首相たちの新しい時代を求めた模索の中に鋭い指摘が随所に含まれている。

高坂正堯『宰相吉田茂』(中公クラシックス、二〇〇六)……吉田再評価の端緒となった「宰相吉田茂論」(『中央公論』一九六四)を初めとする高坂の論考集である。後の吉田路線の正統化を図る出版当初(一九六八)の思惑も窺えるものの、決して吉田礼賛に止まらないスケールの大きさが魅力である。

小宮京『自由民主党の誕生――総裁公選と組織政党論』(木鐸社、二〇一〇)……戦前からの系譜や戦後の民主化までの成り立ちを辿りながら、日本の保守政党の組織構造を解き明かした本格的な研究書である。苦手と思われてきた内政や政党に吉田が深い関心を示し権力闘争に臨んでいたことが窺える。

豊下楢彦『安保条約の成立――吉田外交と天皇外交』(岩波新書、一九九六)……歴史を俯瞰するには踏まえておきたい史料根拠を伴った吉田批判の書である。冷戦激化を踏まえた対米交渉カードを切れず安保条約は不利な駐留形態となったこと、その背景として昭和天皇の政治介入を示唆している。

林茂・辻清明編『日本内閣史 五巻』(第一法規出版、一九八一)……第一次内閣(天川晃)、第二・三次内閣(大森弥)、第四・五次内閣(大河内繁男)。時代を経れば新史料が発掘され研究は深化するが、同時代の空気も失われ神話化しがちとなる。各内閣の詳細なプロセスを描くこのシリーズ書では、切り捨てられた時々のエピソードの中に、吉田路線が世に固定する以前の空気を感じられる。

原彬久『吉田茂――尊王の政治家』（岩波新書、二〇〇五）……吉田の伝記は猪木正道やJ・ダワーなどによる優れた書があるが、ここではコンパクトながらバランス良い筆致の本書を挙げたい。副題の「尊王」から分かるように、吉田の明治国家のメンタリティーがどう戦後に展開されたかが興味深い。

村井哲也『戦後政治体制の起源――吉田茂の「官邸主導」』（藤原書店、二〇〇八）……戦時体制から占領体制への時代変化の中で、吉田ワンマンが確立する過程を描く研究書である。総合官庁と事務次官会議という二つの歴史潮流を踏まえつつ、吉田の模索の中から結果として戦後政治体制にさまざまな遺産が残されたとする。

第9講　戦後共産党史――レッドパージから六全協まで

福家崇洋

†コミンフォルム批判とレッドパージ

一九四五年に再建された日本共産党は、結党後初めて合法政党の道を歩みはじめた。占領期の困難な時期に党を率いたのが、「獄中一八年」をへて出獄した徳田球一（書記長に就任）と、四六年に中国・延安からソ連・モスクワ経由で帰国した野坂参三（のち中央委員・政治局員・書記局員に就任）であった。

戦前にコミンテルンから与えられた「三二テーゼ」を堅持する徳田と、一九三一年以降コミンテルン、ソ連・中国各共産党と活動を続けた野坂の間には、運動方針や天皇制の評価をめぐって隔たりがあった。それでも、野坂らが推し進めた「愛される共産党」路線（天皇制批判の抑制、民主戦線（のち民主民族戦線））は国民の支持を得て、四六年の戦後初の総選挙では五名、四九年の総選挙では三五名の当選者を出した。他方で、共産党は二・一ゼネスト（一九四七年）、社会党との社共合同運動（一九四八年〜）、朝鮮人学校閉鎖令に反対する阪神教育闘争（同年、初の非常事態宣言布告）などに関わり、議会外でも運動を繰り広げた。

こうしたなか、一九四九年から東アジアをめぐる国際状況は変化しつつあった。一〇月に中華人民共和国が成立、翌月にはアジア諸国大洋州労働組合会議で毛沢東の武装闘争路線を打ち出す「劉少奇テーゼ」が発表された。重ねて、毛沢東が翌年二月まで訪ソして中ソ同盟を結んだ。ソ連共産党の東アジア戦略が変化するなか、その影響は日本共産党に及ぶ。その代表的なものがコミンフォルム批判であった。

コミンフォルム機関紙『恒久平和と人民民主主義のために』一九五〇年一月六日付にオブザーバー名義の論評「日本の情勢について」が掲載された。その内容は、国際的な権威を背景として野坂の平和革命論を批判するものだった。当初、日本共産党中央委員会は「党かく乱のデマをうち砕け」を出して一蹴し、党政治局会議も野坂理論の欠点を認めつつも実践で克服済みとする「所感」を発表した。

この批判への対応をめぐって日本共産党内に亀裂が走る。この批判を「所感」という形で受けとめた徳田、野坂、伊藤律、志田重男ら「所感派」（「主流派」とも言われる）とこれに反対する志賀義雄、宮本顕治らの「国際派」である（以下煩瑣なためカギ括弧は略）。対立は理論だけでなく、運動にも及んだ。

しかし、中国共産党中央機関紙『北京人民日報』がコミンフォルム批判を支持したことを受けて、急遽党の対応が再検討された。一月一八日から二〇日まで開催された第一八回拡大中央委員会で徳田から「新しい情勢とこれに対応するわが党の政策」が報告され、党はコミンフォルムの批判を受け入れ、野坂も二月に「自己批判」した。

一方で、野坂が進めてきた民主戦線は順調で、京都府市の首長選挙で勝利を収めた。党中央委員会も「民族の独立のために全人民諸君に訴う」を党機関紙『アカハタ』に掲載して民主民族戦線を提唱した。この流れは四月二八、二九日に開催された第一九回中央委員会総会に引き継がれた。この会では、徳田が起草し平和革命路線を維持した「来たるべき革命における日本共産党の基本的な任務について」が提出された（のち五〇年テーゼ草案として頒布）。これは第七回大会で採択される予定だったが、継続審議となった。議論のさなかにGHQによる日本共産党非合法化の情報が入ってきたためである。

GHQは中国の成立を受けて反共路線に転換しはじめ、マッカーサー元帥の反共声明などに表れてくる。こうした動きに対抗して、五月には大学でイールズ（CIE顧問）に対する講演反対闘争や人民決起大会（民主民族戦線東京準備会主催）におけるアメリカ軍人暴行事件が起きた。

六月四日には参院選で共産党が全国区で約一三〇万、地方区で約一六〇万票を得たが、その二日後にはマッカーサーから吉田茂首相に書簡が送られ、日本共産党中央委員二四名の追放が、翌日には『アカハタ』編集責任者の追放が決定した。レッドパージのはじまりである。

これは六月二五日に勃発する朝鮮戦争に向けた国内統制の一環であった。ソ連や中国の指示を受けて国内の治安を乱す可能性のある日本共産党をあらかじめ弾圧しておくためである。『アカハタ』に発行停止処分が下され、共産党の国会議員七名も追放された。全国で公職追放が実施され、末端の党員にも及んだ。結果として、一九五〇年一月現在の共産党員数は約一〇万七〇〇〇人だったが、パージ後の一一月には約七万人（本部及び細胞数は全国で約六四〇〇）となった。党の機能を表面では残しつつも、その活動の多くが地下へ移行していく。

敗戦後の日本共産党にとって、「民主化」を推し進めていたGHQは「解放軍」であった。しかし、わずか数年で「逆コース」に転じたGHQによって共産党は弾圧されていった。

†四全協から五全協へ

日本共産党は弾圧当日の一九五〇年六月六日に政治局会議を開催し、臨時中央指導部（議長・椎野悦郎）を設けて、第一八、一九回中央委員会総会で敷かれた路線を継続することを決めた。ただ、同会議は所感派主導だったため、不参加だった志賀義雄と宮本顕治は会議の無効を主張した。これに対し、臨時中央指導部は六月一八日に第三回全国協議会（党大会に準ずる重要な会議）を開き、同部設立の合意を得て批判の封じ込めをはかった。翌月四日には「分派活動の全貌について」を発表し、反所感派の中央委員の排除・除名を決定した（除名された中央委員は全国統一委員会を大阪で結成するが一〇月下旬に解散）。こうした手法は、党のいたる所で亀裂を生んでいった。

臨時中央指導部に徳田と野坂の名前はないが、彼らは当局の目が届かない地下から指示を送った。徳田も参加した八月の政治局会議では、国内は臨時中央指導部に任せることと、徳田の中国潜行が決まった。徳田は余命四年と診断された病身だったが、一〇月頃に北京入りした。野坂も徳田に続いて日本を離れ、北京に滞在した。彼らは中ソ両共産党と交渉しながら、日本共産党の国内活動を指導した。このための国外組織が北京機関である。

一〇月下旬には、中国から人民志願軍が参戦するなど、朝鮮戦争は新たな局面を迎えていた。盛り返した朝鮮人民軍は、翌年一月に三八度線を越えてソウルを占領した。こうした「介入」は日本共産党についても同様である。『北京人民日報』は九月三日付の社説「今こそ日本人民は団結して敵にあたる時である」で日本共産党の統一を求めたが、臨時中央指導部を支持したうえでの「統一」であった。所感派の方も、非合法機関紙『平和と独立』一〇月七日付に「共産主義者と愛国者の新しい任務——力には力を以って闘へ」を掲載して、武力革命路線を提起した。

もっともこの段階では武力革命路線は党の方針として確立されたわけではなかった。これが協議されたのは一九五一年二月二三日から二七日まで開催された第四回全国協議会（四全協）である。この会で重要なのは以下の三点である。一点目は党規約の改正と「分派主義者に関する決議」によって所感派主導下の「統一」が求められたことである。二点目は、「日本共産党の当面の基本的行動方針」で一般闘争方針、全面講和闘争にくわえて、「軍事方針」と非合法活動のための「組織問題」が決定したことである。具体的には中核自衛隊の結集である。三点目は、民族解放を求める「愛国者」として在日朝鮮人などを「在日少数民族」と規定し、彼らとの連携強化によるアジア解放運動を打ち出したことである。実際、一月に結成された在日朝鮮統一民主戦線（民戦）傘下の非公然組織に祖国防衛委員会があり、さらにその下に設けられた祖国防衛隊が日本共産党の軍事行動を支えていく。

軍事方針の採用は、ソ連共産党にとっても望ましいものであった。北京機関の人々は、対日戦略を策定するなかでソ連共産党とも接触した。中心の議題は日本共産党の綱領制定であった。第六回大会（一九四七年）で改定された「行動綱領」のままでは現在の状況に対応できなかったためである。このための討議は五月から八月にかけてモスクワで実施された。北京から徳田、野坂らが、日本から国際派の袴田里美が参加した。スターリンらソ連共産党幹部と相談のうえ、所感派主導で綱領の策定が進められた。コミンフォルムはこの動きを後押しすべく、『恒久平和と人民民主主義のために』八月一〇日付に「『分裂主義者に関する決議』について」を掲載し、臨時中央指導部主導の四全協を支持し、国際派を「分派」と規定した。

この綱領案は北京から日本に届けられ、八月一八、一九日に開催された日本共産党の第二〇回中央委員会総会にかけられ、そのまま採択された。同会では新綱領の一環をなす「戦術と組織の問題」も決定され、四全協の軍事方針の延長線上に綱領案があることが示された。こうした日中ソ各共産党のいわば連携プレーは、同時期に進む対日講和会議問題への対応でもあった。とはいえ、サンフランシスコ講和会議の開会日（九月四日）に、日本では臨時中央指導部員らに対して逮捕状が出され、日本共産党はさらなる苦境に追い込まれていく。

こうした状況を踏まえて、日本共産党が今後の方針を立てたのが一〇月一六、一七日に開催された第五回全国協議会（五全協）である。ここで「日本共産党の当面の要求　新しい綱領」の採択とともに、「われわれは武装の準備と行動を開始しなければならぬ」という「武装行動綱領」を決定した。米帝及び国内反動政府を打倒する民族解放民主政府の樹立を目標とし、そのための民族解放民主統一戦線の結成を戦略とするが、その方法として軍事方針が明確に打ち出された。あわせて、五全協では規約が改正され、「人民」が「国民」に置き換えられた。これらの決議は、党の非合法雑誌に掲載され、国内の下部組織に伝わった。一二月には「全国組織会議」（各文献で名称に差あり）を開催し、新綱領を「国民のもの」にするために具体的な統一戦線の指針を記した「当面の戦術と組織問題について」と、軍事方針に対応した「組織綱領」

を決定した。

†日本共産党三〇周年記念

「武装行動綱領」は実行に移され、さまざまな事件が全国各地で勃発した。代表的なものをあげれば白鳥事件（一九五二年一月）、血のメーデー事件（同年五月）、吹田《すいた》事件（同年六月）、大須事件（同年七月）などである。このうち、吹田事件は大阪大学北校で朝鮮動乱二周年記念日の前夜祭後に参加者約九〇〇名が国鉄吹田操車場までデモ行進を行い、途中、警官隊と衝突、派出所や駐留軍の自動車に石や火炎瓶を投げつけ、騒擾罪や威力業務妨害罪などに問われた一件を指す。これ以外にも、半植民地闘争デー（同年二月）や破壊活動防止法反対スト（同年四月）といった大衆運動も同時に展開された（破防法は七月成立）。

国外の運動との関わりも見逃せない。日本共産党は海上オルグを組織し（のちに「人民艦隊」と呼称）、日本と中国・朝鮮半島の間で幹部の密航や党員の国外連絡、密輸の支援に携わった。密輸は党運動資金の獲得につながっていたといわれる。

中国では北京機関関係者の運動もあった。五月一日のメーデーを期して開始された「自由日本放送」である。徳田球一を責任者として、テーマ音楽の「インターナショナル」や新綱領、ニュースなどの日本語プロパガンダが日本に向けて放送された。もうひとつは、北京日本人学校の設立である。これはモスクワ滞在時に徳田球一が発案し、中ソ両共産党の了解のもとで設立が進められた。戦後も中国に残っていた元兵士や先の密航で日本から渡ってきた日本人らを学生として、校長の高倉輝らが教育にあたった。即席の共産主義教育を施した人々を国内の党活動に送り込むことが意図されていたと考えられる。

北京の徳田がとくに力を入れたのが日本共産党創立三〇周年論文である。同論文は、まず『恒久平和と人民民主主義のために』七月四日付に掲載された。ついで、復刊されていた『アカハタ』一二号（七月一五日付、公式の党創立日）に「日本国民の独立、平和と自由のために」として翻訳・転載され、冊子としても日本国内外で頒布された。まずコミンフォルムの機関紙に掲載されたことは、ソ中両共産党への相談と了解があったものと推察される。

この論文は、二月以降の武力革命闘争という軍事的偏向を批判して、来る総選挙に向けた闘いを提起したものであった。これにより非合法活動から選挙に向けた合法大衆運動へ変化していく。とはいえ、一連の活動を通じて国民の支持は離れており、抜き打ち解散後に実施された一〇月の総選挙では全議席を失った。

この事態を重くとらえた日本共産党は、選挙後まもなくして第二二回中央委員会総会を開催した。ここでは新綱領に沿う活動に向けて、以下四つの文章「軍国主義復活に反対し、吉田政府打倒に全国民の統一を強化せよ」「総選挙闘争を終って　その教訓にまなべ」「党内教育の方針」「武装闘争の思想と行動の統一のために」を討議して決定した。

このうち、「総選挙闘争を終つて　その教訓に学べ」では、非合法よりも合法活動の拡充や統一戦線の活動に力点を置くべきことが記された。以前より合法運動が前に出てくるなかで、軍事行動との均衡が問題となった。もっとも、「武装闘争の思想と行動の統一について」(「新軍事方針」ともいわれる)の方では、中核自衛隊の組織化・拡大強化に言及しながら、これまでのパルチザン闘争を批判的にとらえたうえで、現在の軍事行動を「初歩」「予備行動」と位置づけ、国民大衆に向けて軍事思想の普及や組織の拡大を目指した。

新軍事方針を受けてより詳細な方針が定められたのが一二月の全国軍事会議である。ここでは、軍事活動は軍事のみを目的としたものではなく、民族解放民主革命という政治目標を達成するために敵(米日反動勢力)の武装を打ち破る国民の武装組織とその闘争という位置づけを与えられた。より具体的には各地区の軍事委員会の指導方針も列記された。

翌年三月になると、軍事通達の「Y活動を強化せよ」(Yは軍事)や「健康闘争を強化するためのZ活動を組織せよ」(健康は武装、Zは武器を指す)などが全国に配布されて、軍事活動が促された。しかし、四月下旬に衆参両議院の選挙を控えていた時期に重視されるべきは合法活動であった。当選者は衆議院で一名、参議院で〇名にとどまった。

この点について、日本共産党は選挙後に第二三回中央委員会を開催して自己批判を行った。

第二二回中央委員会総会の決定に基づいて選挙に取り組み、統一戦線などの試みもあったが、結果に結びつかなかった。しかし、この会議で「前進せよ　総選挙の結果について」の指針を発表して、左派社会党に国民の票が流れたこと、それゆえに統一戦線に一定の可能性があるとの将来的な見通しを描いた。注目すべきは、この時の決定に非合法主義からの路線転換の試みが見られることである。公然機関の充実、党内民主主義の強化などにくわえ、非合法主義的な統制活動を廃止することを目指す「点検教育活動」を強化していくことが決まった。

†六全協の「統一」

こうした路線転換は国内の運動の失敗からだけではなく、国外からももたらされた。武力革命に向けた外圧がなくなったのである。一九五三年三月にはスターリンが死去し、七月には朝鮮戦争が休戦になった。

北京では、徳田球一の体調が悪化して入退院を繰り返していたが、一九五三年一〇月に亡くなった。徳田とも近かった伊藤律は野坂らの方針で獄中に監禁、同年六月から国内で総点検運動がはじまるなかで、伊藤派の追い落としと九月の党中央委員会による伊藤律＝スパイ処分声明（『アカハタ』九月二一日付掲載）につながっていく。

これらの情勢変化を受けて、日本共産党中央委員会は一一月に「再び情勢と任務について」

と題する通達を出した（同時期に中央委員会が中間綱領といわれる指示を出したとする文献もある）。その内容は、情勢判断と戦術の再検討から構成され、早急な、反米・反吉田・反軍備（三反）統一政府の樹立に向かうのではなく、まず三反統一戦線の強化がうたわれた。

しかし、この「統一」は、党内の再点検をともなうものであった。一二月に臨時中央指導部は全国組織防衛会議と呼ばれる会議を開き、点検運動の決議を採択し、第二次総点検運動を指令した。これにより、党内の規律・統一を強化するというかけ声のもと、敵のスパイや党内の不純分子とみなされた人々が党や運動から追われていった。

こうして二度の「点検」をへた「統一」が日本国民に向けて示されたのが、『アカハタ』一九五四年一月一日付に発表された主張「平和と民主主義と生活を守る国民の大統一行動をめざして――一九五四年をむかえる――」である。これは、先の「再び情勢と任務について」の方針がもとになっており、新綱領にもとづく民族解放民主革命に向けた統一戦線を強調しながら、党内のセクト主義を自己批判したものであった。

以上の動きは、これまでの軍事方針の転換を意味していた。このお膳立ては国内だけでなされたわけではない。徳田の没後、日本国内から所感派の紺野与次郎、河田賢治、宮本太郎らが北京に行き、北京機関に加わった。徳田、伊藤がいなくなった同機関は野坂らが実権を掌握していた。

一九五四年四月から六月の時点で彼らの代表団がモスクワに行き、ソ中両共産党と交渉しながら、のちの六全協にもつながる新たな党の方針を策定したといわれる。その方向性は、一〇月にフルシチョフと毛沢東の間で結ばれた、東西の平和共存をうたった東アジア政策に沿ったものであったと考えられる。この協議後、彼らはそれぞれ北京に戻るが、モスクワにとどまっていた国際派の袴田も北京機関に加わり責任者となった。こうして国外の組織ながら、国際派の復権がはたされた形となった。

この動きは日本の党活動に波及した。これが二度目の「一・一論文」である『アカハタ』一九五五年一月一日付に掲載された主張「党の統一とすべての民主勢力との団結」である。ここでは明確に、極左冒険主義とは手を切るという自己批判が行われた。また、この月には所感派の志田重男が宮本顕治と会見し、モスクワで決めた新たな方針について考え方を伝えるなど、国際派の復権が国内でも試みられた。三月になると宮本、そして二月の総選挙で当選した志賀義雄が党の指導部に復帰した。

こうして両派による日本共産党の「統一」がはかられる一方、これまで武装闘争を担ってきた在日朝鮮人は党から外されていく。まず、朝鮮人党員の離党を前提に、五月に在日本朝鮮人総連合会（総連）に再編され、祖国の党へ結集することになった。また、党の民族対策部が解消し、朝鮮人党員離党の方針が決定した。第六回全国協議会（六全協）が開かれたのはそれからまもなくであった。
七月二七日から二九日にかけて党本部で開かれた六全協には党中央、地方、都府県代表あわせて約一〇〇名超が参加した。党規約の改正、新幹部の選出、統一に関する決議、団体等規正令取消の決議などが行われ、最終日に伊藤律の除名が確認され、徳田球一の客死が発表された。党の統一と活動の公然化、そして大衆との緊密化が示され、野坂参三が第一書記に就任したこともあって、かつての「愛される共産党」路線が復活したかのようであった。八月一一日に日本青年館で開催された六全協記念大演説会には、潜行していた野坂、志田重男、紺野与次郎が姿を現し、世間を驚かせた。日本共産党は多くのものを失いながらも、東アジアの新たな「戦後」を歩むことになった。

さらに詳しく知るための参考文献

＊日本共産党史の研究について以下の文献で近年の研究及び資料の状況が整理されている。加藤哲郎「読書ノート　二〇世紀社会主義・革命運動史を二一世紀にどう描くか　河西英通著『「社共合同」の時代』に寄せて」（『大原社会問題研究所雑誌』七三七号、二〇二〇年三月）、黒川伊織「戦後日本共産党史研究の現段階　戦後民主主義の問い直しに向けて」（『現代の理論』二〇一六年春号＝八号）、富田武「戦後共産党史の見直しを」（『現代の理論』二〇一五年夏号＝五号）。以下に列挙する文献は単行本を中心とせざるをえなかったことをお断りしておきたい。

加藤哲郎・伊藤晃・井上學『社会運動の昭和史――語られざる深層』(白順社、二〇〇六)……「日本」「共産党」の中心・周縁的な視点から日本社会主義・共産主義運動史の「再検討」に取り組んだ論文集。戦後の共産党史との関係では加藤哲郎「「党創立記念日」という神話」、伊藤晃「戦後共産党再建期の天皇制問題」、田中真人「日本共産主義運動史研究・最近の一〇年」などを収録。

荒木義修『占領期における共産主義運動』(芦書房、一九九三、増補版、一九九四)……多くの関係者への聴き取り、アメリカに所蔵される公文書、一次資料を駆使した、野坂参三を中心とする第二次大戦後の日本共産党に関する実証的研究。

和田春樹『歴史としての野坂参三』(平凡社、一九九六)……前掲荒木本が日米資料を用いて野坂及び共産主義運動を描いたのに対して、ロシア公文書を用いて野坂のソ連行きから六全協までを描いた研究。

松尾尊兊『戦後日本への出発』(岩波書店、二〇〇二)……第四章「敗戦直後の京都民主戦線」で一九四〇年代後半における京都で展開された民主戦線を分析。党中央とは異なる、地域の共産党の動きを知ることができる。同論文は一九七八年を初出として同著に収録されたが、現在でも戦後史の歴史研究において屈指の水準を誇る。

五十嵐仁編『「戦後革新勢力」の源流――占領前期政治・社会運動史論一九四五―一九四八』(大月書店、二〇〇七)/同編『「戦後革新勢力」の源流――占領期政治・社会運動史論一九四八―一九五〇』(大月書店、二〇一一)……共産党を含む「戦後革新勢力」の分析で、戦後共産党史との関わりでは犬丸義一「戦後日本共産党の公然化・合法化」「日本共産党第六回大会の歴史的意義」、横関至「戦後農民運動の出発と分裂――日本共産党の農民組合否定方針の波紋」「日本農民組合の分裂と社会党・共産党――日農民主化運動と「社共合同運動」」などを収録。

河西英通『「社共合同」の時代――戦後革命運動史再考』(同時代社、二〇一九)……占領期の日本共産党、

日本社会党を中心に展開された「社共合同」の動きを、国内は青森県、国外は「極東コミンフォルム」の動向を押さえながら検討し、戦後革命運動史の再考に一石を投じた研究。

柴山太『日本再軍備への道　1945〜1954年』（ミネルヴァ書房、二〇一〇）……一九四五年から五四年における、日本再軍備をめぐる日英米の安全保障についてアメリカでは大統領図書館や国立公文書館の資料、日本では水野津太資料を論じた研究。随所で同問題をめぐる共産党の動向に言及。とくに第8章「日米「軍事治安同盟」の体制づくりと行政協定」4「日米政府間の防諜・諜報組織の設立と展開」で武力革命路線期の共産党について論じられた。

下斗米伸夫『日本冷戦史――帝国の崩壊から五五年体制へ』（岩波書店、二〇一一）……第五章「日本共産党とアジア冷戦」でコミンフォルム批判からサンフランシスコ講和条約まで、第六章「五五年体制への道――冷戦の再編成」では六全協の頃の日本共産党の歴史を、ロシアの公文書を用いて大きく塗り替えた研究。

脇田憲一『朝鮮戦争と吹田・枚方事件――戦後史の空白を埋める』（明石書店、二〇〇四）……当時高校生の身で中核自衛隊と独立遊撃隊に所属して共産党の路線に現場で関わった著者が吹田事件、枚方事件などについて回想と史料・証言を照合・検証しながらまとめた研究。伊藤晃の行き届いた「解説」を付す。

渡部富哉『偽りの烙印　伊藤律・スパイ説の崩壊』（五月書房、一九九八、新装版）……共産党が一九五三年に発表し、松本清張らによって補強された「伊藤律スパイ・ユダヤ説」を、「事実をして語らしめる」姿勢のもと新資料や関係者の証言などを駆使して突き崩した研究。他に渡部が関わった類書として伊藤律『伊藤律回想録　北京幽閉二七年』（文藝春秋、一九九三）、伊藤律著・伊藤律書簡集刊行委員会『生還者の証言　伊藤律書簡集』（五月書房、一九九九）がある。

第10講　朝鮮戦争と日本

庄司潤一郎

†「アジア」からの離脱

朝鮮戦争の勃発から本年で七〇年を迎えるが、朝鮮戦争は「忘れ去られた戦争」、「知られざる戦争」とも言われる。しかし、朝鮮戦争は、戦後日本が最も身近に感じ、かつ直接関与した戦争であった。したがって、戦後日本の歩みを左右すると同時に、逆に日本は戦争の帰趨に大きな役割を果たしていたのである。

さて、朝鮮戦争は、何よりも日本のアイデンティティ――アジアとの関わり――を大きく規定した。開国以降の日本は、地理的にはアジアにありながら、西欧中心の国際システムに参入したため、提携すべき相手はアジアか欧米かといった、中間的存在としてのジレンマに悩まされてきた。ここにおける「アジア」という概念は、実態としては、中国や朝鮮半島などの東アジアを対象としていた。

終戦後、日本はアジア大陸から撤退し、大陸には中華人民共和国が成立する。さらに、冷戦の深まりにともない、中ソ友好同盟相互援助条約の締結、朝鮮戦争の勃発と中国の参戦により、東アジアはイデオロギーによって分裂することになり、その結果、中国、北朝鮮など東アジアの大半は社会主義陣営となったため、日本は東アジアから断絶することになったのである。

一方、講和をめぐって世論は「全面講和」と「多数講和」に分かれ、当初はむしろ全交戦国を相手とした「全面講和」を望む声が強かった。しかし、北朝鮮の南侵は、「全面講和」を主張していた知識人に大きな衝撃を与えた。なぜなら、「全面講和」論は、資本主義圏＝戦争勢力、社会主義圏＝平和勢力といったマルクス主義の図式に依拠していたためであった。そのため、今では周知の北朝鮮による南侵という事実も、日本では長い間否定されてきたのであった。

こうした国際環境の変化を受けて、世論も次第にソ連や中国などの社会主義圏を除いた自由主義圏との「多数講和」支持へと変化していき、吉田茂内閣は「多数講和」を選択し、サンフランシスコ講和会議により欧米中心の自由主義陣営に属することになった（第12講参照）。

こうした立場は、朝鮮戦争勃発直後に外務省が発表した「朝鮮の動乱とわれらの立場」（一九五〇年八月一九日）に鮮明に示されている。すなわち、朝鮮戦争は、「民主主義世界」と「共産主義世界」という「二つの世界」が共同で日本の安全を保障し得る基盤のないことを明確に示しており、日本の進む道は「民主主義国」の団結であり、「朝鮮における民主主義のための戦いは、とりもなおさず日本の民主主義を守る戦いである」と述べられていた。

一方、経済面においては、政官界を含め広く、東アジアからの離脱に抵抗感が見られた。戦前の日本の貿易・通商は、東アジア中心であったため、当該地域からの離脱により、日本は経済的に生存し得ないというのがその根拠であった。したがって、朝鮮戦争後も、中国との貿易再開の試みがなされ、吉田総理も強く執着したが、「特需」によりその不安は一時的に解消された。その後、アメリカの主導のもと、日本の経済的自立と東南アジアの共産化防止を企図した、いわゆる「日米経済協力」により、貿易の対象を、アメリカと東南アジアにシフトしていった。日本側の慎重な姿勢や東南アジア諸国の反日感情のため、期待通りには進捗しなかったが、これがのちの高度成長の原型を形作っていった。こうした経済構造の変化こそ、「特需」以上に、戦後日本経済にとって重要な意味を有していたのである。

†伝統的安全保障環境の変化と国民の安全保障認識の欠如

明治以来、「頭上に刃を掛くる」朝鮮半島の安全保障上の重要性は、指導者によって共有されていたが、いかに関与すべきかをめぐって対立が生じた。例えば、山県有朋は、自国領土である「主権線」を護るためには「利益線」である朝鮮半島の防護が必要であると、「大陸国家」

論を主張した。一方、海軍の佐藤鉄太郎やジャーナリストの石橋湛山など、大陸への関与のコストを考慮すれば、島国である日本は貿易・通商に立脚した「海洋国家」（「小日本主義」）として歩むべきであるといった対極的な安全保障観も存在していた。

戦後、朝鮮は日本から独立するが、日本の安全保障の視点から朝鮮半島を位置付ける見方は継承された。一九四六（昭和二一）年五月、外務省の平和問題条約理事会は、「我国としては寧ろ朝鮮の安全は直に我国に重大なる影響を与ふるを以て我国の安全保障の見地よりも連合国の援助を期待す」と勧告していたのである。

したがって、冷戦が進展するにともない、アメリカが韓国から撤退するようなことになれば、日本の安全保障上重大な事態になると吉田総理らは憂慮していた。朝鮮半島が非友好的な強国の影響下にはいるという近代日本の悪夢が再現したのであった（渡辺昭夫「朝鮮半島の分断と日本の国益」『東亜』一九八七年三月号）。

しかし、朝鮮戦争へのアメリカの参戦は、こうした「見捨てられる不安」といった悩みを一挙に解消させることになった。吉田総理は、一九五〇年七月一四日、朝鮮戦争勃発直後の第八回国会施政方針演説において、以下のように述べていた。

「この突発事件は決して対岸の火事ではない。わが国自体がすでに危険にさらされているのである。万一大戦争が勃発した場合、わが国の軍備撤廃の結果、わが安全保障はいかにするか、いかにして保障せられるかということは、国民が常に懸念するところであった。国際連合今回の措置は、わが人心の安定に益するところ多大である」

高坂正堯は、朝鮮戦争の意味は、日本にとっての地政学的変化をもたらした点でより重要であると指摘していた。すなわち、島国である日本は、大陸から突き出た朝鮮半島を安全保障の観点から確保するには膨大なコストを必要とするといったジレンマに悩まされてきたが、アメリカが介入した結果、独力でなし得たであろう以上に十分な安全を、かつ比較にならないほどの低コストで確保することになったのである（Masataka Kosaka, "Japan's Defeat and Its Return to the International Society," The Japan Association of International Relations (ed.), *International Affairs in Asia and the Pacific: Their Past, Present and Future*, JAIR, 1986）。これは、伝統的な日本の安全保障環境における画期的な変化を意味していた。

その結果、アメリカは、日本に代わって、この地政学的紛争要因を継承することになった。一九五一年、アメリカの外交官ジョージ・ケナンは、日本を大陸から駆逐した結果、「今日われわれは、ほとんど半世紀にわたって朝鮮および満州方面で日本が直面しかつ担ってきた問題と責任とを引き継いだのである」と述べていた（ジョージ・F・ケナン『アメリカ外交50年』近藤晋一ほか訳、岩波現代文庫、二〇〇〇）。

こうして、日本は「大陸国家」から「海洋国家」へと転換したのであった。一九五一年九月に調印された日米安全保障条約は、まさに、このような安全保障環境の変化を象徴していたのである。

一方、多くの国民は、吉田総理が、「太平の気分に浸り、閑暇を心置きなく享受」(吉田茂『世界と日本』番町書房、一九六三)と評したように、朝鮮戦争は「対岸の火事」に過ぎず、「特需」の成果を享受するだけであった。漠然とした戦争への嫌悪感、終戦後の混乱のなかで日々の生活に精いっぱいであり、さらに日本に勝利したアメリカ軍が駐留していることによる安堵感から、全く危機意識は見られなかった。

例えば、『朝日新聞』の社説「朝鮮の動乱と日本の立場」(一九五〇年七月一日)は、「(日本は)関係なき第三者の立場にあることは言うに及ばない。……我らに無縁のことを無縁と見、……戦火はなるほど近い。が、それはいまの日本のかかわり得ないものである」と述べていたのである。

†日本の貢献

しかし、アメリカの戦略的考慮があるとはいえ、日本の安全保障を一任するためには、応分の貢献(負担)が必要であり、さらに数年前まで「敵国」であったアメリカがそれを実際に行使するか否かは、日本の態度に拠るところが極めて大きな要因であった。

吉田総理も、先の国会演説において、「わが国としては、現在積極的にこれに参加する、国際連合の行動に参加するという立場ではありませんが、でき得る範囲においてこれに協力することは、きわめて当然」と述べていた。さらに、ダグラス・マッカーサー連合国軍最高司令官（兼国連軍司令官）宛書簡でも、「貴官が必要とするいかなる施設ならびに労務をも提供する用意がある。より多くをなしえないことを残念に思う」と記していたのである（『吉田茂＝マッカーサー往復書簡集』袖井林二郎編訳、講談社学術文庫、二〇一二）。

貢献の第一は、日米安保条約で正式に存続することになった在日米軍基地の使用である。当時、七〇〇カ所を超え、総面積が大阪府の広さにほぼ匹敵していた在日米軍基地は、出撃・前進、兵站・補給、訓練（演習）の基地としての機能を十分に発揮した。例えば、陸軍では開戦直後の七月一日に小倉の第二四師団、続いて大阪の第二五師団が派遣され、海軍は、二個の空母群を有する第七艦隊の司令部がフィリピンから佐世保に移転された。空軍では、嘉手納と横田が爆撃機、九州の板付《いたづけ》、芦屋、築城《ついき》及び山口県の岩国が戦闘機、そして芦屋は極東最大の輸送の基地として機能した。特に在日米軍基地に対しては、日本国内に反対の厳しい世論が見られたが、朝鮮戦争により一時的ではあるものの好転し、日米安保条約締結へといたるのである。

第二に、朝鮮戦争の後方基地として、日本は多大な貢献を行った。日本の掃海部隊による朝鮮半島海域での機雷掃海は有名であるが、輸送拠点としての港湾、軍需品（兵器・弾薬）の生産・整備・修理・補給、国鉄・船舶などによる輸送、病院など医療協力、地方自治体による基地労働者募集・基地や港湾の警備といったハード面のみならず、それに付随するマンパワーなどソフトの面においても重要な役割を果たしていた。基地労務者、工場労働者、看護婦など技術・専門職の動員である。特に、船員をはじめ、船上・埠頭荷役、水先案内、艦艇修理、浚渫工事に従事していた港湾労働者など現地で海上輸送に関与した専門的な人々の貢献は大きいものがあったと指摘されている。

このような物資や役務の調達は、「特需」を生んでいった。ちなみに、「特需」は、戦争一年目三億二九〇〇万ドル、二年目三億三一〇〇万ドル、三年目には四億九〇〇〇万ドルに達し、鉱工業生産は戦前の水準を突破し、重工業部門を中心に、戦後の日本の経済復興の契機となったのである。

さらに、チャールズ・ウィロビーGHQ参謀第二部長（課報・情報担当）に召集された日本の旧軍人も、朝鮮半島の地形を周知していたことから、作戦立案に協力した。辰巳栄一元陸軍中将は、「ことに朝鮮戦争が起きてからは、いろいろと戦争の指導までやらされましたね。当時アメリカでは、朝鮮の地形など知らない。そこで参謀なんかがやってきて、私たちも朝鮮のことをよく知っているものを呼んできて、いろいろ話し合う機会をつくったりしました」と回想している（大嶽秀夫編『戦後日本防衛問題資料集　第一巻』三一書房、一九九一）。

開戦当初劣勢であった国連軍が巻き返す画期となった仁川《インチョン》上陸作戦の成功にも、旧軍人にによる作戦立案への協力、神戸、横須賀、佐世保など出撃基地、LST（戦車揚陸艦）による海上輸送、さらに仁川の切り立った崖に適したアルミ梯子の製造など、日本の貢献は不可欠であった。

在日米軍基地、後方支援に次ぐ第三の貢献は、警察予備隊の創設、すなわち「再軍備」である（第11講参照）。しかし、朝鮮戦争への警察予備隊や義勇軍の派遣は、GHQの一部に構想はあったものの、最終的に実現することはなかった。

†犠牲と避難

こうした貢献において、海上保安庁の日本特別掃海隊の一員として掃海艇に乗り組み、北朝鮮の元山沖で触雷して亡くなった一名の犠牲については比較的知られている。だが、アメリカ軍に従軍して、朝鮮半島において特殊港湾荷役、船員などに従事した日本人の数は数千人と言われており、そのうち、勃発後半年間の一九五一（昭和二六）年一月までに、のべ五六名が死亡したと、『占領軍調達史』（占領軍調達史編さん委員会編著、一九五六）では報告されている。さらに、あまり知られていないが、朝鮮戦争では両軍に日本人が「従軍」していたと言われる。国連軍に関しては、「在日米国占領軍の韓国への移動、出撃に同行した日本人（占領軍雇用）や国連軍雇用の日本人が韓国内の基地で働き、なかには戦闘に参加、巻き込まれて死亡し、また北朝鮮軍の捕虜になった人が少なくとも数名いたことは明らかであった。しかし、日本人が（米国軍または国連軍）兵士として朝鮮戦争に個人的、組織的に何らかの形で参加したことを示す公式文書は、今のところ見当たらない」と指摘されていたのである（大沼編二〇〇六）。

また、戦後中国で解放戦争に参加した日本人は、八〇〇〇人あるいは一万人とも言われ、うち三千人前後は人民解放軍（八路軍）に加わり、その一部（二〇〇人とも三〇〇人とも言われる）が朝鮮戦争にも参加していた。彼らは、捕虜となった国連軍の日本人と遭遇している（古川万太郎『中国残留日本兵の記録』三省堂、一九八四）。

また、日本は、韓国に隣接しているため、退避地としても重要であった。朝鮮戦争勃発に際してマッカーサーが最初に行った任務は、北朝鮮軍と戦うことではなく、在韓の米軍家族やアメリカの民間人の日本への避難を行うことであった。マッカーサーは、「私自身の部隊がさし当たってもっていた軍事的責任は、韓国にある米国人と国連要員を救出することだった。私は即座に行動した。何分もたたないうちに輸送機の群れが日本国内の滑走路から飛上がり、海上の艦船は一斉に向きをそろえて全速力で韓国の港に突走った」と回想している（『マッカーサー回想記（下）』津島一夫訳、朝日新聞社、一九六四）。

一方、仕事をはじめさまざまな理由で朝鮮半島に在留していた多くの日本人は、戦火を逃れて自力で退避、釜山や木浦などの港に停泊していた日本の貨物船で避難を行った。

さらに、国連軍が釜山前面にまで追い詰められた際、山口県に六万人規模の韓国の亡命政権を設置することも構想された。当時の田中龍夫山口県知事は、「とんでもない話だ。そうしたらもう、山口県人なんかどこかへ出てくれなければね。なんぼなんでも、どこかに行けやしないしね。今顧みれば一つの物語に過ぎないが、そのときのことを思うとゾッとする」と述べていた（庄司二〇一三）。

†貢献に対する評価と要因

こうした貢献に対する評価は、日本では政治的立場を反映して大きく分かれている。集団的自衛権を容認する立場から積極的に評価する見解もあれば、他方、アメリカの戦争に巻き込まれる危険性があるとして、日本国憲法下の戦争協力を問題視する意見もある。

ただ、いずれの見解も、日本の貢献が朝鮮戦争の勝敗の帰趨にとって大きな意義を有していたという点では一致している。特に、朝鮮戦争当時のアメリカの関係者は、日本の貢献がなければ朝鮮戦争は戦えなかったとまで吐露していたのである。

例えば、ロバート・マーフィー初代駐日大使は、以下のように述べている。

日本人は、驚くべき速さで、彼らの四つの島を一つの巨大な補給倉庫に変えてしまった。

このことがなかったならば、朝鮮戦争は戦うことはできなかったはずである。日本人の船舶と鉄道の専門家たちは、彼ら自身の熟練した部下とともに朝鮮に行って、アメリカならびに国連の司令部のもとで働いた。この朝鮮をよく知っている日本人専門家たち数千人の援助がなかったならば、朝鮮に残留するのにとても困難な目にあったことであろう。（ロバート・マーフィ『軍人のなかの外交官』古垣鉄郎訳、鹿島研究所出版会、一九六四）

このように、日本の貢献が多大な成果をあげた要因として、まず、地理的要因が指摘できる。日本から朝鮮半島までは、空輸で数時間、海上輸送で二日以内であり、本国から支援を受けて本格的に陸軍戦力が整備されるまで、米軍が朝鮮半島に踏みとどまるために、時間の面で決定的な意味を有していたのである。

第二に、近代戦遂行に必要な技術力・工業力という人的・物的産業基盤が当時日本に存在していた点である。施設や設備はもちろん、マンパワー、ノウハウなど戦前・戦中に蓄積された「帝国日本」の「遺産」がまだ残っており、こうした「遺産」が、復員や掃海など終戦処理の作業によって継承されていたのである。第三に、占領下で、港湾、船舶、鉄道などの米軍による接収・独占的使用が可能であり、日本側にも、商船管理委員会などこれに対応する一元的な組織が存在していた点である（鶴田久雄「占領下日本での朝鮮戦争後方支援」『防衛学研究』第二七号、二〇〇二年六月)。

米太平洋艦隊中間報告は、「この戦争が数年遅れて生起していたならば、第二次世界大戦の遺産は消滅して、そしておそらく対処することは極めて困難であったろう」と指摘しているのである(石丸安蔵「朝鮮戦争の日本の関わり」『戦史特集　朝鮮戦争と日本』)。

一方、「帝国日本」の「遺産」は、朝鮮半島にも、南北対照的な形で残されていた。韓国に対する総合国力の圧倒的優位が金日成に南侵を決心させた一因であったが、北朝鮮は、日本が残した電力、鉄道、港湾などのインフラや鉱工業の生産設備を、戦後日本人技術者を活用しつつ、特に軍事工業面で拡充したのであった。例えば、平壌兵器製造所、朝鮮造船工業元山造船所などである(木村光彦『日本統治下の朝鮮』中公新書、二〇一八)。

韓国では、物質面ではなく人材面で大きな影響を及ぼした。朝鮮戦争において、創設間もない韓国軍を指揮したのは、ほとんどが陸軍士官学校、満州国軍官学校など日系の軍学校出身者であった。有名なのは、第一師団長として「多富洞の戦い」で釜山橋頭堡を死守した白善燁《ペクソンヨプ》准将(当時。のち韓国軍初の陸軍大将、参謀総長)である。

†対照的な日米・日韓関係への影響

冷戦が深まるなか、地政学的要因、工業力、マンパワーなどの日本の戦略的重要性は、アメリカの政策決定者によって認識されるようになり、さらに日本が共産主義陣営に入ることの懸念も生じ、いわゆる「日本を対象とする」安全保障から、「日本のための」安全保障へと、アメリカの政策は転換していった（坂元一哉『日米同盟の絆〔増補版〕』有斐閣、二〇二〇）。

しかし、かつての「敵国」として不信感は残っていたのも事実であった。それを払拭したのが、朝鮮戦争における日本のハード・ソフト両面における貢献であり、より広範な日本の戦略的重要性を、アメリカは実体験を通じて改めて再認識することになったのである。例えば、米極東海軍司令官参謀副長のアーレイ・バーク少将は、当初太平洋戦争の体験から日本人に対する激しい嫌悪感を持っていたが、朝鮮戦争をへて変化していったと言われる。

こうして、日本は、「敵国」から、名実ともに「同盟国」に変貌を遂げ、その後現在の「日米同盟」へと発展する信頼関係の基礎が築かれたのである。一九五一（昭和二六）年一月、国務省顧問のジョン・フォスター・ダレスが日本に出発する前に刊行された『ニューズウィーク』の特集記事は、“Late Enemy into Latest Ally?”（『昨日の敵は今日の友?』）と題されていた（マイケル・シャラー『「日米関係」とは何だったのか』市川洋一訳、草思社、二〇〇四）。

一方、日韓関係は複雑であった。李承晩《イスンマン》大統領は、一九五二年一月李承晩ラインを一方的に設定、日本の漁船を拿捕する行為にいたった（第13講参照）。朝鮮戦争中でさえも、李ラインによって、多くの船が拿捕され、二名の日本人船員が韓国側の銃撃により死亡していたのである。

さらに、李大統領は、日本に対する拒否感から、先の貢献への日本人の登用には否定的であった。リッジウェーの後任として国連軍司令官となったマーク・クラーク大将は、以下のように記している〈Mark W. Clark, *From the Danube to the Yalu* 〈Rutland, Vermont & Tokyo: Charles E. Tuttle, 1954〉〉。

摩擦の大きな点は、李大統領の日本のすべてに対して抱いている激しい反感に起因していた。戦争勃発時、韓国における戦争遂行のために、日本の技術者や機材を使用することが必要であった。李大統領はこれら日本人の使用に反対した。私は調査を行い、韓国及びその周辺で三〇〇〇人から四〇〇〇人の日本人が種々の重要な戦争関連の仕事に従事していることを発見した。また、これらの仕事に代わることができる韓国人がごくわずかしかいないことも知った。そして、最終的に、日本人が素晴らしい仕事を行っていることも悟った。すべての日本人を韓国から退去させるようにとの李大統領の要求に従えば、我々の政府のコストを増大させ、おそらく効率の低下をもたらすことを意味するであろう。

†見直されるべき朝鮮戦争の意味

朝鮮戦争は、講和条約、日米安保条約、警察予備隊の創設、「特需」など、戦後日本の歩みに大きな影響を及ぼした。その結果、日本は、「海洋国家」(「小日本主義」)、自由主義国家の一員として東アジアから離脱、軽武装・経済重視の道を歩み、経済発展を遂げることになる。戦後の日本は、近代以降のアイデンティティと安全保障に関するジレンマを、ある意味において解決することができたのである。吉田茂は、「サンフランシスコ体制を通じて、日本が海洋国家の立場に復帰し、自由国家群と共存の道を前進することのできたことは、わが国本来の姿を回復したものということができる」と回想していた(吉田『世界と日本』)。

特に、日米関係にとって画期的な意味を有していた。朝鮮戦争を契機に、「敵国」から「同盟国」へと変わり、現在の強固な「日米同盟」の基礎となったのである。その背景には、日本の朝鮮戦争にたいする多大な人的・物的貢献があった点は無視し得ない。

一方、日本と、日本の植民地支配から独立間もない韓国との関係は、李承晩大統領に象徴されるように複雑なものであり、それは現在にまで続いている。ちなみに、日韓間の最大の懸案である竹島は、朝鮮戦争下の一九五二(昭和二七)年一月に設定された李承晩ラインによって編入されて以来、韓国に占拠され現在にいたっている。

また、朝鮮戦争の帰趨にとって大きな意味を有していた日本の貢献は、日韓両国においてほとんど知られていない。特に韓国では、隣国を犠牲にして「特需」という利益を上げた日本というイメージのみが持たれている。

しかし、日本の貢献や役割を認識している韓国の政治家もいる。二〇〇二（平成一四）年七月、当時の金大中《キムデジュン》大統領は、軍最高幹部の昼食会で、朝鮮戦争における日本の支援がなければアメリカ軍が戦い得たかと疑問を呈したうえで、「日本という後方基地、協力してくれる国があることが、どれほど韓国に大きな助けになるか」と語っていたという（『読売新聞』二〇〇二年七月二六日）。戦前までは、日本の安全保障にとって朝鮮半島は重要と見なされてきたが、戦後は一転、韓国の安全保障にとっての日本の重要性が脚光を浴びるにいたったのである。

一方、吉田総理の決断により、講和、在日米軍の駐留などの日米安保、そして「再軍備」という、いずれも国家にとって根幹的な決定が、朝鮮戦争という突発事件を契機にアメリカ主導で、充分な議論を経てコンセンサスを得ることなくなされた点も否定できない。同様な環境にあったドイツと比較した場合、その差は明瞭であり、複雑な政治情勢は理解できるものの、その後の安全保障論議に「負の遺産」を残したとも指摘されている。

また、国民の安全保障認識の欠如がある。朝鮮戦争に際しては、犠牲者も含め日本による多大な貢献がなされたが、一方、多くの国民にとっては、それは「対岸の火事」に過ぎず、「特需」の成果を享受するだけであった。漠然とした戦争への嫌悪感は、朝鮮戦争における「特需」体験を通じて、経済最優先の姿勢を生み、安全保障により無関心となっていき、戦後日本固有の平和主義・戦争観を形成していったのであった。

さらに詳しく知るための参考文献

防衛研究所『戦史特集　朝鮮戦争と日本』(防衛研究所ウェブサイト)……朝鮮戦争における日本の貢献、「再軍備」、および日本に及ぼした影響について、防衛研究所の研究者によって書かれた一〇本の論文を集大成して公表したもの。赤木完爾慶應義塾大学教授が、特別に寄稿している。

山崎静雄『史実で語る朝鮮戦争協力の全容』(本の泉社、一九九八)……米軍の介入、日本政府の意図から、兵器調達、海運、国鉄、医療、地方自治体、機雷掃海など多岐にわたる日本の貢献まで、幅広いテーマについて、憲法下の「戦争協力」という批判的視点から書かれた文献。

大沼久夫編『朝鮮戦争と日本』(新幹社、二〇〇六)……日本の朝鮮戦争への協力をはじめ、朝鮮戦争全般、「国連軍」地位協定、在日朝鮮人政策、吹田事件などについて、批判的に検証した論文集。

庄司潤一郎「朝鮮半島と避難をめぐる問題——朝鮮戦争期を振り返って」(『読売クオータリー』第二六号、二〇一三年夏)……朝鮮戦争期における米国人、韓国人、及び日本人の避難の状況を明らかにするとともに、現在の朝鮮半島有事における民間人の避難をめぐる問題や、日本の対応と日韓関係について分析した論稿。

田中恒夫『図説　朝鮮戦争』(河出書房新社、二〇一一)……朝鮮戦争の全体像を、図表とともに明解に解説した概説書。特に、詳細な年表は参考になる。「第一〇章　朝鮮戦争と日本」は、日本と朝鮮戦争の関係を時系列に整理している。

和田春樹『朝鮮戦争全史』(岩波書店、二〇〇二)……朝鮮戦争を、日本を含む北東アジアの国際関係のなかに位置づけながら、冷戦終結後公開された史料も使用しつつ分析した研究書。

第11講

再軍備から自衛隊創設まで

佐道明広

†初期占領方針

戦後日本の再軍備問題を考えるとき重要なのが、民主化と非軍事化という初期占領方針である。日本が再び戦前のような国家となり、米国の敵となることを防ぐことを主目的とした初期占領方針は、冷戦の進展によって変更されるまで占領改革の指針となった。

占領軍司令部（GHQ）の中で民主化・非軍事化の中心的存在であったのが、司令官であるマッカーサー元帥の側近であるホイットニー准将を局長、ケーディス大佐を次長とした民生局（GS）である。GHQは①陸海軍の武装解除、②軍関係の機関と法令廃止、③軍事研究・軍事生産の禁止、④戦犯の逮捕と裁判、⑤職業軍人および戦時指導者の追放、⑥軍国主義的・国家主義的団体の解散、という施策を推進した。

民主化・非軍事化の象徴が憲法であった。憲法は戦力不保持と戦争放棄という徹底した平和主義を謳っており、保守政治勢力からの批判はありつつも戦後日本に定着していく。憲法制定当時は自衛権の保持すら議論の対象となった憲法の存在が、日本の再軍備にとって大きな「壁」となったことは間違いない。

さて、戦争に負けて軍隊が武装解除されたとしても、講和・独立後は軍隊を再建するのは国家の基本的権利であるというのが国際的な常識であった。旧帝国陸海軍の軍人たちも、敗戦直後から軍の再建に関する構想を検討していた。

陸軍は第一次大戦敗戦後のドイツに倣い、将来再建されるべき軍隊のための母体を残すことを期待したが、近衛師団を残す案や宮中護衛の部隊を創設する案、さらに警察を拡大してそこに旧憲兵隊を参加させるといった案など、すべてGHQによって拒否された。陸軍は将来再建されるべき軍隊のために人材や伝統の種を残しておくことができなかったのである。

次に海軍である。軍艦は高度な科学技術の集積体であって、操艦や艦隊の運用には高い技術と修練が要求される。将来海軍を再建するためには、技術や伝統の継承といったことが陸軍以上に必要であった。その点で、復員業務で艦船を運用しただけでなく、日本本土周辺に大量に散布された機雷を掃海する作業に旧海軍軍人の一部が艦船とともに参加した意味は大きかった。掃海は海上保安庁に引き継がれ、海軍軍人の一部がそこに残り、技術や伝統の継承の種になったのである。

†冷戦と占領方針の変化

占領は欧州情勢を契機として始まった冷戦の進展によって大きな影響を受けた。欧州情勢は一九四六年のチャーチルによる「鉄のカーテン演説」、四七年の「トルーマン・ドクトリン（対共産主義の軍事援助）」、さらに四八年のベルリン封鎖と厳しさを増していた。日本周辺でも、朝鮮半島は南北に分断され、北朝鮮（朝鮮民主主義人民共和国）と大韓民国がそれぞれ政府を樹立して対立した。国民党と共産党との間で内戦が続いていた中国は共産党が勝利を収め、四九年一〇月に中華人民共和国が建国し、蔣介石が率いる国民党は台湾に逃れた。当時はまだ親密な関係であった中国とソ連は、「日本帝国主義の復活及び日本国の侵略又は侵略行為についてなんらかの形で日本国と連合する国の侵略の繰り返しを共同で防止することを決意し」と書かれた中ソ友好同盟相互援助条約に調印（五〇年二月）するなど、日本周辺の国際環境も厳しさを増していたのである。

こうした情勢により、米国政府は民主化・非軍事化を基本とした占領政策から、経済復興優先、西側陣営への取り込みを基軸とした政策に変更していく。「封じ込め戦略」策定の中心であったジョージ・ケナンは来日してマッカーサーらとも会見し、対日占領政策を変更する「N

SC（国家安全保障会議）13／2」文書をまとめた。ただし、この時はまだ日本の安全保障に関してては明確化していなかった。日本の安全保障問題は、講和に関する議論との関係で検討が進んでいくのである。

講和問題に関連して日本防衛については、沖縄の位置づけ、再軍備問題、日本の軍国主義復活を恐れるアジア諸国の反応という点が重要になっていく。さらに、冷戦の進展で米国の戦略が軍事的対立をより重視したものに変化していき、米本国では日本の再軍備についての検討も始められていった。マッカーサーは、憲法との関係もあり、琉球諸島軍事化と空軍によって日本は防衛可能であり、再軍備の必要はないと考えていた。経済復興を最優先し、再軍備に消極的な吉田首相にとって、マッカーサーは後ろ盾となっていた。こうした問題に関連していたのが治安問題であった。

GHQによって警察制度が根本的に改められ、自治体警察と国家地方警察が創設された。米国に倣った制度の導入だったが、日本の実情に合わず機能不全に陥った。しかも占領期の社会状況の混乱と労働運動の激化によって治安が急速に悪化した。さらに冷戦の激化を背景に、革新勢力は対決姿勢を強めた。四九年には「下山事件」「三鷹事件」「松川事件」が相次いで起こり社会不安を増幅していた。

当時の東ヨーロッパの状況を見ると治安悪化などによる体制の転換、すなわち間接侵略の可能性も増大しており、吉田は直接侵略より間接侵略の可能性を重視していたといわれている。こうして治安問題に関しては、米本国、GHQ、日本政府も重要性について共通の認識を持っていたのである。

しかし、戦後の動員解除で多くの米兵は帰国し、米軍全体でも深刻な兵力不足に陥っていた。そのため駐留米軍の機能を代替できる軍事組織の建設計画を、占領軍は朝鮮戦争以前から立案していた。「準軍事組織＝警察軍」構想であり、マッカーサーも同意していた。これが警察予備隊の基礎になったのである。一方で、日本再軍備に関する米本国政府の検討を本格化させたのが朝鮮戦争の勃発であった。

†朝鮮戦争と警察予備隊

一九五〇年六月二五日に朝鮮戦争が勃発した。北朝鮮の攻勢によって釜山まで追い詰められた米・韓軍の支援のため、日本に駐留する米軍が投入されることになった。日本が空白になると、ただでさえ治安状況が不安な日本が危機に陥る可能性が生じた。

そこで七月八日、マッカーサー連合国最高司令官は吉田茂首相宛に、「七万五千名からなる国家警察予備隊を設置するとともに、海上保安庁の現有海上保安力に八〇〇〇名を増加するのに必要な措置を講ずることを認める」書簡を出した。「認める」となっているが、これは指示であり、政府はこれを国会の審議にかからないポツダム政令とし、八月一〇日に警察予備隊令を公布し即日施行した。警察予備隊の発足をもって再軍備の開始と言われている。そこで警察予備隊創設過程で重要な点をみておきたい。

第一は、GHQ主導で警察予備隊の創設が行われたことである。GHQは顧問団を形成し、具体的内容を指導した。一方で日本政府は、どんな組織を作ればよいのかわからないままGHQの指示に従った。GHQは前述のように、再軍備を求める米本国に抵抗していたものの、朝鮮戦争による米軍派遣で日本空白化に備えた実力組織設置の必要性は認識せざるを得なかった。ただしマッカーサーが主導して作らせた憲法の手前、明確な軍隊組織の創設を命じることはできなかった。したがって、顧問団の指示もあいまいなものにならざるを得なかったのである。前述のように警察軍創設が検討されていたこともあり、警察予備隊令で明記された任務が「治安維持のため特別の必要がある場合において、内閣総理大臣の命を受け、行動するものとする」となり、その活動が「警察の任務の範囲に限られる」となったように、警察予備隊の編成や装備は米軍にならった「軍事」組織でありながら、法的な性格は警察に近い存在となった。

第二に、旧内務省警察系官僚が実際に部隊創設を担当したことである。警察予備隊は実働部隊である七万五千人とそれを管理する約一〇〇名の職員で構成されたが、旧内務省警察官僚は予備隊の主要幹部のポストに座り、その指導権を握った。部隊の最高指揮官である総監にも内務省出身の林敬三（後に初代統幕議長）が就任するなど、警察系官僚は七〇年代まで防衛庁で強い力をもっていく。さらに、当初は旧軍の出身者はなるべく排除する方針であった。後には部隊運用の必要上、少しずつ旧軍の出身者も加わってくるが、警察官僚たちは徹底して旧軍の影響力が予備隊に及ばないよう配慮していた。日本における政治と軍事の関係（政軍関係）において、通常の「文民統制」ではなく、内局の文官が強い権限を持つ「文官統制」という独特の形になっていくうえで、旧内務省警察系官僚が大きく関係したのである。

一方で旧陸軍軍人は高級軍人のうち、ごく一部がGHQとの連絡役やマッカーサー将軍に関する歴史編纂業務、あるいは吉田首相の顧問といった形でバラバラに活動していた。その中では、GHQのG2（参謀二部）のウィロビー少将の支援を受けた服部卓四郎元大佐を中心とするグループが再軍備に積極的に関与する姿勢を見せている。

服部は参謀本部作戦課長として太平洋戦争中長期にわたって陸軍作戦立案の中心におり、東条英機首相の秘書官なども歴任した陸軍幕僚将校の象徴的存在であった。服部の後ろ盾になっていたウィロビー少将は、警察予備隊創設にあたって服部を部隊の最高指揮官とするべく画策したが、吉田首相の反対によって挫折した。こののち服部は鳩山一郎など反吉田派と接近し、活動していくこととなった。

†講和と再軍備問題

米国は講和交渉にあたって再三再軍備の必要性を述べており、再軍備・防衛力増強の圧力は米国からのものが国内の意見より強力であった。吉田も五二年一月には、予備隊を一〇月で打ち切り防衛隊を創設すると国会で述べている。ただし米国の基本的考え方と、日本政府の方針は大きくずれていた。

吉田にとって再軍備拒否の後ろ盾になっていたマッカーサーは朝鮮戦争の最中に解任され、米本国だけでなく在日米軍も朝鮮戦争の激化や極東ソ連軍の脅威といった事態を前に、警察予備隊の重装備化と部隊の拡大を考えるようになっていた。米国側が検討していたのは、五二年段階で七万五千から一一万人に増強するという日本の計画に対し、五四年までに一〇個師団で三二万五千の均衡の取れた部隊に拡大するという計画であった。これは、当面はできるだけ軽武装で経済復興を中心にし、日本にふさわしい軍隊の整備は長期的に行うという吉田の考え方とは対立していた。こうした日米の意見対立の中で、保安庁法が五二年七月三一日に公布され、翌八月一日に施行されたのである。

保安隊創設後も米国の防衛力増強要求は続き、日本に必要な装備取得のための軍事援助を行うという「ＭＳＡ（相互安全保障法）」による援助問題も絡んで日米の交渉は難航する。そして五三年一〇月に吉田首相特使として派遣された池田勇人とロバートソン国務次官補との会談で、日本側は陸上兵力を来年度から三年で一八万人に増強することなどを盛り込んだ「防衛五カ年計画池田私案」を提示して交渉したが、結局明確な合意に至らなかった。米国には日本の防衛力増強への姿勢に不満が残り、一方で日本には一八万人体制整備が米国との約束であるという認識が残っていくことになるのである。

さて、五二年八月に創設された保安庁は、法的には治安警備部隊で直接侵略への対処は想定されていない。実働部隊は、警察予備隊を前身とする陸上部隊である保安隊と、海上保安庁に設置された海上警備隊を引き継ぐ警備隊という海上部隊からなっており、これがそれぞれ陸上自衛隊と海上自衛隊になっていく。陸海の部隊は創設の経緯が異なっており、警察予備隊以来の陸上部隊は、できるだけ旧軍の影響力を排する方向で創設されたのに対して、海上部隊は旧海軍の影響がきわめて大きかった。では海上部隊はどのように創設されたのだろうか。

†「スモール・ネービー構想」と米海軍

戦後日本周辺の海上は密漁・密貿易・不法入国などの悪質な犯罪の舞台となった。さらに朝鮮半島でコレラが発生し日本国内にコレラが蔓延するのを水際で阻止する必要が生じた。こうして、海上保安体制強化のために海上保安庁が設置されたのである。その際、前述の掃海グループが海上保安庁に入ってきたのをはじめ、最後の海軍省軍務局長である山本善雄元海軍少将など旧海軍軍人が大きく関与することになった。海上保安活動には高度の専門知識と技術が必要なために、GHQも旧海軍軍人の採用を認め、最終的には旧海軍の士官一〇〇〇人、下士官、兵約二〇〇〇人の計三〇〇〇人が採用された。

ところで陸軍ほどの大所帯ではなかった海軍の場合、敗戦後も人的なまとまりはよかった。敗戦時の海軍省軍務局長であった保科善四郎中将が、米国海軍にも知人や友人が多く外務大臣や駐米大使も務めた野村吉三郎大将を旗頭に、旧海軍省などの課長クラスである大佐・中佐などの人材を回りに集めて海軍再建のための活動を活発に展開した。野村と保科を中心に、前述の山本善雄元海軍少将はじめ、かつての将官クラスと佐官級が一緒になって海軍再建のために活動を行ったのである。それは五一年一月二四日、旧海軍関係者が結成した「新海軍再建研究会」に代表されている。彼らは、海上保安庁への旧海軍軍人採用に関しても積極的に関与しており、やがて海上自衛隊の中軸となっていく人々に大きな影響力を持っていった。

旧海軍グループの再軍備案で顕著な特徴は、対米関係を非常に重視している点であった。米極東海軍司令官ジョーイ中将、オフステー参謀長、さらにアーレイ・バーク参謀副長（後年、米海軍軍人の最高位である作戦部長に就任）らが、野村や保科の活動の強力な後援者となった。その対米関係重視は、保科が新海軍再建研究会の計画を米国海軍の対日支援者の代表的人物であるアーレイ・バークに説明する際、再建する新海軍は「米国海軍に協力の客体となる」と述べているように、日米軍事同盟下で、米国海軍と協力できる海軍作りを構想していた。

米海軍の海軍再建に対する好意的姿勢を明確に示すものが、海上保安庁に設置されたY委員会の問題である。米国は五一年一〇月、日本に六八隻の艦艇を貸与することを伝えていたが、その貸与先がどの機関か明確に定まっていなかった。現存の海上保安庁か、新たに創設される海軍か、あるいは新しいコースト・ガード（沿岸警備隊）なのかという問題で、どこが貸与艦艇を管理・運用するのかを定めるための日米合同研究委員会が設置されることになり、それがY委員会と呼ばれた。これは、旧軍部では陸軍がA、海軍がB、民間がCと略称されており、アルファベットを後ろから読んだ場合にBにあたるYが採用されたということであった。

委員は海上保安庁のメンバーと前述の山本らの旧海軍関係者八名を加えて構成され、貸与艦艇を管理・運用する組織の位置づけについて激しい議論が展開された。海上保安庁側は、将来海上保安庁から独立するような組織に反対し海上保安庁で運用すべきだと主張した。一方で旧海軍グループは当初から「スモール・ネイビー」を作る考えであった。米海軍は、旧海軍側の案を支持し、将来分離・独立する機構の創設を認めた。こうして五二年四月二六日、海上保安庁海上警備隊が創設され、同年八月一日、保安庁警備隊となって海上保安庁から分離した。これが後に海上自衛隊になるのである。

†自衛隊創設へ

講和・独立後、吉田政権は批判を強める反吉田の政治勢力の前に、国内政治的には苦境に立っていた。とくに五三年三月の「バカヤロー解散」後に行われた四月の総選挙の結果、吉田の自由党は脱党者が続いた点も響き一九九議席へと大幅に減少し、第一党にはなったが過半数を割り込んだ。吉田は少数内閣を組織するが政権は不安定であり、第二党の改進党との協力を模索せざるをえなかった。

そこで問題になったのが再軍備であった。改進党は自主的な再軍備を積極的に主張し、再軍備実現のための研究を進めていた。五二年七月の立党時に「国力に応じた民主的自衛軍の創設」を党議決定し、五三年二月の第四回党大会で「国家自衛に関する態度」という方針を定めた。さらに同年七月、党内に防衛特別委員会を設立し、積極的に再軍備、保安庁法改訂問題に取り組んでいた。

改進党との協力関係のために行われたのが、一九五三年九月二七日の吉田・重光による党首会談であった。両者の意見の隔たりは大きかったものの、最終的に「国力に応じて駐留軍の漸減に即応する自衛力増強の長期計画を樹立すること」ならびに「保安隊を自衛隊に改めて直接侵略に対抗できるものにすること」について一応の合意ができた。こうして自衛隊誕生にむけて動き出すことになったのである。

さて、吉田・重光会談後、保守三党（自由党・改進党・日本自由党）は保安庁法を改訂し、自衛隊を設置するための折衝に入った。保守三党の中で、主導権を握ったのは改進党である。改進党は、憲法改正をしなくても再軍備は可能であるという考え方をしており、直接侵略に対応できる軍隊としての性格が明確な組織を作ることを主張した。これに対して自由党側は再軍備へと方向転換したととられたくないため、なるべく軍隊としての性格を曖昧にし、保安隊の延長としての治安部隊的な組織を作るべく抵抗する。これに、保安隊で成立している文官優位の体制を維持したい内局官僚が加わって抵抗した。

このとき議論された問題は多岐にわたっているが、日本独自の政軍関係である文官優位体制についてみてみると、内局幹部ポストに制服組が就けないという任用資格制限問題が重要とされた。協議の結果、改進党側の主張がほぼ取り入れられ資格制限は撤廃された。

さて、米国の後押しと、旧陸海軍の航空関係者によって空の部隊も創設されることになり、こうして五四年七月、防衛庁と陸海空自衛隊が、直接侵略対処を主任務とする軍隊としての性格を持った組織として発足したのである。

†五五年体制と自衛隊

文官優位体制は自衛隊創設後も変化はなく、戦後日本の政軍関係の特徴となった。そもそも保安庁長官・防衛庁長官の下には、官房及び各局という文官で構成された内局と制服組で構成された幕僚監部という二つの補佐機関がある。保安庁法第一〇条に官房及び各局の任務について、「保安隊及び警備隊に関する各般の方針及び基本的な実施計画の作成について長官の行う第一幕僚長又は第二幕僚長に対する指示について長官を補佐すること。長官は、保安隊及び警備隊の管理、運営について、基本的方針を定めて、これを第一幕僚長又は第二幕僚長に指示し、各幕僚長は、それに基いて、方針及び基本的な実施計画を作成するのであるが、長官官房及び各局はそのような長官の指示案を作成する」（傍点引用者）と定めていた。

すなわち、内部部局が制服組に対し事実上の上位に立っていたのである。内局幹部任用資格制限を撤廃しても、内局幹部の人事を行うのは内局であり、事実上制服組からの登用は行われなかった。そして保安庁法第一〇条にあたる部分が防衛庁設置法第二〇条に「官房長及び局長は、その所掌事務に関し、次の事項について長官を補佐するものとする」という条項として残った。結局、防衛庁・自衛隊の発足にあたっても「文官優位システム」は存続したわけである。

さて、戦後日本で長く続いた五五年体制という政治体制は、憲法改正ができないという中で、日米安保体制で安全保障・防衛は米国に依存し、政治は国内開発を中心とした政策に集中するシステムであった。票にならない外交や安全保障は政治家の関心が向かず、高度経済成長で豊かさを実感した国民も安全保障への関心は低くなり、軍事をタブー視する戦後平和主義が定着した。自衛隊の役割は不明確なまま冷戦終焉を迎えるのである。冷戦後、国際平和協力をはじめ、自衛隊は海外でも活動することになった。文官優位体制という独特の政軍関係も変化しつつある。しかし、国家機構の中に自衛隊という「軍事組織」をどう位置づけるか、本格的な議論はまだ行われていない。

さらに詳しく知るための参考文献

佐道明広『戦後日本の防衛と政治』(吉川弘文館、二〇〇三)……本講執筆者による戦後日本の防衛政策形成史。敗戦後から警察予備隊、保安隊、自衛隊創設時のみならず一九八〇年代に日米防衛協力が実行されていく過程について、政治家や官僚など政策当事者の動きや考え、政策の内容など、文書史料だけでなく当事者へのインタビュー(オーラルヒストリー)などを駆使して明らかにしている。一般読者向けに、最近の動向も加えて執筆したのが『自衛隊史――防衛政策の七〇年』(ちくま新書、二〇一五)である。

F・コワルスキー『日本再軍備――私は日本を再武装した』(勝山金次郎訳、サイマル出版会、一九六九)……著者は本文でも紹介した米軍顧問団のメンバーとして、警察予備隊創設にかかわった人物。研究書ではないが、米軍側が再軍備にどのように臨んでいたかを知る貴重な文献。

ジェームズ・アワー『よみがえる日本海軍――海上自衛隊の創設・現状・問題点』上・下（妹尾作太男訳、時事通信社、一九七二）……出版時期は古いが、海上自衛隊と米海軍の関係を知るには必読文献。本文で触れたY委員会については、NHK報道局自衛隊取材班『海上自衛隊はこうして生まれた――「Y文書」が明かす創設の秘密』（日本放送出版協会、二〇〇三）が、海上自衛隊に長く秘蔵されていた文書を用いて当時の状況を明らかにしている。史料発掘と関係者のインタビューなどの取材で構成されており、再軍備過程に関するジャーナリズムの貴重な貢献である。

阿川尚之『海の友情――米国海軍と海上自衛隊』（中公新書、二〇〇一）……海上自衛隊関係でもう一冊紹介しておきたい。海上自衛隊創設に米海軍が大きくかかわっていたわけだが、米海軍と海上自衛隊の関係は創設期だけにとどまらず、その後も互いの「友情」といえる絆を結んでいた。海上自衛隊と米国海軍の緊密さは、陸や空とは明らかに異なっており、冷戦期後半、日米安保体制を支える関係とまで言われていく。本書は、そうした関係を築いていった人々のことを描いた好著である。

読売新聞戦後史班編『昭和戦後史――「再軍備」の軌跡』（読売新聞社、一九八一／中公文庫、二〇一五）……ジャーナリズムの貢献という点では本書も外せない。読売新聞社で長く防衛担当記者を務めた堂場肇など、多くの記者が参加して本書はまとめられた。現在でも再軍備過程を知るための必読文献である。堂場記者が収集した資料は、再軍備過程及び七〇年代ころまでの防衛政策を研究する上で重要資料であり、現在「堂場文書」として原本は一般財団法人「平和・安全保障研究所」に保管され、丸善雄松堂がDVD化を行った。

増田弘『自衛隊の誕生――日本の再軍備とアメリカ』（中央公論新社、二〇〇四）……著者は石橋湛山や公職追放に関する研究で著名な研究者。本書で触れた米軍顧問団に関する史料を収集・編纂した実績があり、それら史料を用いて自衛隊創設までを述べたのが本書である。警察予備隊創設から自衛隊発足までの再軍備過程を、米軍顧問団史料を通してみているところに特徴がある。

楠綾子『吉田茂と安全保障政策の形成――日米の構想とその相互作用、1943～1952年』（ミネルヴァ書房、二〇〇九）。本書は吉田茂を基軸にしながら、敗戦前の時期からの日米両国の安全保障構想から、講和に至る過程について明らかにしたもの。本文で述べたように、日本の講和は安全保障問題と密接に関係していた。民主化・非軍事化という初期占領方針から経済復興へと占領方針が変化していく過程、そして日本の再軍備問題まで、安全保障構想という広い視野でとらえている。

柴山太『日本再軍備への道――1945～1954年』（ミネルヴァ書房、二〇一〇）。本書は軍事史の視点から占領期、そして再軍備過程を捉えなおしたものである。冷戦の進展によって米国は軍事戦略も練り直していったわけだが、そういった軍事戦略と日本の占領、再軍備過程を再検証した研究である。他の研究書では未使用の軍事関係資料を豊富に扱っている点に特徴がある。

Thomas French, *NATIONAL POLICE RESERVE, The Origin of Japan's Self Defense Forces* (Grobal Oriental, 2014) ……著者は新しい世代の外国人日本研究者である。警察予備隊創設を中心に、その後の防衛政策まで概観したものだが、予備隊創設関係の英文関係史料を渉猟しており、予備隊創設に関しては最新の研究といえる。

第12講　サンフランシスコ講和条約・日米安保条約

楠　綾子

†「ヴェルサイユの教訓」

占領下の日本政府がもっとも恐れたのは、第一次世界大戦後のドイツのように勝者の平和を強制されることであった。一九一九年六月に成立した連合国とドイツとの講和、ヴェルサイユ条約は、ドイツに対して無慈悲なまでに懲罰的であった。ドイツは植民地を剝奪され自国領域外の権益・特権の一切を放棄したほか、陸軍兵力は一〇万人規模を限度、陸海空の兵器の保有・生産・輸入を禁止・制限されたうえに、ラインラントの非武装化とそのための国際監視の受け入れなどを義務づけられた。そして、連合国それぞれの戦争被害を積算した賠償請求はドイツの支払い能力をはるかに超えていた。一九二〇年代に一定程度は軽減されたものの、その重い負担に戦後のドイツ社会が呻吟したことは記憶に新しかった。甚大な戦争被害を受けた日本が経済的に立ち直ることを不可能にするような、勝者の主導する国際秩序のなかで敗戦国を永久に被差別的な地位に置くような講和条件を回避することが、日本政府の至上命題であった。占領の開始とともに外交官たちが講和条約研究に着手したのは、ドイツの二の舞になってはならないという深刻な危機意識につき動かされたからにほかならない。

連合国にとっては、対日講和条約は、日本との戦争状態を終了し、占領を解除して日本に独立国の地位を回復するという法的な意味にくわえて、まずアジア太平洋の各地を戦火に巻き込んだ戦争の責任を明確にするという意味があった。公職追放や戦犯の逮捕など一連の非軍事化改革や、日本の占領地・植民地における公私財産の没収、段階的に緩和され、一九四九年に米国政府が打ち切りを決定したとはいえ、賠償を目的とする日本の工業資産などの取り立ては進んでいた。極東国際軍事裁判をはじめ国際裁判の大半は終決し、判決が確定していた。それでも、日本の国家としての戦争責任を確定する必要があった。したがって、講和条約には懲罰性が必要であった。

他方で、講和条約は次なる戦争、あるいは報復戦争を防止するものでもなければならなかった。勝者が自己の要求を抑制し、敗者にとっても正統性のある秩序を作らなければ永続的な平和を創出できないことは、第一次世界大戦後の平和が二〇年で終わったことによって明らかであった。ヴェルサイユ条約はドイツに対してまだ甘かった、今度こそ徹底的に懲罰しなければならないという意見は存在したけれど、それは少数派で、ドイツに対して厳しすぎた講和がナチス・ドイツの温床となり、第二次世界大戦を招いてしまったという反省が、米英の多くの指導者たちに共有されていた。「ヴェルサイユの教訓」は、勝者の側にとっても痛切だった。

†冷戦と対日講和

懲罰性と非懲罰性という相反する要請のバランスは、冷戦によって後者に大きく傾くことになった。

一九四六年の暮れごろから欧州で深刻化した東西対立は、アジアにおいても朝鮮半島の分断固定化（一九四八年秋）、中華人民共和国の成立（一九四九年一〇月）という形で表れた。米ソ両国が合意可能な対日講和の環境がほとんど失われたために講和は漂流し、従来なら講和条約に盛り込まれたであろう要請は、長期化した占領を通じて達成されることになった。それ以上に、米国の冷戦戦略に日本が組み込まれたことが、講和条約の性格を決定づけた。アリューシャン列島からフィリピンに至る島嶼群に位置する日本は、アジア太平洋地域における戦略的要衝を構成しており、共産化を許してはならない。政治、経済、社会の安定を実現し、自由民主主義諸国の一員として育成することが米国の利益になる。こうした観点に立って米国政府が対日政策を再検討し、転換したのが、一九四七年から一九四八年にかけての時期であった。講和はその延長線上で考えられることになった。すなわち、日本の戦争責任を追及するよりも日本を西側陣営に迎え入れることが、対日講和の主要な目的となったのである。それがソ連の同意を得られる可能性は限りなく低かったが、トルーマン政権は一九四九年秋ごろから、ソ連抜きの講和も覚悟して動きはじめた。

朝鮮戦争の勃発（一九五〇年六月）によって北東アジアの緊張は最高潮に達したが、トルーマン政権は西側の結束を強化するために講和を推進する方針を維持した。ただ、米軍部の戦略的要請は講和の事実上の前提条件となった。第一に、沖縄・小笠原を米国の戦略的支配の下に置くこと、第二に、講和後の日本にひきつづき米軍を駐留させること、そして第三に、日本自身の再軍備であった。軍部の要求を踏まえつつ政府内の調整と議会工作に手腕を発揮したのは、講和担当の国務省顧問ジョン・フォスター・ダレスであった。彼はまた、日本に政治的、経済的、軍事的制限を課さず、請求権や賠償も放棄する「寛大な講和」の方針を掲げて連合国との交渉を重ねた。自身がパリ講和会議に参加した経験もあって、彼は敗者にとっても正統性のある国際秩序を構築する必要を疑わなかった。英連邦や東南アジア諸国からは不満が噴出したけれど、圧倒的な力を背景に米国の意思がおおむね貫徹されることになる。こうして対日講和は、日本の戦争責任を確定するという目的はむしろ等閑視され、西側の国際秩序と安全保障の枠組みを構築するという性格を強めたのだった。

†吉田茂の選択

吉田茂首相は、米国の主導する講和に賭けた。国内では左派や知識人が「平和三原則」（全面講和、中立堅持、軍事基地反対。のちに再軍備反対を加えて「平和四原則」となる）を訴えて、すべての連合国との講和を主張していた（全面講和論）。だが、占領の長期化が国民の独立心を侵蝕するという面に目を向ければ、冷戦下で実現可能性に乏しい全面講和を選択することは統治責任を放擲するに等しく、したがって可能な範囲で、すなわち西側諸国との講和を優先せざるを得ないと考えたのである（多数講和論）。国際社会のなかで日本に再び名誉ある地位を回復するという使命感とともに、米国を中心とする自由主義諸国との協調の下で戦後日本が生存を追求することは、吉田にとってはほとんど自明の論理だったことも、彼が多数講和を選択するうえで大きな要素となった。

安全保障を米国に委ねるという選択は、吉田においてはその必然的結果であった。米ソ対立によって国連は実質的に機能していないし、日本の置かれた地理的環境は中立という選択を許さない。憲法上軍備を保有できない日本は米国に防衛保障を求めるよりほかなく、これを確実にするためには、米軍が日本本土に駐留する必要があると吉田は考えた。本土の基地を提供しなければ、沖縄が米軍の戦略的要地として日本から永久に切り離されてしまうかもしれないという考慮も働いた。それに、米軍部は日本国内に基地を保持し続けることを講和の前提条件として要求していたから、基地提供は早期講和の代償という側面もあった。

朝鮮戦争によって共産主義勢力の脅威が現実のものとして感じられるようになると、日本国内では保守勢力を中心に再軍備の必要を主張する議論が登場した。ところが、吉田は講和前には再軍備しないとの姿勢をとった。彼は、将来的には自衛のための軍備が必要だと考えていたが、軍備建設が脆弱な日本経済に負担を与えることを危惧したのだった。その根底に、共産主義を軍事的な脅威としてよりも政治的な脅威として捉える吉田の感覚があったことは間違いない。経済不安が社会不安を呼び起こし、これを利用した共産主義者の扇動によって社会が内部から共産化するという図式は、吉田にとってはより現実的な恐怖だった。さらに、世論の反戦・反軍感情や旧軍人たちの復権の可能性、それに周辺諸国の反発も、吉田に再軍備を躊躇《ためら》わせる理由となった。

一九五一年一月末から二月にかけて、ダレスを中心とする米国政府代表団と日本政府との交渉を通じて、基地提供を中核とする日米間の安全保障協定と将来的な日本の再軍備が合意された。再軍備をめぐって日米は厳しく対立したが、米国側はともあれ吉田政権に自衛力建設の意思を確認して、講和交渉を進めることを決めたのである。

†サンフランシスコ講和条約

一九五一年九月初旬に開催されたサンフランシスコ講和会議には、日本を含めて五二カ国が参加した。共産党政権と国民党政権が正統性を争う中国は招待されず、いずれの政権と講和を結ぶかは日本の自由意思に委ねられることになった。インドやビルマは講和会議に参加しなかった。ソ連や東欧諸国は、会議には参加したものの条約に調印しなかった。したがってサンフランシスコ講和条約は多数講和であり、その意味では不完全な講和であった。

しかしながら、対日講和条約は、原則として日本に政治的、経済的、軍事的制限を課さなかった。請求権や賠償に関する日本政府への要求も抑制的であった。日本は連合国に対する請求権や権利、利益を原則として放棄し（公館や宗教施設などは除く）、中立国や枢軸国に保有していた在外資産を連合国兵士の補償に充当する目的で国際赤十字に提供する一方で、連合国は日本に存する資産の返還を要請することができたから（第一四～一九条）、日本の方が概して失うものは大きかったといえる。賠償についても、日本の義務が否定されたわけではない。ただ、日本経済に支払い能力がないことが認められた結果、責任が事実上免除されることになった。日本軍の支配を受けた東南アジアには例外的に賠償を請求する権利が認められたが、役務賠償という形式が指定された（第一四条）のは、日本経済に負担を与えてはならないという配慮の表れであった。

領土の処理は、日本を含むすべての関係国に大なり小なり利益を約束する一方で、等しく不満を残す結果となった。最大の問題は、日本が放棄する権利、権原、請求権の範囲が必ずしも明確ではなかったことである。そのうえ、放棄された権利、権原、請求権の帰属先も明記されなかった（第二条）。朝鮮や中国でふたつの政権が正統性を争う状況、関係国それぞれが主張する法的根拠や歴史的経緯、領土不拡大を謳う大西洋憲章の精神、なにより実効支配の現状を勘案すれば、あいまいな規定にせざるを得なかったというのが実情に近いように思われる。しかし、それがのちに日本と周辺諸国との間で領土問題を生じさせる火種となったことは否定できないであろう。沖縄・小笠原は、国連の信託統治制度が適用されるまでの間、米国の統治下に置かれることになった（第三条）。第二条と切り離されたことと合わせて、日本に潜在主権が存在すると読めるように設計されたものの、この段階では両諸島は返還されなかった。

そして、対日講和条約はアジア太平洋戦争の性格や戦争責任の所在を明確に示さなかった。わずかに第一一条が、日本は連合国の戦争裁判とその判決について「裁判を受諾する（accepts the judgement）」と規定したにすぎない。また同条では、戦犯受刑者の刑の執行は日本政府に委ねられ、その赦免や減刑の権限は日本政府の勧告と関係国政府の決定に基づいて行使されることになった。judgement が「判決」ではなく「裁判」と意訳された結果、日本が裁判全体を正当なものとして受け入れたのかどうかはあいまいになったといわねばならない。一連の戦争裁判を「勝者の裁き」とみなす国内の否定的感情を背景に、講和後の日本政府は戦犯受刑者の釈放を各国に働きかけていくのである。ただ、講和条約の法的枠組を維持するうえで、日本が一連の戦争裁判の効力を認め異議申し立てをしないことが期待されたのだった。

講和条約の諸条項のうち、とりわけ領土と賠償・請求権に関する規定については、日本国内では与野党を問わず反発の声が上がった。日本自身が蒙った戦争被害の大きさゆえに、また中国はともかく他のアジア諸国に戦争を仕掛けたという認識が希薄だったこともあって、日本が「失ったもの」に目が向けられがちなのが実情であった。しかし、少なくとも日本軍の支配下に置かれた東南アジア諸国に対する賠償が約束されなければ、フィリピンやインドネシアなどが条約に調印することは難しかったであろう。欧米諸国に対しては賠償の義務を負わなかったから、日本の在外資産の処理に関する規定はその埋め合わせという側面があった。他方で、領土条項に、力の現実が生み出した国境線を確認する以上の意味をもたせることは難しかったと思われる。ヨーロッパにせよアジア太平洋にせよ、第二次世界大戦後に引かれた国境線のいくつかは、控えめにいっても大西洋憲章の理念には合致していないが、普遍的理念を奉じて、場合によっては力を用いてでも、それを是正することはしないというのもまた国際社会の意思であった。

連合国の人びとの間に戦争の記憶が生々しい当時、講和条約から「懲罰性」を完全に消し去ることはおそらく不可能であった。そして、パワーは依然として国際政治の決定的要素であった。それでも、敗者にとっても正統性のある秩序を作るという理念が、歪さを抱懐しつつも力と利益の体系に注入されたという意味において、サンフランシスコ講和条約は「寛大な条約」であったと評価されるのであろう。

†日米安保条約

対日講和条約と同じ日に締結された日米安全保障条約は、条文上、問題の多い条約であった。日本は米国に基地を提供する義務を負うのに対して、駐留米軍は「外部からの武力攻撃に対する日本国の安全に寄与するために使用することができる」（第一条）。すなわち、米国は日本を防衛する義務を負わなかった。条約と国連憲章との関係は条文上明確ではなく、条約の国際的正統性に疑義を生じさせる余地が生まれた。くわえて国内においては、駐留米軍が「一又は二以上の外部の国による教唆又は干渉によって引き起こされた日本国における大規模な内乱及び騒擾」に対して使用される（内乱条項、第一条）ことは日本の国家主権を侵害しかねない、条約の期間が設定されなかった（第四条）ことは、日米安保条約が無期限に継続する可能性を示唆するとそれぞれ理解され、条約の瑕疵として批判の対象となった。

米国が日本に対する防衛義務を負わなかったこと、言い換えれば日米間に国連憲章第五一条に基づく集団的自衛の関係が設定されなかったのは、米国政府が軍備をもたない日本との間で相互防衛条約を締結することを拒んだためである。一九四八年六月、米国議会上院が採択したヴァンデンバーグ決議第三項は、米国政府に「継続的かつ効果的な自助と相互援助を基礎とし、かつ、合衆国の国家的安全に影響のある地域的その他の集団的取極に合衆国が憲法上の手続きに従って参加すること」を求めていた。吉田内閣が再軍備に消極的な姿勢をとるかぎり、米国政府から明示の防衛保障を得ることは困難であった。とはいえ、ソ連に対する抑止という観点に立てば、条文がどうあれ条約によって米軍が日本に駐留しているという実体が作り出されることの意味は大きい。吉田はそうした観点から日米安保条約を受け入れたのだった。

米国にとっては、日本本土に駐留する米軍が「極東の平和と安定のために使用される」こと(極東条項、第一条)が重要であった。日米安保条約に前後して、米国はフィリピンとの間で米比相互防衛条約を、オーストラリア、ニュージーランドとの間でANZUS条約をそれぞれ締結し、アジア太平洋地域における防衛義務が拡大していた。極東条項と安保条約の付属協定である吉田＝アチソン交換公文(国連軍による日本国内の施設や役務の使用の継続を合意)によって駐留米軍の行動の自由が保証されなければ、米国が日本に基地を置く価値はほとんどなかったであろう。そして駐留米軍の利用する施設・区域の設定や運用については、日米安保条約の実施協定、行政協定（一九五二年二月調印）において、日本政府の協力の内容と米軍の行使できる権利、権限が規定された。とりわけ極東条項が発動される場合に日本政府が関与しうるのか、日本政府は米国政府との間で「緊密な協議」が行われると期待したが、明文の規定は存在しない。地域安全保障上の要請と日本の国家主権とのバランスをいかにとるのか、その後の日本政府は模索しつづけなければならなかった。

吉田や外務省は、在日米軍基地が地域安全保障の一環として機能するという認識をもっていたが、そうした認識が国内で共有されていたとはいいがたい。米軍基地を置くがゆえに日本は自己の意思にかかわりなく米国の戦争に巻き込まれるのではないか、いわゆる「巻き込まれ」論の観点に立った安保条約批判は、現に冷戦が熱戦化しているという動かしようのない事実に裏打ちされ、左派を中心に強力な議論であった。基本的には日米安保条約に賛成した保守勢力でも、領域内に他国の軍隊を駐留させるのは主権国家のあるべき常態ではなく、現状の日本が自衛の能力を保有していないためのやむを得ざる措置、暫定措置として甘受するという感覚がむしろ普通であった。日本の軍備建設の努力が十分ではないために義務と権利の著しい非対称が生じたという事実への釈然としない感情もあいまって、自衛力の建設が進めば駐留米軍は撤退し、安保条約は相互防衛条約化されるという理解が国会審議を通じて醸成されていった。その理解の下で日米安保条約は保守勢力に受け入れられたのだった。

†「講和と安保」の射程

対日講和条約・日米安保条約によって、日本は西側陣営に組み込まれた。米国の主導する国際経済システムへの連結や米国の提供する安全保障と経済援助は、日本の経済復興、そして長期的には政治、社会の安定を支えることになった。英連邦諸国やフィリピンを中心に反日感情や対日警戒心が根強く残っていた一九五〇年代、日本が「国際社会で名誉ある地位を回復する」ことがけっして容易だったわけではない。さまざまな局面で米国の支持がなければ、西側の国際秩序への日本の参加はもっと時間を要していたであろう。日本が経済や安全保障上の利益のみならず自由主義陣営の一員という感覚を得られなければ、講和条約の修正を要求する日本国内の政治勢力の主張を抑えることは難しかったかもしれない。

同時に、対日講和条約は日本と連合国との国家間関係を構築する枠組みとなった。講和条約第二六条は、条約に調印しなかった連合国との間で日本が個別に二国間の平和条約を締結する場合、「この条約で定めるところよりも大きな利益をその国に与える平和処理又は戦争請求権処理を行ったときは、これと同一の利益は、この条約の当事国にも及ぼさなければならない」と規定している。すなわち、講和条約の諸原則を条約に調印しなかった連合国にも適用することが求められたから、対日講和条約は事実上、日本とすべての連合国および関係国を拘束する効果をもった。講和条約の着実な履行を担保したのは、米国が日本を含む地域の西側諸国との間で結んだ安全保障協定の集積体であった。

こうして、対日講和条約・日米安保条約はアジア太平洋地域を構成する国家間関係を調整し、平和と安定の基礎となった。その意味で、両条約を基盤とする国際関係は、国連の集団安全保障システムと自由貿易システムを補完する「体制」として機能したといえるであろう。「体制」の持続性を阻害する要素があったとすれば、ひとつは日本国内の対米「自主独立」志向、あるいはとくに左派勢力を中心とする中立志向であった。しかし、一九五〇年代を通じて保守勢力が政治基盤を確立し、西側志向をたしかなものにしていったことによって、日本が講和条約・安保条約とこれに基礎づけられた国際秩序に挑戦する可能性は消滅した。保守勢力の「自主独立」志向は、安保条約の対等化という政治目標にほぼ収斂した。米国との安全保障関係の再定義が地域安全保障を脅かさないかぎり、それは「体制」内の調整にとどまる。安保改定の結果として日米関係が強化され、日本が間接的ながら地域安全保障に関与する意思を明らかにしはじめたことは、むしろ「体制」を強化する意味をもった。

もうひとつは、講和条約で必ずしも扱われなかった問題である。あいまいな領土の処理は、日本と周辺諸国との外交関係に緊張を走らせる時限爆弾のような存在であった。そして、個人に対する補償、植民地支配に対する謝罪と反省といった、講和条約の設計からは排除された概念が国家間関係にもちこまれるとき、もはやこの「体制」の枠組みは処理能力をもたない。人権規範が主流化し、経済発展を背景に北東アジア諸国のナショナリズムが強まった一九九〇年代ごろには、講和条約の「体制」としての機能は限界を迎えていたのではないだろうか。

さらに詳しく知るための参考文献

五十嵐武士『戦後日米関係の形成――講和・安保と冷戦後の視点に立って』（講談社学術文庫、一九九五）……米国の日本占領政策の転換と講和・安全保障をめぐる日米関係が、豊富な米国側史料を中心に実証的に明らかにされている。

ロバート・D・エルドリッヂ『沖縄問題の起源――戦後日米関係における沖縄　一九四五―一九五二』（名古屋大学出版会、二〇〇三）……沖縄の地位が太平洋戦争、占領、講和交渉を通じて確定し、講和条約第三条に結実する様相が明らかにされている。

楠綾子『吉田茂と安全保障政策の形成――日米の構想とその相互作用、1943～1952年』（ミネルヴァ書房、二〇〇九）……講和・独立時の日本の安全保障に関する日米間の合意がどのように形成されたのかを描き出すとともに、その合意の限界を示唆している。

豊下楢彦『安保条約の成立――吉田外交と天皇外交』（岩波新書、一九九六）……安保条約をめぐる吉田の対米外交の批判的再検討。日米双方にとって、基地提供と再軍備が「交渉カード」としてどのような意味をもったか、興味深い視点を提示する。

西村熊雄『シリーズ戦後史の証言――占領と講和7　サンフランシスコ平和条約・日米安保条約』（中公文庫、一九九九）……外務省条約局長として日本政府の講和対策の立案と対米交渉に臨んだ著者が、回想を交えつつ、外務省内の講和条約研究の展開や講和・安保条約の考え方を説明している。

原貴美恵『サンフランシスコ平和条約の盲点――アジア太平洋地域の冷戦と「戦後未解決の諸問題」』（新訂版、溪水社、二〇一二）……講和条約の領土条項の形成過程とその解釈を独自の視点から分析している。

細谷千博『サンフランシスコ講和への道』（叢書国際環境、中央公論社、一九八四）……講和条約・安保条約の形成過程を、イギリスおよび英連邦の視点を織り込んで分析した貴重な研究。

宮里政玄・渡辺昭夫『サンフランシスコ講和』（東京大学出版会、一九八六）……講和条約に調印しなかったソ連、インド、中国の視点も含めて対日講和条約を包括的に論じた先駆的研究。

第13講　李承晩ラインと漁業問題

永島広紀

†突如の宣言

勃発から約一年半が経過した朝鮮戦争の最中であった。戦線は北緯三八度付近にてしばしの膠着状態にあったものの、韓国政府はいまだ南部の港湾都市である釜山に臨時首都を置いたままの不安定な状態にあった。

そうした中、一九五二（昭和二七）年一月一八日に「国務院告示第十四号」として大統領である李承晩《イスンマン》（一八七五〜一九六五）以下、首相代理・外務部長官・国防部長官・商工部長官の連署による宣言文が官報号外に掲載された。そして、その告示の冒頭では「隣接海洋に対する主権」に関する宣言が明示され、その四つからなる条文において、海洋資源の保護を謳うとともに、日本海から東シナ海にかけて韓国が主権を行使せんとする範囲を海図上に線引きする内容が盛り込まれていた。

これこそが世に言う「李承晩ライン（李ライン）」が公海上に引かれた、まさにその刹那であった。当時、両国の間では講和条約の発効後を見越した漁業協定の締結を目指す日韓会談の予備交渉がすでに始まっていた、その矢先の出来事である。

その前年である一九五一年九月八日に米国・サンフランシスコで調印された「日本国との平和条約」、すなわち対日講和条約は、翌一九五二年の四月二八日に発効の時を迎えようとしていた。まさにその間隙を突いたタイミングでの宣言の布告は、新聞各紙が一月二五日付けの朝刊で一斉に報じたことによって日本国民一般の知るところになった。

日本の外務省は一月二四日の段階で情報文化局長の談話を発表して、「公海自由の原則」に反し、しかも公海における水産資源開発の国際協力の原則にも悖《もと》るとして韓国側を強く批判した。そして、同月二八日付けで情報文化局長の談話内容を元に、英文の口上書を作成し、東京の駐日代表部を通じて韓国側に送達した。

なお、その口上書の末尾においては「Liancourt Rocks（リアンクール岩礁）とも呼ばれる竹島」の領有に言及し、韓国側の主張を退ける旨の文言が追加されていた。つまり、李ラインの「内側」に島根県の隠岐に所属する島嶼たる竹島が含まれていることに気付いた外務省側が急遽、口上書に「竹島」が日本領であることを書き加えたのであった。まさに、これが現在も日韓外交上の大きな懸案となっている「竹島（独島）問題」の濫觴《らんしょう》であった。

†マ・ラインと李ライン

そもそも、李承晩大統領は何故、予断を許さない緊迫する戦時下にも拘わらず、かような挙に及んだのであろうか？　当時、すでに齢《よわい》にして七五、人生の過半を独立運動に捧げた李承晩であるからして、通常は彼の頑なまでの「反日意識」が吐露された結果であると説明されることも多いが、もちろん、それだけでは説明しきれないいくつかの事由が存在した。

実は、「李ライン」の原型となっていたものは、第二次大戦終了直後の一九四五年九月に米海軍によって日本近海に設定された漁業区の限界線であった。敗戦国に科せられたこの操業規制は俗に「マッカーサーライン（マ・ライン）」と呼ばれ、当初はその許可された領域の狭さから戦後の食糧難に悩む日本にとっては怨嗟の的であった。それでも、本格的な操業を再開した日本の漁船団は、まずは日本海や東シナ海の近海へと我先に殺到していった。しかし、竹島周辺をはじめとする朝鮮半島側の好漁場は、連合国総司令部によって漁業許可区域の外に置かれてしまっていた。

その後においてマ・ラインは、日本側の度重なる陳情によって順次、太平洋側に向けて大きく拡張していくとともに、本格的な遠洋マグロ漁などが可能となった。一方、とりわけブリ・

サバなどが豊富に漁獲される済州島近辺には日本の漁船団が大挙して押し寄せ、韓国側の警備艦艇はその監視の眼を張り巡らせていた。当時は船舶の性能面で日本側に遅れをとっていた韓国は、自国漁民の生活を守るためにも、あるいは嵩《たか》ぶる対日ナショナリズムを背景にして何としてでも日本漁船の進入を排除しなければならないという事情があった。

そこで韓国は「実力行使」、すなわち日本漁船の拿捕と乗組員の抑留を一九四七年二月以降、累次に強行したのであった。特に、一九四九年に発生した一四件の拿捕事件中、韓国側の銃撃により日本の漁船乗組員が三名も命を落とすという一大事となった。一九四七年から一九五二年の講和条約発効以前において、韓国側に拿捕された船舶は九七隻、連行され抑留された乗組員は一〇〇〇名を超える数に及んだ。しかし、日本側の漁民にとっての悪夢は、いまだ序曲の段階であった。

†平和線と李ライン

日本では「李承晩ライン」の名で知られるが、韓国では長らく「平和線」と呼び習わしていた。ところで、そもそもこの「平和」とは如何なる含意を持つものであったのだろうか。サンフランシスコ講和条約が発効すれば、おのずからマッカーサーラインも消滅する。はたして、講和条約の発効三日前である一九五二年四月二五日をもってGHQによってマ・ラインは撤廃された。
しかし、これとは別に国連軍によって「韓国防衛水域」（司令官であるマーク・W・クラーク大将の名を冠して「クラークライン」と呼ばれた）が一九五二年の七月に設定されていた。韓国側のロジックとしては、「平和維持」「赤化防止」を謳うことが可能となっていたことも、李ラインの内側での取り締まりを正当化することに繋がったのであった。

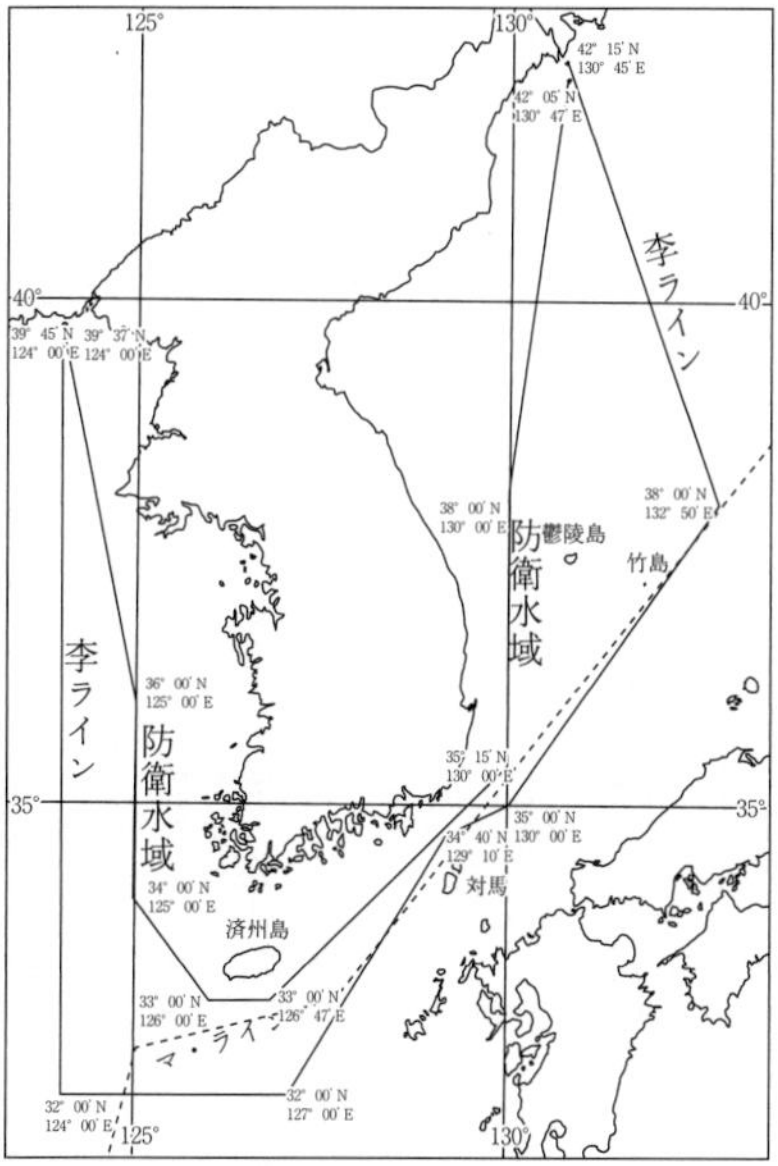

マ・ライン、李ライン、クラークライン
（典拠：『日韓漁業対策運動史』1968）

しかも、問題を複雑化させていたのが、連合国総司令部が一九四六年一月二九日付けで日本政府に対して発していた指令（SCAPIN《スキャピン》-677号）である。これによって日本の行政権が停止される島嶼部に竹島が含まれてしまっていたことも、李ラインの設定と維持に一定の根拠を与えていたのである。なお、この指令には「最終決定ではない」旨の但し書きがあり、言うまでもなく講和条約の発効によって失効している。

　李ライン設定は米英華といった自由陣営の友好国からも厳しい抗議を受けたものの、韓国政府は一九五二年二月八日の段階で、李ラインについて「この宣言の主目的は韓日両国の平和維持」との声明を出した。そして一九五三年以降、日本側にとっての「李ライン」、韓国側にとっての「平和線」という呼称がそれぞれの立場を反映しつつ並立していくことになったのである。

✝二人のプランナー

　なお、韓国で言うところの「平和線」策定の筋書きを書いた者の中に池《チ》鐵根《チョルグン》（一九一三年生）なる水産官僚がいた。池は日本統治期の一九三七年三月に函館高等水産学校（入学時は北海道帝国大学水産専門部）を卒業し、その後は朝鮮総督府に技術職員として採用され、一九四二年当時では地方勤務（平安北道の産業技手）に就いていた下級官吏の一人であった。米軍政期を経て韓国において彼は商工部水産局の中堅幹部として第一次の日韓会談以降、第六次に至るまで毎回のように韓国側代表団の一員として協議に加わっていた。

　池の回顧によれば「独島」、すなわち竹島を李ラインの内側に入れることを建議したのも彼自身であったという。しかも、ラインを引くにあたって参考にしたものは、かつて朝鮮総督府が「内地」側のトロール船操業を規制するために定めた禁止線を下敷きにしたものであった。少なくとも、近現代においての「竹島問題」とは、領土問題そのものというよりは、漁業権益という実利の側面からも読み解く必要があることが、こうした人物の動きからもよく分かる。

また、こうした商工部水産局の動きと連動して李大統領に独島の件を献策していたのが外務部政務局長の金東祚《キムドンジョ》（一九一八年生）であった。建国から間もない韓国政府にはプロパーの外交官が育っていない悩みがあった。そうした中で、予備会談の段階から第七次の最終会談にかけて断続的に韓国外務部の立場を代弁する地位で金は参席していた。金は京城高等商業学校から九州帝国大学法文学部（法科）に進み、一九四三年に実施された戦前期では最後の文官高等試験（行政科）に合格して厚生省に採用されていた人物であった。

ともあれ、このように日本統治期に「内地」で学業を了《お》えた世代が、韓国における対日外交の舞台裏、とりわけ竹島問題を図らずも〝演出〟していたという事実は興味深いものがある。

†竹島問題とは？

ここで、ごく簡略に「竹島」をめぐる日韓紛争の歴史的な背景について紙幅を割いておきたい。今日、日韓双方が「固有の領土」であるとして譲らない竹島（独島）である。日本側から見れば島根県の隠岐島の北西沖約一五八キロ、韓国から見れば慶尚北道の鬱陵島の南東約八八キロに存在する絶海の孤島（岩礁群）である。

朝鮮半島の古い伝承では鬱陵島には「于山《うさん》」と呼ばれる小国があり、新羅の時代に本土に服属したとされる。古地図によっては鬱陵島の真横に「于山島」が描かれることもあり、韓国にはこの于山こそが独島《ドクト》（竹島）であるとの主張もある。しかし、前近代の朝鮮において実際の位置関係を正確に示した絵図が書かれたことはなかった。

一方、現在の竹島に関する実測的な地誌記録として明確に残るのは、江戸時代における日本側のものである。当時、鳥取藩の商人が幕府からの渡海免許を得て鬱陵島に上陸、樹木の伐採を行い、あるいは漁労を営んだことにより、徳川幕府と朝鮮王朝との間に外交的な摩擦が生じていた。紆余を経て当時の幕閣は、「竹嶋（島）」と呼ばれることもあった鬱陵島が、あくまでも朝鮮領であるとの裁定を下した。これは「竹嶋一件」と呼ばれ、以後、日本側の領土認識におけるその基調をなしていくことになった。

明治維新後、太政官政府も基本的に幕藩時代の認識を継承していたのであったが、西洋人が作成した地図をもとにした情報に混乱が生じ、現在の竹島が「松島」と呼ばれていたはずのところ、いつの間にか鬱陵島が「松島」と呼ばれるようになり、その松島を開拓しようとする日本人が後を絶たなかったことから、明治一〇年代の中盤以降、再び鬱陵島をめぐる外交問題に発展していた。ただし、現在の「竹島」そのものが議論されたことは、終《つい》ぞなかったのである。

そして、現地でアシカ猟を営む漁民たちの請願運動もあり、一九〇五(明治三八)年一月の閣議決定を経て、同年二月二二日、島根県は竹島を隠岐の所管とすることを告示した。翌年、島根の官民が鬱陵島に渡航した際、鬱陵島(鬱島郡)の郡守に「竹島を島根県に編入した」ことを告げたところ、郡守は一驚し、中央政府にその顚末を報告していたものの、その時にはそのまま沙汰已みとなっていた。

ただし郡守の報告書や、そうした日本とのやり取りを報じた当時の韓国側の新聞には「本郡所属独島」の語句が登場しており、遅くとも二〇世紀初頭までには朝鮮王朝側も「独島」の存在を認識し始めていたことは確かである。なお、韓国側は、日本の保護国下にあった時代であるので日本に抗議できなかった、あるいは日本の侵略で最初に奪われた領土が「独島」であるとの認識を抱き、後年の日韓交渉の席上でもこれらをしきりに持ち出すことになっている。

一九四五年以前の日本統治期、「竹島」に関して朝鮮人側がどのような知識や関心を有していたかについては、いまのところ具体的には分かっていないことが多い。ただし、一九四五年八月以降の朝鮮半島において、かなり早い段階から「独島」のことは話題となっているのも事実である。その延長線上に、李ライン問題が覆い被さってきたということになる。

さて、「戦勝国」としてサンフランシスコ講和会議に列席することを熱望しながらも果たせなかった韓国は、日本との間で「賠償」をめぐる個別の条約交渉を行わざるを得ない状況であった。

†日韓会談と漁業問題

そして、GHQの斡旋により日韓会談に向けた予備交渉が東京で開始されたのは一九五一年一〇月二〇日であった。この予備交渉では講和条約の発効によっていずれ日本国籍から離脱することになる在日朝鮮人の法的地位の問題をメイン・イシューとすることになっていたが、韓国側の要望により賠償に代わる「請求権」の問題や、漁業協定の締結に向けた協議なども加わることとなった。

ところが、第一回目の正式会談が一九五二年二月一五日から開催されようとしていたその直前になって突如として宣言されたのが「李ライン」であった。これによって漁業に関する交渉は初っ端《しょぱな》から暗礁に乗り上げることになった。しかも、韓国側は自らが主張するところの「請求権」に基づいて、すでに米軍政時代に「敵産」として処分されたことになっていた日本側の残置財産の放棄と、朝鮮総督府が遺した債務の償還を強く迫ってきた。そして、日本側も元在朝日本人たちの私有財産権を保護する立場から、これに強く反発したこともあり、最終的に会談はすげなく物別れに終わった。

一九五三年一月初旬には短時間ながらも李承晩がクラーク国連軍司令官の招きに応じる形で東京を訪れたこともあった。吉田茂首相との非公式な懇談も険悪なムードの中で終始し、事態の打開には繋がることはなかったものの、のちの日韓交渉再開への足掛かりとはなった。しかし、直後の同年二月四日に済州島西方沖の公海上で発生した日本漁船の拿捕（大邦丸事件）では、韓国漁船に潜入していた韓国官憲の銃撃により乗組員一名が絶命するという痛ましい惨事に発展し、日韓関係は急速に冷え込むことになった。

この時はさすがに米海軍が出動する騒ぎとなり、日本側も外交ルートで激しい抗議を行った。それにもかかわらず、李大統領は「韓国水域への出漁は敵対行為とみる」との声明を発し、居直りとも捉えられかねない態度をとった。日本側の反韓機運は最高潮に達し、西日本の各地では韓国を批判する漁民たちによる糾弾大会が開催されていった。

そうした緊張状態の中で第二回目の会談が一九五三年四月一五日から開催された。韓国側は「管轄水域」、つまり李ラインの維持を強く主張し、そして日本側はこれを拒否したことから、間もなく休会状態に入っていた。その間も、韓国による日本漁船の拿捕は止むことなく継続していた。

朝鮮戦争も終局面に差し掛かり、同年七月二七日には休戦協定が調印された。北進統一に拘る李承晩は休戦協定に反対し、米国の説得にもかかわらず協定の調印をすら拒否していた。

†久保田発言の波紋

第三次会談は韓国側の要望により第二次を再開する形で同年一〇月六日から開催された。日本側は漁業関係の部会に民間出身の水産業界代表を加えるなどして協議に臨んだ。

しかし、この会談は「請求権」の部会において、日本側の残置財産請求を退けるという「原則論」に拘る韓国側からの質問に対して、日本側の首席代表であり外交官出身の久保田貫一郎がオフレコで答えた内容によって議事が紛糾し、結果として会談の決裂をもたらしてしまった。すなわち、「ハゲ山を緑にした」「鉄道を敷いた」「港湾を建設した」「大蔵省の予算をつぎ込んだ」という日本の朝鮮統治にまつわる一連の発言である。韓国側はこれを指して「久保田妄言」と呼び、国内では激しい反日デモが繰り広げられた。

一方、米国との間では一九五三年一〇月一日に「韓米相互防衛条約」を締結し、防共の盾たらんことを内外にアピールしつつ、一九五四年末には、李承晩は三選を禁じる憲法の改正を強行して「終身大統領」への道を開いた。まさに彼の政治家人生は絶頂期にあった。

折しも吉田内閣が造船疑獄で総辞職し、代わって日本民主党の鳩山一郎を首班とする組閣が行われたのが一九五四年一二月一〇日であり、鬱たる日韓関係の空気も動くことになった。間もなく鳩山首相は韓国との非公式の交渉を再開し、しばし順調に会談は推移したものの、最終的にはまたしても頓挫してしまう。

†刑余者の送還問題と北朝鮮の影

ネックとなったのは長崎県の大村に設置されていた「入国者収容所」に収容されていた朝鮮人の送還問題であった。戦前期から日本に居住しつつも刑事事件等で有罪を宣告され、国外退去を命じられるなり、あるいは戦後に日本密航を企て逮捕された者たちであった。

しかし、韓国側は受け取りを拒み、一方で韓国（釜山）に抑留されている日本人漁船員とのバーターによる「相互釈放」を要求してきていた。そもそも、韓国側に拘留された日本人は現地で裁判にかけられ、多くは有罪となり刑務所への収監を余儀なくされていた。そして、刑期の満了後も釜山市内にあった収容所に長期にわたり留め置かれたままであった。同所では行動の自由も厳しく制限され、国際赤十字を通じた仕送り物資の受け渡しも困難を極めた。

ところが、大村収容所の朝鮮人に対して北朝鮮赤十字は国際赤十字委員会を通じて義援金を送り、また北朝鮮政府も在日朝鮮人教育会宛てに多額の援助金を送ってきていた。そもそも対ソ連外交に力を入れ、「容共」的とも目されていた鳩山政権は、北朝鮮との交渉にも前向きな姿勢をみせていた。あるいは、日本社会党の古屋貞雄ら複数の国会議員が訪朝し、金日成《キムイルソン》首相と会見を行うなど、韓国政府は日本側のこうした動きに過敏なまでに神経を尖らせていた。

その後も会談再開に向けた水面下の折衝は継続し、一九五八年一月に至り日本側が大村収容所に在所中の刑罰法令違反者の仮放免を超法規的に断行した。また、韓国側がかねてより返還を要求してきていた朝鮮半島に由来する文化財の引渡しにも応じたのであった。

その結果、韓国側も拿捕抑留の日本人を送還したことにより、同年四月から第四次となる日韓会談の開催に漕ぎつけたのであった。しかし、大村収容所には北朝鮮への送還を望む者も存在し、「人道的見地」から韓国への引き渡しを見送っていた。これに対して韓国は激しく反発し、会談も中断を余儀なくされた。そして、一度は再開したものの、折からの在日朝鮮人の北朝鮮への「帰国事業」問題が障碍となり、不調のままで終わった。

†李承晩の退陣と軍事クーデター

一九六〇年八月の実施を半年前倒しにして三月に行われた大統領選挙において、またしても李承晩が圧倒的な得票数でもって遂に四選を果たした。しかし、この勝利は李承晩陣営・与党たる自由党による露骨な選挙干渉によるものであったことから、四月には李承晩の退陣を要求する学生を中心とする大規模な民衆デモが各地で展開された。

韓国政府は戒厳令を敷いたものの、最終的にはアメリカにも見限られた李承晩は辞表を提出

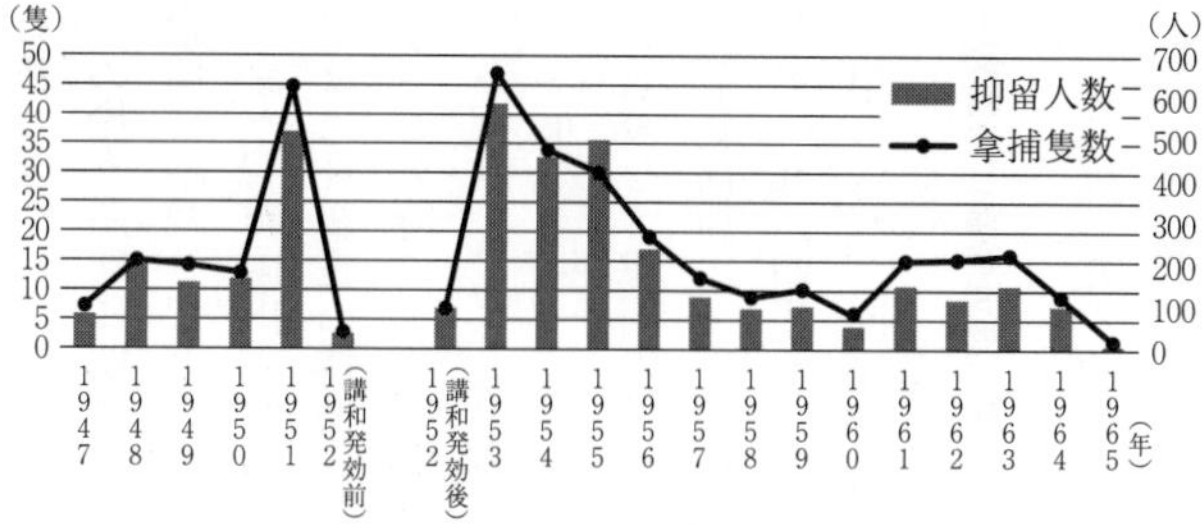

韓国による日本漁船の拿捕数と日本人抑留
（出典：『昭和 41 年度版 海上保安白書』）

し、やがてハワイに逃避した。ここに一二年にも及んだ長期政権の幕が閉じた。韓国はここでいったん大統領制に内閣責任制を併置する体制に転換させた。そして、まもなく張勉《チャンミョン》首班による内閣が誕生し、第五次の会談も同年の一〇月からすぐさま開始されたのであった。

ところが、一九六一年五月一六日に韓国軍によるクーデターが発生した。実権を掌握した軍部はまず「軍事革命委員会」の成立を標榜し、さっそく同一九日には「国家再建最高会議」と名を改めた。さらに七月に同会議の議長に就任した朴正熙《パクチョンヒ》中将は世界各国に使節団を派遣することによって新政権の承認を求めた。日本には腹心の崔徳新《チェドクシン》を団長とするグループが派遣され、崔は朴正熙から託された親書を池田勇人首相に呈した。

そして早くも同年一〇月二〇日には第六次となる日韓会談が開始された。これまでの会談とは大きく異なって実務ベースで議事は進行され、事実上、「請求権問題」にまつわる金額の査定作業が大きな比重を占めた。ただし、韓国側が要求する額との折り合いがつかず、また漁業問題においてもそれまで幾度となく不調に終わっていた李ラインの撤廃問題に明確な言質を取れないまま、依然として韓国側による日本漁船の取り締まりと拿捕は継続していた。

また、韓国内の政情も混沌としており、会談は遅々として進展しなかったものの、一九六二年秋に朴議長の特使として来日した金鍾泌《キムジョンピル》中央情報部長が、池田首相・大平正芳外相と会談し、この時に「無償供与三億ドル・低利借款二億ドル」にて請求権問題を妥結させる旨のメモランダム（いわゆる「大平・金メモ」）が取り交わされた。

一九六三年一二月一七日、厳しい選挙戦を制して朴正煕は大統領に就任した。しかし、これと前後して韓国内では日韓会談に反対する機運が盛り上がりを見せていた。そして、日韓会談の最終局面において韓国側の意見調整を切り盛りしたのが、駐日代表部代表（特命全権大使）として一九六四年一〇月に着任した金東祚である。金は外相である椎名悦三郎に日韓会談の再開を申し入れ、同年一二月から第七次の交渉が正式にスタートした。

†妥結する漁業問題、棚上げされる竹島

椎名は一九六四年一一月九日に成立した佐藤栄作内閣でも外相に留任となった。翌年二月には韓国を訪問して「日韓共同コミュニケ」を発表するとともに、過去の歴史に対する「深い反

省」という踏み込んだ表現で韓国側に交渉妥結に向けた強いアピールを行った。さらに、同三月末には韓国外相の李東元《イドンウォン》が来日し、昭和天皇にも謁見するなど条約締結に向けたお膳立てが着々と進んでいた。

ただ、日韓交渉において最後までギリギリの折衝が行われたのが、他ならぬ漁業問題であった。同年四月初の段階で、日本側の赤城宗徳農相と韓国の農林部長官である車均禧《チャギュニ》との直接会談により韓国側が強く主張してきた実質上の李ライン温存を撤回させるため、とりわけ日本側が、韓国近海への出漁時における船舶数・漁獲量をはじめとする事細かな数量規制を約することによって辛うじて合意をみた。

一九六五年六月二二日、ついに「日本国と大韓民国との間の基本関係に関する条約（日韓基本条約）」が両国外相によって調印された（批准書の交換は同年一二月一八日）。そして請求権・在日韓国人の法的地位・文化財に加え、漁業協定が条約に附属する形でそれぞれ結ばれた。

そして、これらに加え、「紛争の解決に関する交換公文」も取り交わされた。ただし、竹島周辺海域は暫定的に「共同規制水域」として日韓共同の漁業規制区域となり、両国間の紛争に関しては、国際司法裁判所への付託を見越した「第三者」の調停による解決を図ることとされた。しかし、韓国側の強い抵抗により「竹島」の文言を明示的に入れることは最後まで叶わないままであった。

それでも、マ・ラインの設定以降、拿捕船舶の数にして三二七隻、四〇〇〇人に近い抑留者を出した日韓の漁業紛争は、李ラインの撤廃により、いちおうの解決を見たのであった。ただし、とりわけ竹島周辺をはじめとする漁場が「暫定」のままである状態は、一九九八年に締結された新しい日韓漁業協定の発効を経て、二一世紀の今なお継続中である。

さらに詳しく知るための参考文献

基本資料

『日韓国交正常化問題資料』全四八巻（現代史料出版、二〇一一〜二〇一五）……情報公開請求により外務省が開示した内部資料を影印・翻刻した一級資料。とりわけ「基礎資料編」第六巻「日韓国交正常化交渉の記録」（森田芳夫が編集）が資料集全体のインデックスとしても有用である。

内閣官房「竹島資料ポータルサイト」(https://www.cas.go.jp/jp/ryodo/shiryo/takeshima/index.html)……まずは日本側に残る史料状況を知りたい人にとって検索が非常に便利なウェブサイト。なお、公平を期すために、韓国政府の主張も知りたい方は以下の日本語サイトを参照されたい (http://dokdo.mofa.go.kr/jp/index. jsp)。

一般書

日韓漁業協議会『日韓漁業対策運動史』（内外水産研究所、一九六八）……今では入手が難しいものの、日本漁民の側から見た日韓交渉の歴史を繙くに際しては座右の一書。

金東祚（林建彦・訳）『韓日の和解　日韓交渉14年の記録』（サイマル出版会、一九九三）……本書は先に韓国で出版された『回想30年、韓日會談』（中央日報社、一九八六）の日本語版である。もう一人の

「裏方」である池鐵根にも数種の回想録は存在するものの、こちらには邦訳がない。

李東元(崔雲祥・監訳)『韓日条約締結秘話』(PHP研究所、一九九七)……日韓基本条約に調印した外務部長官の回顧録を抄訳。のち、具末謨の訳で『日韓条約の成立』(彩流社、二〇一六)も刊行されている。なお、日本経済新聞社の『私の履歴書』第四十一集(一九七〇)にはカウンターパートたる椎名悦三郎元外相の回想が収録されており、仮調印に漕ぎつけるまでの緊迫した折衝の一端を知ることができる。

研究書

川上健三『竹島の歴史地理学的研究』(古今書院、一九六六)……一九九六年に同書肆より復刻新装版も出されている古典的名著。竹島問題に関する論点はほぼ網羅されている。京都帝大出身の川上健三は、外務省きっての領土問題のエキスパートとしてつとに知られていた。

藤井賢二『竹島問題の起原——戦後日韓海洋紛争史』(ミネルヴァ書房、二〇一八)……漁業紛争を通じての日韓関係、とりわけ「竹島」をめぐる葛藤を、資料の博捜により活写している。李ラインをめぐる日韓外交のせめぎ合いに関して詳細に知りたい人にとっての必読書。

第14講　ラストボロフ事件――日本を舞台とした米ソ情報戦

進藤翔大郎

†事件の概要

本事件は、在日ソ連代表部二等書記官のユリ・ラストボロフが一九五四年一月二四日にアメリカに亡命を行い、日本国内で多数の日本人エージェントを用いて諜報活動を行っていた実態を暴露した事件である。ラストボロフの日本での表向きの活動は在日ソ連代表部二等書記官であったが、実際はソ連内務省将校として一九四八年一月ハバロフスクの日本人抑留捕虜からエージェントをリクルートする情報活動を行っていた。亡命後の一九五八年四月中旬、アメリカ側から亡命の事実と日本人ソ連エージェントのリストが日本側に内密に通報される。大部分のエージェントの呼称はコードネームであったため、日本側は警視庁公安第三課長山本鎮彦、公安調査庁調査第一部長迫村信雄を派遣し人定捜査にあたるに至った。その結果、ソ連代表部が使用していた手先の大部分が日本の敗戦によってソ連に抑留中獲得された日本人抑留帰還者であったことが判明する。

こうした日本人抑留帰還者が抑留中に対ソ協力誓約を行った背景には、切実な望郷の念、何よりも極寒、重労働、飢餓という三重苦に加え、思想教育、吊し上げといった抑留中の極限状態がある。抑留中対ソ協力誓約に署名した抑留者のほとんどは、帰国を餌にされていた。帰国後ソ連に協力した抑留帰還者の動機には金銭的理由の者もいたが、対ソ協力誓約の暴露や家族への危険を恐れた者が多かった。ソ連はこうした対ソ協力誓約を行った日本人抑留帰還者に対して帰国後数年間は接触を行わずに泳がせていた。帰国後数年間で重要な地位に就くことはないと判断し、高い地位に就いた後、抑留中の対ソ協力誓約の暴露が本人に脅威となるのを待っていたのだった。

他方、アメリカ側も日本人抑留帰還者への尋問過程で自国のエージェントとして囲い込みを図り、対米協力誓約書への署名を行わせていた。ラストボロフ事件とは、抑留の地獄から祖国に戻った日本人抑留帰還者が米ソの情報活動協力者として争奪の対象となり、戦後も米ソに翻弄される苦悩の事件であった。

また、亡命したラストボロフ自身もソ連に対する信用失墜及びソ連の工作活動に対する国際的注意喚起のためにアメリカによって徹底的に利用される。アメリカ国務省はラストボロフ亡命七ヵ月後異例の記者会見を開催する。その際国務省は実際にはラストボロフが書いてはいない「自由世界に逃れるまで」という表題の手記を配布しライフ誌にも掲載されるなど同事件は全世界に報道された。二〇〇六年一月一五日ワシントンポスト記事では、ライフ誌へのラストボロフの手記掲載はCIAの手配によることが報じられている。

また、ラストボロフはアメリカへの亡命後CIAと雇用契約を結ぶがCIA本部での仕事は許可されることはなかった。その後、アメリカでCIA分析官の女性と結婚するものの、ラストボロフとCIAとの雇用契約は打ち切られ、一九七七年には離婚に至る。同ワシントンポスト記事ではソ連による暗殺に恐怖し長くパラノイアに罹っていた。その後のアメリカでの生活は必ずしも幸せなものではなかったようで、二〇〇四年に死亡、享年八二という寂しい最後が報じられた。

†アメリカにおける資料公開とラストボロフ事件

警視庁公安部『外事警察資料昭和四四年四月ラストボロフ事件・総括』(以下警視庁資料)には三六人の事件容疑者が掲載されている。米国立公文書館所蔵のインテリジェンス関係資料群であるRG三一九には、CIC(対敵諜報部)作成の個人ファイルがあり、約七五〇枚に及ぶCICラストボロフファイルがある。また、その他にもラストボロフの供述によってエージェントであることが判明した日本人のうち一六名の日本人エージェントのファイルが存在する。なおその内一名は何故か警視庁資料では容疑者として掲載されていない。事件容疑者である一六名のCIC個人ファイルには、警視庁作成の事件容疑者の供述調書の現物が入っているケースや、供述内容の英訳が含まれているファイルが多い。ただし、個人ファイルで公開されている本事件関係者の資料は全てが公開されているとは言い難く部分的に機密指定が依然として継続していることが窺える。

こうした資料公開状況の劇的な変化により、これまで専ら小説等でしか知られていなかった本事件の実証的な検証が可能となった。特に本事件で最もよく知られているものとして松本清張『日本の黒い霧』所収「ラストヴォロフ事件」が挙げられる。同書は当時得られる範囲での資料や関係者へのインタビューなどを通して描かれたノンフィクション作品である。しかしその書きぶりはラストボロフ供述の存在そのものを疑うなどアメリカの謀略性を強調し明らかに事実と異なる部分が散見される。

例えば事件容疑者の一人である日暮信則について松本は、決してラストボロフに情報を提供したことはなく、またアメリカ情報機関と協力しソ連の脅威の演出に協力した可能性が高いとしている。しかしCIC日暮信則ファイルによって、松本の当該記述は明らかな誤りであることが分かる。CIC日暮信則ファイル内のラストボロフ供述では、日暮がラストボロフに提供した情報の詳細や、その情報がソ連代表部から高く評価され実際に活用されたことが詳しく記されている。また日暮がアメリカ情報機関に協力して供述を捏造した事実もない。

一方、松本の指摘には本事件で考察すべき問題提起を含むものもある。例えば、ラストボロフ亡命は講和条約で独立した主権国家日本の法律を無視した不法出国であった点であり、明らかに日本の主権を侵害していた。CICラストボロフファイルには、亡命の際に日本の主権を侵すことに対しCICが懸念した形跡は全く見られない。それどころか、CICはスパイ活動を防止する法律が日本にないことを懸念さえしていた。

†ラストボロフとイギリス

真っ先にラストボロフに亡命を打診したのは、アメリカではなくイギリスであった。一九五四年一月二二日、ラストボロフはソ連代表部から当日中のモスクワへの帰国命令を伝えられたことに対し、帰国後に投獄されるものと判断し、命令に必死に抵抗する。その結果帰国日は一月二五日まで延長されるのだが、この時点でラストボロフは亡命を固く決心していた。

一月二三日ラストボロフは自身が会員となっていた東京ローンテニスクラブを訪問する。その際に接触してきたのがニュージーランド在日代理公使であった。ラストボロフによれば、当時ソ連代表部内の情報によると、その公使はイギリス情報部の将校であったという。その公使は一月一八日にイギリス領香港へのトランジットビザをソ連代表部が申請していることを述べた上で、カナダ、ロンドン、ないしシンガポールへの亡命を打診し、イギリスがラストボロフの亡命に強い関心を示していることを伝えた。その後ラストボロフは公使の説得に応じ立川空軍基地に連れていかれるが、公使を含むイギリス側の一連の対応に不信感を覚え、イギリス当局への亡命を拒否した。

CICラストボロフファイルによれば、イギリス情報機関に身柄を委ねた場合、自身の身柄とソ連に拘束されているイギリス人の身柄を交換されてしまうとラストボロフは考えていた。結局、悪天候のため離陸できずラストボロフは立川空軍基地を離れアメリカ側に亡命するに至る。

後年NHKが行ったラストボロフへのインタビュー（『スパイラストボロフ　四〇年目の証言』）では、この時のイギリスへの亡命拒否の理由として、イギリスの中にいるソ連のスパイからの情報漏洩の恐れを挙げている。この点、イギリス情報機関MI5元幹部の回顧録（『スパイキャッチャー』一九八七年一二月）の中にも、ラストボロフ亡命の経緯にイギリス情報機関がラストボロフ獲得に向け動いていたこと、ラストボロフ亡命後CIAを通してイギリス情報機関内にソ連のスパイが浸透していること、及びその根拠についてラストボロフの詳細な供述報告が伝えられたことが記されている。この回顧録に描かれている亡命の経緯は当時のCIC報告の記述と非常に近似している。
ただし、CICラストボロフファイルでは、イギリスの対応へのラストボロフの不信感についいては記載があるものの、ラストボロフが言及したというイギリス情報機関内のスパイについての記述は現時点で確認できない。

†ラストボロフを巡るCICとCIAの縄張り争い

ラストボロフ亡命を巡っては、アメリカの情報機関同士の縄張り争いも生じていた。ラストボロフが亡命したのは一九五四年一月二四日であるが、CICラストボロフファイルによればアメリカは一九五〇年の頃からラストボロフを監視していた。元々、ラストボロフは米英の外交官などが多数出入りする東京ローンテニスクラブの会員となっており、アメリカ人との交流の機会が多かった。これはラストボロフがアメリカ人をエージェントとして獲得するよう命令されていたからである。

一九五〇年米陸軍教育センターに勤務する女性教員がラストボロフから接触を受け英語レッスンの依頼を受けるのだが、これ以後CICの監視・指導の下でラストボロフへの英語指導が開始され、指導を通してアメリカの生活様式を教えるなどアプローチが図られていた。こうした監視・指導の下、一九五三年九月一五日時点で、CICはラストボロフのアメリカの生活様式への関心、また、ソ連に戻りたくないという発言を察知し、ラストボロフを潜在的な亡命者としてマークしている。

なおこの時点でのアメリカ側の第一義的な関心としてはソ連の対日工作というよりも、米軍関係者へのソ連の浸透の度合い、ソ連側に漏洩した米軍関係情報といった対米工作にあった。

ここで興味深いのは、CICラストボロフファイルにはCICとCIAのラストボロフを巡っての縄張り争いが示唆されていることである。というのも一九四九年頃から日本ではCIAがDRS（資料調査局）という名称で活動を始めていたのだが、資料からは一九五三年にはラストボロフの亡命工作を巡る主導権がCICではなくCIAに大きく移行していた様子が窺える。

CICは後述のように占領期から日本国内でソ連の対日工作の監視・摘発の作戦を展開していた。そのため、CIAは占領期に収集されたソ連の諜報活動に関する情報を持ち合わせていないとCICは判断していた。亡命後のラストボロフの活用についてはCIAではなくCICが担うべきだという強い主張も行われている。しかし亡命後の尋問にはCICとCIAが共同で東京及び沖縄で行うものの、ラストボロフによって得られた情報などの責任はCICではなくCIAが担うことになった。

†CICによるプロジェクト・スティッチ作戦

ＣＩＡとＣＩＣ共同の尋問の結果、約二五〇人の日本人抑留帰還者をソ連代表部内の軍事グループが潜在的に活用できるという情報がラストボロフから得られる。これに対し、ＣＩＣはこうした工作活動を通したソ連によるアメリカ軍への脅威を無効にすることができると自信を覗かせていた。この自信の背景には、ＣＩＣが占領期に日本国内で実施したプロジェクト・スティッチ作戦がある。

第二次大戦終結時、約七〇万人の日本軍人がソ連支配領域で捕虜となり、捕虜引揚に関する米ソの協定が一九四六年一二月一九日に締結される。引揚事業が進むにつれ、ソ連が抑留者の帰還を日本国内に諜報エージェントを浸透させるための隠れ蓑に用いていることが徐々に明らかになる。こうしたソ連の工作活動の脅威に対処するため、一九四九年プロジェクト・スティッチ作戦が実行される。

同作戦では、事件関係者を含むシベリア抑留帰還者の中に含まれているソ連エージェントの摘発だけでなく、さらに当該ソ連エージェントを米国側ダブルエージェントとして活用することも目指された。対ソ協力誓約を行った抑留帰還者には、ソ連側から接触を受けた場合に即座に米軍当局に知らせる旨の対米誓約を行わせていたのだ。

なお、ＣＩＣは尋問の際に得られた回答内容から、抑留帰還者のうち潜在的ソ連エージェントと判断した人物をカテゴリーＡという分類に入れ、長期間監視を行っていた。カテゴリーＡ

への分類及びそのファイルは非常に機密性が高く、抑留帰還者への尋問の際には日本人を用いての尋問は許可されていたが、被尋問人がソ連エージェントの疑いのある段階においての尋問では日本人を用いることは許されなかった。さらに、こうした抑留帰還者の帰国後の監視調査は地元警察の協力のもとに行われ、地元警察はCICの手足となって動いていた。

当然、カテゴリーAのリストは日本の警察を含む日本人には一切知らされることはない。当該リストは本事件の際にもアメリカによって最大限に活用されるが、この機密性ゆえ本事件を巡っては日米に情報の非対称性が著しくみられることになる。

†ラストボロフが用いた日本人エージェントたち——志位正二を例に

志位正二は陸軍少佐在奉天第三方面軍情報主任として終戦を迎えソ連に抑留された旧軍人である。帰国後志位は一九五一年九月上旬初めてラストボロフから連絡を受け約二年半にわたって情報提供を行ってきた。その後、新聞紙上で一月二四日のラストボロフ失踪を知るに至り、自分の逮捕を覚悟、身の危険を感じ身辺の保護を求め自首を行っている。CIC志位正二ファイルには、ラストボロフ事件の際に警視庁警備第二部公安第三課が作成した「極秘　昭和二九年九月四日　志位正二の捜査概況」という公安資料の現物と、「公安第三課第一係　志位関係書類　昭和二九年二月二一日」と題された公安資料の写真コピーが収められている。

抑留中の状況としては、一九四八年四月頃カラガンダ市第二〇収容所で軍事捕虜として労役に従事し、通訳・労働監督を担当させられていた。帰国後の対ソ諜報協力の打診を受けた志位は、同年四月二五日に対ソ協力誓約に署名する。

この時、帰国後の活動についてソ連側から以下の注意事項が与えられている。日本共産党には加入しない、日本共産党といかなる接触も持たない、また、ソ連大使館員とは接触しない、である。こうした注意事項は志位以外の他の日本人抑留エージェントにも与えられた広く共通して見られる項目であり、この点は抑留中思想教育を受け日本共産党への入党を促された他の抑留者とは異なる点である。

一九四八年一一月一日に志位はソ連から舞鶴に帰還するが、同年一一月下旬から翌年一月二〇日までの間日本郵船ビル内にてCICから尋問を受ける。その際に、自身が対ソ協力誓約を行っていたことを供述し、もしソ連側から接触を受けた場合にはアメリカ情報機関に速やかに報告を行う旨の誓約をCICに行っている。

なお、志位は一九四九年一月下旬から当時日本郵船ビル内にあったG-2（参謀第二部）都市計画班に勤務を始めているが、この班の仕事は主に、ソ連、中国大陸、朝鮮半島北部の主要都市の情報図を作成することであった。旧日本軍の作戦地図または空中写真を基礎にその都市の素図を作り、さらにソ連地区の引揚者を尋問して目標を記入し情報図を完成させていた。

ラストボロフが志位に接触を開始したのは一九五一年九月六日、志位が勤務先の日本郵船ビルに出勤する途中のことであった。ただしCICラストボロフファイル内の志位供述によれば、ソ連から接触を受けラストボロフとの連絡を維持しても志位はそのことをCICには報告しなかった。さらにソ連からはG-2地理課都市計画班の任務内容、そこに勤務する日本人協力者について報告要請があり、志位は知り得る全てを報告している。この点、志位は供述の中で、自身がソ連に提供した情報の中で最も心配しているものとして、G-2地理課都市計画班の任務内容の情報提供を挙げている。

ラストボロフ亡命までCICが志位の対ソ情報提供をどこまで把握していたかについては疑問が残るものの、G-2地理課都市計画班の任務内容を全てソ連に報告していることを考慮すれば把握できていなかったのではないか。ただし、CIC志位正二ファイルでは、志位が誓約通りにCICにソ連からの接触を報告していなかったこと及びソ連への情報提供をCICが問題視した形跡は見られない。

その後、志位は一九五三年一一月下旬外務省アジア局第二課に調査員として勤務するが、ラストボロフから志位に命じられた収集対象の情報は以下のようなものであった。恒常的任務として命じられたものは、日本の再軍備状況及び国内政治関係であり、朝鮮戦争前後においては米軍関係が別途要求されている。とりわけ、米軍が原子爆弾、原子砲、原爆搭載機を極東に派遣する企図の有無についての判断などが求められた。もっとも、上記の類の情報については志位自身がアクセスできる立場にはなかったものの、日本の再軍備状況やアメリカの原爆関係といった項目は、志位以外の抑留帰還者エージェントに付与された情報収集の命令として散見される。

†アメリカが用いたダブルエージェント――細川直知を例に

本事件における日本人抑留帰還者でソ連エージェントであった者の中には、事件発覚までにアメリカが自国側エージェントとして活用している事例もあった。これは前述のプロジェクト・スティッチ作戦によるものであり、例として細川直知《なおのり》が挙げられる。警視庁資料によれば「細川は陸軍中佐、第三軍参謀長として満州延吉で終戦となりソ連軍によって抑留された。昭和二二年四月エラブカ収容所において取調べ中脅迫を受けて協力を誓約し、昭和二五年一月二二日帰国した。昭和二六年五月二七日自宅にウバロフソ連代表部員の訪問を受けてから同二八年七月二九日の間、二九回にわたり日本の再軍備や米国の対日政策などについて提報していた」とある。警視庁資料では上記内容は、ラストボロフ亡命後、供述から得られた情報をアメリカを通して提供されたとしている。

しかし実際にはアメリカは細川がソ連エージェントとして帰国したことを帰国直後から把握

していた。それだけでなく、細川のソ連に対する情報提供などの諜報活動そのものがＣＩＣの指示・監視の下で行われていたことがＣＩＣ細川直知ファイルには記されている。細川は一九五〇年一月二二日帰国し、それから間もなく米軍当局から呼び出しを受け、対ソ協力誓約を含め全てを尋問で自供する。間もなく細川はソ連からの接触を受けるのだが、ソ連からは警察など政府機関への就職を強く要求され続けていた。細川は月に五〜六万円ほどソ連から受領し情報提供を行っていたが、こうした行動はＣＩＣの監視・指導の下で行われていた。警視庁資料ではソ連への情報提供を行っていたことの記述はあるものの、ＣＩＣの監視・指導下で行われていたことの記述は全くない。そのため日本側には米国が日本国内で行っていた諜報活動については一切知らされていなかったことが推測される。

なお、ＣＩＣラストボロフファイルには、細川のようにラストボロフ事件でソ連側エージェントであり、同時にアメリカ側エージェントでもあった者には「ＺＥＤダブルエージェント」という表記がなされており、細川以外に朝枝繁春、古沢洋左の二人を確認することができる。この両者に関しても、警視庁資料ではアメリカ側に協力を行っていた記述は一切見られない。このように、ラストボロフ事件を巡っては、日本がアメリカを通して得た情報ではアメリカの情報活動に関する内容は一切伝えられておらず、日本がアメリカに一方的に情報面で依存している構図が色濃く見て取れる。

†戦前の活動に向けられた疑惑の目——エコノミストを例に

本事件における日本人ソ連エージェントはそのほとんどがシベリア抑留帰還者であり、対ソ協力誓約も抑留中に行われていたのが大多数である。その一方、取り調べを受けた容疑者の中には戦前からのソ連とのつながりを疑われ追及された者もあり、その一部に関してはソ連側資料の開示とともに近年その疑惑の信憑性が高まりつつある。

例えば、前述のラストボロフ事件発覚当時、ソ連代表部内でソ連内務省グループが最も重要視していた人物の一人に高毛《たかも》礼茂《れしげる》がいる。

警視庁資料によれば高毛礼の経歴としては、一九二六年日露協会学校卒業後、一九二七年に北樺太石油会社に通訳として勤務する。一九三八年には同社のモスクワ駐在員となり一九四〇年に帰国。一九四五年外務省終戦連絡事務局連絡官となり、一九四九年外務事務官として政務局経済課に勤務。一九五二年には外務省政務局経済第二課経済調査資料室を兼務し、一九五四年八月外務省退職、とある。CIC高毛礼茂ファイルでも、高毛礼自身が「エコノミスト」というコードネームでソ連のために諜報活動を行っていたことを認めている。

一方、警視庁資料では、高毛礼の供述とラストボロフの供述に見過ごせない相違がある。高毛礼は外務省退官後対ソ関係の仕事に就きたいために自らソ連代表部の人間に交際を求めその後一九五〇年に対ソ協力の誓約を強要されたとしている。一方、ラストボロフは高毛礼がソ連に協力するようになった経緯につき「婦人問題で脅迫を受けソ連側に訓練された後、一九四六年から活動を開始した」としている。この点、CIC高毛礼ファイルには、戦前の北樺太石油会社勤務時代の高毛礼の活動について、モスクワ滞在中に女性と恋に落ちたという噂があること、及び、ソ連に滞在していた頃、高毛礼はソ連国内の至るところを旅行していたがこのことは旅行が制限されていた外国人には不自然といったように疑惑の目を向けて記されている。この部分は警視庁資料には全く記載が見られないが高毛礼が戦時中からソ連と親密な関係を築いていたのは確かである。

一九四二年五月一七日に司法省からゾルゲ諜報団検挙が発表された翌日、ソ連大使館参事官のジューコフ及び同大使館一等書記官ドルビンの両名が北樺太石油会社社員である高毛礼からの招待により囲碁会に出席し高毛礼の方からゾルゲ諜報団の検挙問題について話しかけていることからも見て取れる（『現代史資料一　ゾルゲ事件一』）。

これに関し、日独関係史家の三宅正樹は二〇〇五年八月一三日の共同通信モスクワ特派員によるスクープ記事で発表された、日本の対米開戦方針に関する重大情報をソ連へ情報提供した「エコノミスト」と呼ばれるソ連の日本人スパイが高毛礼である可能性が高いことを明らかにしている（三宅二〇一〇）。同記事によれば、共同通信は内務人民委員ベリヤからスターリン、モロトフ外相宛の一九四一年九月九日付の「特別報告」を入手したとし、そこには佐近司政三商工大臣が九月二日に要人との昼食会にて、日米交渉決裂の場合には日米開戦が必至であること、及び、日米関係の紛料によりソ連との平和関係の維持の方針を述べたというソ連の情報源「エコノミスト」からの情報が書かれていた（三宅二〇一〇）。

ソ連が戦前から「エコノミスト」というコードネームの情報源を日本国内に有していたことは他のベリヤ宛の報告からも間違いないようだが、高毛礼が戦前からのソ連の情報源であったか否かについての最終的な証明は決定的にはソ連側の資料の公開を待たなければならないものの、三宅の仮説は非常に説得力があるように思われる。

なお、本事件容疑者でありソ連エージェントを自白した外交官泉顕蔵に関しても、高毛礼同様戦前からのエージェントであり、一九三八〜四三年にかけて外交暗号解読書をソ連側に提供していたことを指摘する論文も近年現れている（Hiroaki Kuromiya & Andrzej Pepłoński, "Kōzō Izumi and the Soviet Breach of Imperial Japanese Diplomatic Codes"）。

このように本事件の背景とその実態は、米国国立公文書館の資料公開状況の大きな前進によって、実証的な検証が可能となった。ただし前述のように米国国立公文書館所蔵の関係資料は依然として機密解除されていない部分もある。また管見の限りでは、本事件に関するソ連側資料は公開されておらず、戦後の諜報関係の日本警察資料はほとんど公開されていないのが実情であり、関係各国における資料公開状況のさらなる改善が切実に望まれる。

さらに詳しく知るための参考文献

柴山太『日本再軍備への道　1945〜1954年』（ミネルヴァ書房、二〇一〇）……米国国立公文書館の一次史料を用いて、抑留帰還将兵を国内治安への脅威として見るG-2の脅威認識が詳細に記されている。また、本事件容疑者の一人である朝枝繁春がGHQのダブルエージェントとしてGHQ側に日本共産党幹部との会話内容を情報提供していたことも記されている。

三田和夫『迎えに来たジープ』（二〇世紀社、一九五五）……著者は、シベリア抑留帰還者の中に抑留中帰国後の対ソ協力を誓約した日本人ソ連エージェントが含まれている問題を日本で初めて公にした読売新聞記者。三田自身が抑留中に対ソ協力誓約を行った抑留帰還者であった。米国国立公文書館所蔵のCIC三田和夫ファイルには本書の現物が所蔵されており、CICは本書が米軍情報機関の活動についてかなり詳細に正確に分析しているとし、英訳するほどに注意を払っていた。

富田武『シベリア抑留者たちの戦後――冷戦下の世論と運動　一九四五―五六年』（人文書院、二〇一三）……CICに取調べを受け、潜在的ソ連エージェントとして分類された阿部幸一の事例も紹介されている。なお、富田によれば、ソ連崩壊後刊行されたロシア資料によって阿部が戦前ソ連のエージェントであったことが裏付けられている。

小林昭菜『シベリア抑留――米ソ関係の中での変容』（岩波書店、二〇一八）……シベリア抑留の研究書。ラストボロフ事件関係者では志位正二、朝枝繁春のケースについてもCIC資料を用いて記述されている。

三宅正樹『スターリンの対日情報工作』（平凡社新書、二〇一〇）……ヨーロッパにおけるソ連諜報活動の責任者であったワルター・クリヴィッキー、国際諜報ネットワークを築いたリヒャルト・ゾルゲ、共同通信スクープ記事中の日本人スパイ「エコノミスト」を取り上げている。

進藤翔大郎「抑留帰還者を巡る米ソ情報戦」(中部大学『アリーナ』第二〇号、二〇一七)……プロジェクト・スティッチ作戦について詳述している。

進藤翔大郎「ラストボロフ事件および関・クリコフ事件――戦後日本を舞台とする米ソ情報戦の例として」(京都大学大学院『人間・環境学』第二七巻、二〇一八)……ラストボロフ事件及び関・クリコフ事件について取り上げている。

第15講　鳩山一郎内閣

武田知己

†鳩山一郎という人物

鳩山一郎は、のちに衆議院議長を務めた改進党系の政治家として知られる父和夫と、夫を陰に陽に支えた良妻として名高い春子の長男として、一八八三年一月一日、東京に生まれた。東京帝国大学法科大学英法科を卒業後、弁護士となるが、大正元（一九一二）年に東京市議会議員に当選、大正四（一九一五）年に衆議院議員に当選し、政界入りを果たす。その後は田中義一内閣書記官長、犬養毅内閣、斎藤実内閣の文部大臣を歴任する。いわゆる政党内閣期が終焉し、復活しなかったこともあって、戦前にはそれ以上の活躍ができなかったものの、鳩山は政友会の幹部の一人にまで成長し、昭和戦前期には当時を代表する議会人の一人となった。

同時に、鳩山は、民族主義者であり愛国者であり、戦前からしばしば反共的な言動を残した。

また、統制経済に批判的であり、軍国主義にも反対した。昭和戦前・戦時を代表する自由主義者であった鳩山は、昭和一五(一九四〇)年に政党が解消され、大政翼賛会が結成されると、翌年一一月一〇日には軍国主義に距離を有する政治家たちで同交会を結成した。太平洋戦争がはじまると、翼賛選挙にも非推薦で当選するなど、東条英機内閣との距離を広めていた。

†戦後の復活と悲劇

第二次世界大戦が終結すると、晴耕雨読の生活をしていた軽井沢から東京に戻った鳩山は、一九四五年一一月九日、日本自由党を結党し、自らその総裁となった。軍国主義の崩壊とともに、鳩山のような議会人の時代がようやく巡ってきたのである。そして翌年四月一〇日の総選挙で第一党となった鳩山は、いよいよ組閣の準備に取り掛かる。

しかし、組閣の直前の五月四日、鳩山は、同年二月に反共主義声明を出したことや戦前にヒットラーを礼賛した疑いなどから(鳩山の欧州訪問記『世界の顔』がその証拠とされたが、執筆者は鳩山ではなく同行したジャーナリストの山浦貫一であった)、公職追放の通達をうけ、組閣を断念せざるを得なくなった。占領軍は、戦前の右派的傾向の復活に極度に神経を尖らせていたのである。鳩山は、芦田均、松平恒雄らの名前があがる中、結局、吉田茂に後事を託し、不遇の生活を送った。一九五一年八月、ようやく公職追放が解除されるものの、その直前に脳溢血で倒れ、半身不随の身となった。一九五二年一〇月の総選挙で政界に復帰した鳩山は、河野一郎・三木武吉などの側近とともに吉田首相に総裁職の返還を求めるが、すでに長期政権を築き始めていた吉田は、鳩山の病気を理由に、それを頑迷に拒否した。鳩山と吉田との間には政界復帰後の約束が交わされていたと言われるが、以後、二年にわたり、吉田と鳩山は、保守政界を二分するほど激しい政治闘争を繰り広げることになる（田々宮一九七六）。

こうして、都合二度にわたり政権を逃したともいえた鳩山であるが、その間に国民の同情を集めるに至った。名門出身の鳩山は、実は最も大衆的でない出自を持つ政治家であったし、同志らとともに自由党を割ってもすぐに復党を果たすなど（三木武吉や河野一郎が属した日本自由党はその名残である）、必ずしもその行動は一貫していなかった。だが、総理の座を逃し、体に不自由を抱えた悲劇が、戦後に、鳩山一郎という「幸運な大衆政治家」を生んだのである（内田健三「鳩山一郎」『歴代内閣・首相事典』吉川弘文館、二〇〇九、五二四頁）。例えば、一九五四年一一月、日本民主党が結成されると、勢力関係でみれば、重光葵を擁する旧改進党系が優勢のはずであったが、重光は総裁とはなれなかった。鳩山が総裁となったのは、現状での数の力を超えた国民的人気を集め得る人材とみなされたことが大きかった（武田二〇〇二）。

†「鳩山ブーム」の虚実と第一次・第二次鳩山内閣

一九五四年一二月七日、六年に亙った吉田長期政権が遂に倒れると、鳩山を担ぎ、その前月に結成されたばかりの日本民主党は、政権奪取の絶好の機会を得ることとなった。

もっとも、この時、すぐさま鳩山内閣が誕生したわけではない。まず、吉田総辞職の翌日、吉田を継いで自由党総裁となった緒方竹虎は、当時未だ左右に分かれていた社会党に水面下での自由党内閣の継続への協力を要請している。この自由党の攻勢は二日間続いた。しかし、両社会党がその時点では衆議院第二党にすぎなかった日本民主党の総裁であった鳩山を、選挙管理内閣であるという事を条件に、首班に指名すると約束したのである。こうして、一九五四年一二月九日、憲政史上、第五二代目となる鳩山一郎内閣が誕生する。敗戦直後の組閣の機会を逃してから九年半の月日が流れていた。

こうして成立した第一次鳩山内閣は、第一に、占領期から、長きにわたり、親米的で復興重視の政策を推進してきた吉田政治に対し、独立日本に外交の自主性と主権国家にふさわしい政治の回復を求める反吉田勢力が結集した内閣であり、第二に、悲劇の政治家・鳩山を核とした国民的人気を誇った内閣であった。鳩山が組閣早々に打ち出した「大臣公邸の廃止」や「警察護衛の縮小」、「役人と業者の癒着の禁止」なども国民に好感を与えた。岸信介日本民主党幹事長は、この時の鳩山の人気を「殺人的」と称したほどで、出だしは上々だった。

だが、第三に、第一次鳩山内閣は少数与党による選挙管理内閣であった。それでは、思い切った人事はとれない。実際、閣僚は、自由党脱党組から七人、旧改進党系から七人、旧日本自由党から一名、民間から二名という布陣で、三木武夫（運輸）や石橋湛山（通産）、高碕達之助（経審）といった斬新な人事はあったものの、典型的な派閥均衡型あるいは論功行賞型の布陣だった。しかも、戦前にすでに活躍していた政治家・官僚が多く、このころから保守反動あるいは復古的な内閣と揶揄されたりもした（増田二〇〇一）。

また、組閣と同時に、各党各人の選挙活動が活発化し、翌三〇年一月下旬に再開された国会でも、左派社会党、自由党は内閣攻撃を行った。一月二四日に衆議院が解散されると、選挙活動は本格化する。何か独自の政策を実行できる余地もなかった。

しかも、昭和三〇年二月二七日、第一次鳩山内閣が約束通り行った総選挙の結果は、鳩山らにとっては意外なことに、日本民主党一八五議席、自由党一一二議席、左派社会党八九、右派社会党六七、その他一四という結果に終わった。自由党を下して衆議院第一党となったものの、与党は過半数には到底及ばず、鳩山ブームの限界を露呈したのである。他方で両派社会党、特に左派社会党の伸びは合わせて三〇議席余りと顕著であった。

結果、第二次内閣でも、鳩山はまたもや思い切った人事や政策を敢行できなかった。松村謙三（文部）や川島正次郎（行管）などを入閣させたほか、主要閣僚はそのまま留任させた鳩山は、それまでのいきさつから、自由党との対立とともに、今度は左派社会党を中心とする革新勢力からも強い圧力を受けることとなった。

その前触れとなったのが、衆議院議長に益谷秀次（自由党）、副議長に杉山元治郎（右社）が、それぞれ、野党連合の成果として、日本民主党の人事構想を打破する形で成立したことだった。その中心にいたのは、石井光次郎自由党幹事長や小沢佐重喜同党副幹事長、そして反民主党の執念に燃える、のちの首相・佐藤栄作自由党議会運営委員会委員長だった。

事態はさらに悪化していく。第一次内閣から始動していた日ソ交渉開始が、二月上旬に、紆余曲折を経て正式に閣議決定されると、日米関係を重視する自由党や日本民主党からの強い批判を招いたが、社会党はその推進に圧力をかけた。他方で、春から日米間のとげとなった防衛分担金削減問題（日米行政協定第25条2項6に定められている米国駐留経費の削減を内閣が一方的に公約として打ち出していた問題）は、自由党や日本民主党で強い懸念を生んだ一方で、社会党の応援を頼むことはできなかった。

さらに、鳩山は憲法改正に積極的であった。第一次内閣下で行われた総選挙でも鳩山は改正に積極的であることを隠さなかったが、第二次内閣下で国会が再開されると鳩山はより明確に改正を必要とする主張を繰り返した。左派社会党はそれに強い警戒を示した。すなわち、第二次内閣では少数与党の悲哀が顕著となったのである。野党は結集しかねず、単独では案件ごとに是々非々の態度をとる。与党は法案を通すために、政策や案件ごとに提携を組み替えねばならないが、その実行はそもそも難しい。しかも、そうした態度は政権運営の行方を提携相手にゆだねることを意味しかねない。

少数与党として政権運営に悩む鳩山をさらに追い詰めたのは、野党の鳩山の病軀に絡めての熾烈な国会戦術だった。鳩山は回想録で次のように言っている。「（注――国会出席が）朝は十時から、夜は十時、十一時までという日が続いたことも決して珍しくない。しかもその間、昼食を食べるために与えられる時間は大体三十分たらず、むし風呂のような暑さの中で、水を飲むことはおろか、夕食さえ食べさせて貰えないような日も幾日もあった」（鳩山一郎『鳩山一郎回顧録』文藝春秋新社、一九五七）。半身不随の鳩山を肉体的に追い詰める作戦である。こうした中、衆議院外交委員会が内閣に異例の戒告決議を出したり、河野一郎農相の不信任を目指す動きもあったりと、第二次鳩山内閣は日を追うごとに死に体となった。

†保守合同の機運

そうした中、一九五五年四月一二日、鳩山の側近として反吉田運動から当時まで行動をともにしてきた三木武吉が、大阪へ向かう際の車中談として驚くべき発言を行った。三木は、保守結集の機は熟した、そのためには鳩山内閣は総辞職してもよいと語ったのである。この発言で含意されているのは、自由党と民主党が合同して新党が出来れば、自由党の緒方竹虎が首班となってもよいということである。これに、緒方や石井光次郎自由党幹事長などが反応したのはもちろん、日本民主党内部の岸信介、石橋湛山、芦田均らは賛成し、日本民主党の中間派（旧改進党系）も保守合同に賛意を示した。

だが、当然のことながら、反対も強かった。自由党内の吉田派である佐藤栄作、池田勇人らは、前年に緒方竹虎が自由党を中心とした保守結集を提唱していたこともあり、また、三木や鳩山内閣下で強い存在感を示し始めた河野一郎らが、この発言によりかえって保守合同の主導権を握る可能性があることもあり、三木発言に強い警戒心を示した。旧改進党系幹部の重光、松村、三木武夫らは保守二党論者であり、彼らもこの段階では保守合同には反対だった。

意外だったのは、少数与党の悲哀を感じていたはずの鳩山が、当初は保守結集に傾かず、寧ろ三木の発言に不満を示したことだった。鳩山は、いわゆる二党政党制論をとっていなかった。二大政党制には「共通の広場」のようなものが必要だが、日本にはそれが欠けているから、三党くらいでの複数政党制でよいのだという考えをもっていたのである。三木は、こうした考えを持つ鳩山には相談せず、この談話を出したことになる（前掲、『鳩山一郎回顧録』）。

こういった反対は、結局、三木の鬼気迫る迫力に圧されていった。戦前からの友人であり、この頃は政敵でもあった松村謙三に対し、三木は「僕も生涯いろいろのことをやったが、やはり落ち着く先は政治であった」と語っていたが（松村謙三『三代回顧録』東洋経済新報社、一九六四）、岸幹事長と水面下で結託し、岸は、翌月七日には自由党との協議開始に応じるし、必要ならば民主党の解党もあえて辞するものではないとする趣旨の幹事長談話を発表した。それ以降、両党の反対派を押さえつけながら、五月一五日に三木武吉と大野伴睦《ばんぼく》の会談が、六月四日に鳩山と緒方の党首会談が行われ、両幹事長、両総務会長の四者会談が六四回にわたり開催される。そして一〇月二七日には新党結成準備大会が、一一月六日には四者会談で三点をめぐる合意――新党は総裁を置かず四人の代行制をとること、三一年春ごろに総裁選を行う事、第三次鳩山内閣を発足させること――がなされ、衆院二九九、参院一一八の議員を抱える大政党の結党が決定し、一一月一五日に中央大学講堂において、自由民主党の結党大会が行われたのである。

だが、その直前、吉田一三人衆と呼ばれたのちの「丙甲会グループ」（池田勇人、佐藤栄作、小坂善太郎、橋本龍伍、愛知揆一、田中角栄ら後の自民党の中心人物を多数含む）のなかから、佐藤栄作が自民党に参加しないことが決められる。また、吉田自身も新党には参加せず、佐藤に殉じて他に橋本登美三郎も参加しなかった。文部大臣であった松村と運輸大臣であった三木も第三次内閣に留任しないことで、保守合同への反対の意を示している。しかし、これらは大勢に影響はなかった。大勢は三木らが見立てた通りに進んだのである。

結党大会であいさつを請われた三木は、そろそろ政治から身を引きたいと語って聴衆に強い印象を残した。そしてその翌年の七月四日、三木は忽然として世を去った。現在、自民党の設計者ともいわれる岸も、三木の支えなしにこの大事業が完成しなかったことはわかっていた。保守合同は、少なくとも三木・緒方・岸の三人の、また、大野、石井光次郎そして河野一郎など、さらに陰に隠れて活躍した人物たちの合作だった（御手洗一九九七～九八、栗田二〇〇一、原彬久『岸信介——憲政の政治家』岩波新書、一九九五）。

†第三次鳩山内閣の成立

ところで、保守合同という一大事業を促進した要素の一つが、一九五五年一〇月一三日の社会党の再統一であったことはよく知られている（升味一九八八）。一九五三年ごろには再統一の動きが盛り上がるが、他方で、保守勢力同様、両派の権力闘争も収まらなかった。それ以降順調に議席を増やしていたことや、一九五四年の造船疑獄などの保守勢力のスキャンダルを前に、統一賛成の方向で一応の合意を形成した両派社会党は、一九五五年一月の総選挙前、両派大会で「統一に関する決議」をそれぞれ採択し、選挙でも共闘を組んだ。結果、両派社会党合わせて一三五から一五六に議席を増やし、いよいよ統一すれば政権を担える可能性を高めた。同年四月には「統一交渉委員会」が結成される。こうした一連の動きは、保守勢力に先んじて進められていたのである。その後も、左社の解党、右社の解党に向け内部で激しい議論が交わされたものの、初代委員長に鈴木茂三郎、書記長に浅沼稲次郎が就任し、衆議院一五四名、参議院六八名の一大政党が、自民党結成の一月前に出来上がった。

こうした社会党の動きが、逆に保守勢力の動向に刺激された側面があったことも見逃せない。両派社会党が鳩山内閣の成立に協力しながらも、鳩山ブームが、革新勢力が二つに分かれていることの不利を最終的に自覚させ、三木らが進めた保守合同が、再統一の決定打になった面も否めないのである。こうした革新勢力の動きが保守合同を促進したのだとすれば、一九五五年の政界再編は、結局のところ、保守勢力と革新勢力の相互作用の結果であったということができよう。

以上のような政党再編が、一九五五年一一月二二日に成立した第三次鳩山内閣の施策に影響を与えないはずはなかった。

一つは、自民党が、急ごしらえで強引に作られたために、それまでの保守政党間での対立が政権内部に凝縮されたことがあげられる。新たに与党となった自民党は、鳩山、緒方、三木、大野、四人の代行制をとっていたから、初代総裁を誰にするのかがすぐさま大きな争点となったが、党内の亀裂はまずここに顕著に表れた。河野一郎、岸らは鳩山を押し、石井光次郎、大野らは緒方を押した。また、河野・岸らは推薦による鳩山の総裁就任を主張したが、石井・大野らは公選を主張した。彼らは公選になれば緒方が勝つという自信を深めていたからである。また、第三次鳩山内閣には自由党からも五人が入閣したが、旧吉田派からの入閣はゼロであった。閣内に取り込むことのできなかった彼らの動向も気になるところだった。

ただ、総裁問題自体は、翌一九五六年一月二八日に結論が出される。緒方が心臓病で急死したからである。四月五日の自民党大会では、鳩山が圧倒的多数で初代総裁に選出された。だが、総裁選では旧吉田派の六五票に加えて三〇票、合計九五票もの白票が投じられた。内部の亀裂は依然として残ったままだった。そして、旧自由党系は、緒方を継いだ石井派、旧吉田派（池田・佐藤）、大野派に分かれ、旧民主党系は、河野、岸らの主流派、池田、松村、三木武夫らの反主流派に分かれていく。自由党の大野派、石井派は中間派に位置したが、吉田派においては佐藤栄作周辺が独自の動きを見せ始めている。自民党内の派閥は総裁選を契機に確立していくのである。

†激突国会

二つ目は、二大政党対立が理想とは異なる形で始まったことである。一九五五年一月に召集された臨時国会では、国連加盟に関する決議、日韓問題に関する決議が可決された。国連加盟の失敗と李承晩ラインの撤廃をめぐる決議であり、国連加盟の失敗をめぐっては社会党が重光外相の不信任案も提出した。だが、これは前哨戦に過ぎなかった。

二大政党の正面からの対立は一月開会の通常国会で激しくなった。まず目立ったのは、鳩山の失言とそれをめぐる与野党の激しいやり取りであった。もともと憲法改正論者であった鳩山は、日本自身は軍隊を持つべきだと論じて譲らなかった。それが野党の攻撃にさらされると一旦発言を訂正するものの、さらに日本は「他に手段がないと認められる限り、誘導弾等の基地をたたくことは、法理的には自衛の範囲に含まれ」ると主張するなど（一九五六年二月二十九日、衆議院内閣委員会）、第三次内閣の鳩山の答弁は、たえざる与野党対立の種を撒き続けた。

こうした中、鳩山内閣は、占領政策是正という名目で、新教育委員会法案や小選挙区法案、あるいは前年に廃案となった憲法調査会法案や国防会議設置法案など一連の重要法案を、いっきに国会で押し切ろうとした。鳩山内閣は戦前の思考そのままの保守反動内閣であるという批判が本格化するのはこのころからである。

小選挙区法案は、小選挙区は多数派形成に効果的であり、制度改正により自民党が過半数を獲得し、憲法改正の発議を可能とする国民投票を可能にする構想の下に進められたこともあり、また与党議員に有利な区割りが明らかだったこともあって（当時、与党に有利な区割りを意味する「ゲリマンダー」という用語をもじって「ハトマンダー」と揶揄された）、革新勢力も世論も強い批判の目を向けた事案であった。自社両党の根幹にかかわる憲法問題も絡んでいるとあっては両党の歩み寄りは不可能であり、三月二〇日の両党首会談は決裂し、太田正孝自治庁長官(担当大臣)の不信任案も提出された。それが否決されると、政府は法案提出を強行するが、小沢佐重喜委員長の下での衆議院公選法特別委員会での審議は一向に進まなかった。社会党案を並行審議する妥協案が成立するものの、連休前に議決に持ち込もうとする政府の無理がたたり、野党の強い反発を生み、他の国会審議まで完全にストップ、四月三〇日には政府が「内閣信任案」を上程する奇策に出るが、野党が益谷秀次議長席を取り囲む大混乱となり、国会空転は目を覆うほどであった。最終的に益谷議長のあっせんで混乱は鎮静化され、区割り案を除く政府の修正案が出されるが、それではこの法案には何の意味もなかった。同案は結局両院で廃案となった。憲法改正は、明治の欽定憲法制定時のように、「激化した議論の冷却期間」を置き、「国民歓喜のうちに」行われるべきだと考えていた松村が批判するように、鳩山内閣の憲法改正にむけた手法は拙速だった(前掲『三代回顧録』)。

その後、憲法改正に関連するものとして憲法調査会法案(昭和三一年五月一六日成立)や国防会議構成法案(同年六月三日成立)が出された。成立はしたものの、担当大臣の失言騒ぎや議場の混乱が相次いだ。

小選挙区法案以上の大問題となったのは、新教育委員会法案(同年四月二〇日成立)であった。教育委員会を公選制から任命制に改めるこの法案には、名だたる大学が学長・総長名で批判声明を出し、さらに審議拒否のために中間報告もだせない事態を引き起こした。激しい与野党対立は社会党の人垣を作っての暴力的抵抗にまで発展し、六月には遂に自民党が議長職権で警官隊を本会議場に導入するという異例の措置をとって、ようやく可決された。同じ教育関連では、教科書の検定制度を強化しようとする教科書法案も同時期に審議が進められたが、これは衆議院で可決したものの、野党の抵抗はより強く、参議院で廃案となった。

†鳩山内閣が残したもの

以上のように、第三次鳩山内閣下の国会審議を見ると、「多数党の横暴」はあまりにも顕著だった。他方で「少数党の暴力」も目立った。吉田政権末期からのこうした特徴は、社会党統一と保守合同でさらに激しくなり、その後しばらく続いていく。

もっとも、一九五六年七月に行われた参議院選挙では、自民党が現状維持にとどまったのに対し、社会党は四九議席、非改選と併せて八〇議席となり、野党が全議席の三分の一を制した。これで、両院ともに自民党が目指した憲法改正の発議は当分不可能となった。二大政党下初の国会は政府自民党に不利な結果を生んだと総括されよう。

やや強引に解釈すれば、この時、日本国民は自民党に政権を委ねるものの、憲法改正は望まないという信託を下したとも解釈できる。国民の自民党への支持はそれが限度であり、このままでは、保守の危機が遠からずやってくるかもしれない。こうした焦りとそれ故の自己改革の動きもこの頃から自民党に生まれ始めている。

また、のちの佐藤栄作内閣期に決定的となる参議院の政党化が進行するのも鳩山内閣で顕著となった。一九四七年に九二人を誇った緑風会（参議院の良識を代表すると言われる中立派）の議員も、この選挙では一二人も減らしてわずか三一人の勢力となったのである。さらに、この選挙では、参議院選挙の特に全国区では何らかの組織を背景にしなければ当選が困難であることが実証された。当時の社会党もそのような戦略をとって勝利を収めたのであるが、注目すべきは、創価学会が当選者を出したのもこの時の選挙が初めてだったことである。

つまり、鳩山内閣期には、その後しばらく続く、戦後政治の特徴の原型とでもいうべきものがいくつか見いだされる。また、廃案になった法案の中にも、今改めて議論すべき（あるいはすでになされている）論点が多数含まれていることに気づかされる。

なお、鳩山とその周辺は、自ら公約した日ソ国交回復を最後の使命と見定め、これに全力を尽くすこととなる。その様相は、第20講で論じたい。

さらに詳しく知るための参考文献

宮崎吉政『鳩山一郎』（時事通信社、一九八五）／伊藤隆「自由主義者鳩山一郎　その戦前、戦中、戦後」

(『続昭和期の政治』山川出版社、一九九三)/増田弘「鳩山一郎」(渡邉昭夫編『戦後日本の宰相たち』中央公論新社、二〇〇一)……それぞれ、定評ある鳩山の伝記。伊藤隆・季武嘉也編『鳩山一郎・薫日記』上・下(中央公論新社、一九九九)は脳卒中で倒れて以降は薫夫人が代筆しているものの参考になる。解説も充実している。

御手洗辰雄「民衆政治家 三木武吉伝」(全二二三回『エルエー』一九九七〜一九九八)/栗田直樹『緒方竹虎』(吉川弘文館、二〇〇一)/武田知己『重光葵と戦後政治』(吉川弘文館、二〇〇二)/小枝義人(河野洋平監修)『党人 河野一郎——最後の十年』(春風社、二〇一〇)……保守合同期の政治に登場する人物たちの評伝は、それぞれの視点からみたこの時期の政治を描く。相互参照すると、この時期の政治過程が立体的に理解できる。なお、吉田茂と岸信介については参考文献を省略した。

田々宮英太郎『吉田鳩山の時代』(図書出版社、一九七六)/升味準之輔『日本政治史』四巻(東京大学出版会、一九八八)……当時の時代の雰囲気を伝えるジャーナリズムと歴史家の古典を最後に紹介する。いずれも多くの研究が「種本」のように使用しているものである。

第16講 砂川闘争・基地問題

川名晋史

†戦後の基地問題

日本本土の基地問題はいつ、いかにして生じ、また解決の道を辿ったのか。本講ではこの問題について考えていく。基地問題を「軍事用の諸施設の設置とその使用によって周辺にもたらされる社会的諸問題」（時事問題研究所編『米軍基地——誰のためのものか』時事問題研究所、一九六八）と定義すれば、戦後のそれは一九四五年九月、米軍の本土進駐と同時に発生したといえるだろう。GHQが置かれた横浜市では市の中心部の大半が接収され、立ち退きを命ぜられた壕舎は一万二〇〇〇戸に及んだ。進駐当初にみられた風紀問題も、土地や宿舎の接収と並んで基地問題を形成した。また、占領軍の基地使用によって、演習場周辺では農地林野の接収、入会地の立入禁止、農業用水権の侵害、保安防風林の伐採などの問題を引き起こした。さらに、演習海面に関係する漁民たちは操業制限・禁止のみならず、漁場の荒廃、操業の危険、防潜網による漁獲の低下など、生活に直接影響を与える問題に直面した。

しかしながら、このような基地問題は基地をめぐる政治的な闘争へと発展することはなかった。当時の基地問題は、あくまでも基地が存在することで生じる被害の回復を求める補償要求(立ち退き・立入禁止の緩和、借上げ料の支払い、損害補償の実行など)として位置づけられた。これらの運動は主として市町村長、議員、農業協同組合幹部等の地主、富農による陳情、嘆願運動の形で行われ、被害地域市町村を中心とした関係者だけの孤立分散した運動だった。

戦後しばらくの間、占領軍を「解放軍」と規定し、それを支持する姿勢をみせていた日本共産党が組織的な政治闘争を開始したのは、コミンフォルム批判直後の五〇年二月のことである。二月二一日に開かれた最初の「反植民地デー」において「軍事基地反対、外国軍隊帰れ」のスローガンが掲げられ、同日、千葉県九十九里浜の米軍射撃演習場周辺では、基地反対のビラが貼りだされた。また同年三月、横田飛行場のある瑞穂町に高射砲陣地の設置が通告されると、共産党は接収反対同盟を結成、接収地を隣村の西多摩村の山林に変更するよう迫った。他方、社会党も五一年一月の第七回党大会において、再軍備反対、全面講和・中立維持・軍事基地反対の「平和四原則」を発表、基地への反対姿勢を鮮明にした。

五二年四月のサンフランシスコ講和条約発効後、本土の基地の数は従前の半数以下に減少した。一方、共産党はこの頃から「血のメーデー」事件（五二年五月一日）に代表される反米闘争を激化させ、六月二四日から二五日にかけて戦後初の武装闘争たる「吹田事件」を主導した。この事件を機に、日本における基地問題は共産党、社会党、労農党といった政治組織の介在と動員によって先鋭化の道を辿ることになる。

†砂川事件

なかでも人々の耳目を集めたのが、在日米軍の合憲性が司法の場で争われた砂川《すながわ》事件（砂川闘争）である。当時、東京の立川基地群は、東京都下三郡にまたがる広大な地域に、立川飛行場、極東空軍資材廠（立川市）、横田飛行場（福生《ふっさ》、瑞穂《みずほ》、村山、砂川）、多摩弾薬庫（稲城）、府中空軍施設（司令部）（府中市）、日野、西多摩、東秋留《ひがしあきる》、砂川、恩方《おんがた》の高射砲陣地と多数のレーダー施設からなっていた。この基地群の中心都市だった立川は、戦中は旧日本軍の基地として発展、それまで農村だった地域は軍都となり、人口五万の「市」となった。戦後は占領軍が立川基地群を接収、米軍統治の拠点とするとともに、朝鮮戦争の勃発（一九五〇年六月）後は、朝鮮への出撃拠点と位置づけた。

この頃、基地周辺にはおよそ二万を超える労働者が密集、基地に依存した経済圏が出現した。一九五二年七月、立川飛行場の兵舎拡張のため基地に隣接した砂川村での畑地の接収が通告された。関係する農家は一五〇戸、うち全耕地を失う者が一四戸、五〇％以上を失う者が四〇戸に及んだ。これに怒った農民らによる反対運動が勃興、村議会には対策委員会が設けられ、大規模な署名運動、国会陳情、基地司令官への申し入れ等が行われた。

翌五三年二月には朝鮮戦争の休戦に備えて、日本に予備兵力を温存するための兵舎の拡張が企図され、大和村の旧日立航空機会社跡地が接収候補地となった。付近には旧日立の社宅が街区をなし、多くの人口を抱え、学校もあった。そのため、地元の有志らによる「子供を守る会」、ＰＴＡ、村長、議員、教育委員会等が「兵舎反対期成同盟」を組織、反対運動を展開した。その最中の五四年三月、今度は立川、横田、新潟、小牧、木更津の五飛行場の拡張について米側から要求があった。これを受けた日本政府は、五飛行場の拡張の方針を決定、地元との交渉を開始した。立川飛行場の拡張予定地だった東京都砂川町では、五五年四月に拡張反対派の町長が誕生、五月八日の総決起大会を経て「砂川町基地拡張反対同盟」が結成された。

砂川町では、地元の人々は一年ごとの賃貸契約で防衛施設庁に土地を貸していた。しかし、基地拡張に反対する地主側は、契約更新を拒み、土地返還請求訴訟を提起した。これに対して日本政府は「日本国とアメリカ合衆国との間の安全保障条約第三条に基づく行政協定の実施にともなう土地等の使用等に関する特別措置法」（以下、特別措置法）及び土地収用法にもとづき、基地内民有地の測量を開始するにいたった。特別措置法第三条は、「駐留軍の用に供するため土地等を必要とする場合において、その土地等を駐留軍の用に供することが適正かつ合理的であるときは、この法律の定めるところによりこれを使用し、又は収用することができる」と定めていた。

五七年七月八日、東京調達局は早朝から立川基地内の民有地に入り測量を行った。警視庁はおよそ一五〇〇人の警官を出動させ、鉄条網のバリケードをつくって警戒にあたった。測量に反対する砂川町基地拡張反対同盟及びこれを支援する各種労働組合、そして学生団体ら約一〇〇〇人が、同日早朝から飛行場北側境界柵外に集合、反対の気勢をあげた。そしてそのうち三〇〇人ほどが、滑走路北端附近の境界柵を破壊、基地内に侵入した。警視庁はこの事件の被疑者として二五人を逮捕、うち七名を刑事特別法第二条（施設または区域を侵す罪）違反として起訴した。これが砂川事件である。

裁判では、在日米軍の合憲性が争われることになった。一審のいわゆる伊達判決（五九年三月）（伊達秋雄裁判長）は、在日米軍の存在を違憲とし、従ってそれを特別に保護する刑事特別法もまた違憲と判決、被告人全員に無罪を言渡した。この判決に接した検察は最高裁判所に異例の跳躍上告を行い、最高裁判所は同年一二月一六日、伊達判決を全面的に否認、在日米軍の合憲性を肯定した。その理由は「安保条約のような高度の政治問題は、裁判所の司法審査になじまないものである。また、憲法第九条第二項の規定はわが国の戦力保持は禁止しているが、外国の戦力は禁止していない」というものだった。こうした司法の判断の背後には、日米安保改定の動きに水を差されることを嫌った米国政府（駐日大使館と国務省）の影響があったとされている。

†内灘事件

サンフランシスコ講和条約によって日本の主権が回復した後に、米軍基地が「新設」された（旧日本軍の基地を米軍が引き継ぐのではなく、新規に接収、建設された）ケースもあった。そのような基地への反対運動は、周辺自治体や市民の域を超えて、県民的、あるいは国民的運動へと発展した。なかでも激しかったのが、内灘試射場をめぐる反対運動である。一九五二年以降、名古屋を中心に銃砲弾の生産が開始されると、試射場の候補地として静岡県睦浜、愛知県伊良湖岬、そして石川県内灘が指定された。伊良湖岬が第一候補だったが、そこでの反対運動が熾烈を極めたため予定地は内灘に転じられた。

五二年九月一日、日米合同委員会は損害補償、地元民の経済状況等に鑑みて内灘を砲弾試射場として接収することを決定した。内灘村は日本海と河北潟にはさまれた細長い海浜の村で、戸数約一〇〇〇戸、人口約六〇〇〇人、農業と漁業で生計を営む貧村だった。接収の決定が通知されると、村議会は「絶対反対」を決議、村会議員、地元の青年団、婦人会らが県に対し反対陣情を行った。日本政府は石川県選出の林屋亀次郎国務相を現地に派遣、林屋は使用期限四カ月、補償金七五〇〇万円、保育所施設費・道路補修費等の補助と引き換えに村長、村議等を納得させた。

五三年一月、予定通り内灘は接収され、三月一八日以降、試射が行われた。ところが、施設が整備され、試射の既成事実ができあがると、日本政府は四月を使用期限としていた前言をひるがえし、内灘の使用延長を決定した。これには村民だけでなく、石川県民が黙っておらず、石川県内の労働者をはじめ、全国の市民、学生、社会・共産・労農党等がそれに呼応、全国的な反対運動が生起した。七月一九日に開かれた「軍事基地反対国民大会」にはおよそ一万の市民が集結、「金は一年、土地は万年」のスローガンの下、一部の者は試射場着弾点近くでの座り込みを行った。

一方、運動の長期化に伴い市民の生活は次第に逼迫、村財政も危機的状況に置かれるようになった。そのため、内灘村の大根布地区を中心に、基地に賛成する人々が現れた。彼らは生活の回復と向上を志向、より多くの補償金を引き出すために政府の側に立った。彼らのスローガンはあくまでも「村を守ろう」、「浜を守ろう」であり、「基地反対」ではなかった。これにより、村民が組織する「永久接収反対実行委員会」は徐々に分裂、九月に入ると座り込みが中止され、二八日には当初から反対運動に慎重な姿勢をみせていた村長が辞任した。結果として、内灘試射場は五六年まで米軍により使用され、五七年三月三〇日に返還された。その際、一部の住民は返還に反対し、基地の引留め運動を展開するにいたった。

†ジラード事件

「ジラード事件」も米軍基地をめぐる日本の政治史に影響を与えた。この事件は、五七年一月三〇日、在日米陸軍所属のウィリアム・G・ジラード三等特技下士官が、群馬県の相馬が原演習場（旧日本軍演習場）で薬莢拾いをしていた日本人女性を至近距離から射殺した事件である。

事件後、米軍側からはジラードの行為が公務執行中のものであるとする証明書が提出された。事件は日米合同委員会の裁判管轄分科会に付託された。米軍側は、ジラードの行為そのものこそ不適切だが、公務上の行為であるがために、米軍側に第一次裁判権があるとの立場をとった。米国の世論もジラードに同情的だった。五月一九日付『ニューヨーク・タイムズ』紙は、「事件当時、この米兵は米軍射撃演習場において公務中だった。薬莢を空砲で撃ったのは、弾拾いのために射撃場に入っていた日本人を警告退去させるためであり、そのうちの一発が婦人を死に至らしめたのである。これは明らかに日本の裁判所が裁判権をもつべきケースではない」との論陣を張った。

対する日本側は、ジラードの行為は命令の遂行範囲を実質的に逸脱したものであることから、公務執行中とは認められず、したがって日本側に第一次裁判権があると主張した。この時期、それと同様の事件が板付《いたづけ》飛行場（福岡県）や千歳飛行場（北海道）周辺などでも頻発していた。そのため、事件は日本人の折からの反米感情を刺激、全国的な反基地運動を生起せしめた。

五月一六日、日米合同委員会の場で、米側から本件についての裁判権を行使しない旨、通告がなされた。このような妥協の背後には、日米双方の政治的な判断があった。じつは四月二六日の時点で、米国防総省は「日本側が出来る限り軽い罪で起訴し、法務省と一致することが明らかに我々の利益であり、ジラードの裁判を日本に委ねる前に日本の同意をとりつけるのが望ましい」との考えを明らかにしていた。一方の日本政府も、ジラード事件によって日本人の米国離れが進み、社会党への支持が広がることを危惧していた。

そこで日米両政府は、事件の事実・経緯、刑事裁判権問題、日米両政府の立場等につき、政治的妥協を図ることで合意、日本側はジラードを傷害致死罪より重い罪で起訴しない旨、了承した。こうして、ジラードは日本の裁判権に服することとなった。浦和地方裁判所（河内雄三裁判長）は五七年一一月一九日、ジラードを傷害致死として懲役三年、執行猶予四年の判決を言い渡した。検事側も控訴しないことを決め、事件は終結した。

†地上部隊の撤退と小康状態

ジラード事件の余波は、米国の基地再編政策の行方にも及んだ。上にみた第一次裁判権に関する妥協が成立した直後の五月二四日、ドワイト・D・アイゼンハワー米大統領は「現地の戦闘兵力の数を削減する迅速かつ抜本的な対策をとらねば、反米感情の高まりは不可避」であるとの見方をジョン・F・ダレス国務長官に伝えた。そのうえで、同年六月末に予定されていた岸信介首相訪米のタイミングに合わせて、部隊撤退のあり方を検討するよう指示した。最終的に、国防総省は日本本土に駐留するすべての陸軍戦闘部隊と海兵隊の撤退を決定、撤退は五八年二月に完了した。

日本本土から(人々の目に付きやすい)地上部隊が引き揚げたことにより、反基地運動は一旦は沈静化したかにみえた。それもあって、六〇年代に入ると米軍基地削減の動きは緩慢になった。ベトナム情勢の悪化により、日本の兵站基地としての役割が増大しつつあったことも、基地削減の動きを抑制した。こうした状況を変化させたのが、一九六八年に起きた一連の米軍関連の事件・事故である。

†六八年問題

六八年一月一九日、核兵器を搭載可能な航空機を積んだ海軍の原子力空母エンタープライズが佐世保に入港、これに反対する三派全学連とそれを阻止しようとする警官隊が衝突した。五月二日には、佐世保に定期的に入港していた原子力潜水艦ソード・フィッシュの周囲の海水から平常値の一〇倍以上の放射能が測定された。それを受けた社会、民社、公明、共産の野党四党は抗議の談話を発表、社会党は調査団を現地に派遣した。科学技術庁の専門家会議も調査を開始、「原子力潜水艦以外に原因は考えられない」との最終報告を発表した。

これらの事態は国会でも大きく取り上げられ、「核」に敏感な革新陣営を刺激した。三派全学連は「日本のベトナム戦争協力と核基地化をうながすもの」として、エンタープライズの寄港を阻止することを宣言、一月一七日の早朝には三派全学連の約一〇〇〇人が列車で佐世保に到着、角材を抱え機動隊に突入した。その様子はテレビのニュースで全国に放映された。世にいう「佐世保事件」である。この一件で負傷者は学生、市民あわせて七〇〇人、うち一六人は重傷を負った。

深刻化していた問題は他にもあった。陸軍王子病院（キャンプ王子）である。当時、ベトナム戦争で負傷した米兵の七五％は、日本で治療を受けていた。東京都北区にある王子病院は住宅の密集地帯であるうえ、キャンプの近くには中学校、高校、大学などの学園地区があった。そのため、社会党、共産党、区労連などの革新団体のみならず、保守系区議、町内会、ＰＴＡ、商店連合会などから防疫、風紀等に鑑みた反対の声が上がっていた。

六八年以降、社共両党と東京都北区労連などが結成した「ベトナム野戦病院設置反対連絡会議」に三派全学連と革マル派全学連が合流した。二月二〇日から三月八日にかけて、反対派は病院建設予定地にて断続的に機動隊と衝突した。四月一日の衝突では一名が死亡、二〇〇〇人を超える群衆が集まり、大規模な抗議集会が開かれた。折も折、四月四日には米国でキング牧師が暗殺され、全米各地でも黒人暴動が起きていた。これに触発された日本中の学生や市民が、王子のデモに合流した。

†九大墜落事故

この年、決定的だったのが板付飛行場で起きた米軍機の墜落事故である。板付飛行場はかねてより事故の危険性の高い基地として問題視されていた。基地は博多駅から一・五キロの至近距離にあり、米軍機の爆音による影響区域は全市面積の四一%を占めていた。その影響区域には二五万人が常住し、学校一〇九校、医療施設七一三カ所があった。もっとも、六四年のF-105戦闘機の横田移駐以降、板付における米軍機の使用頻度は減少の一途を辿っていた。地元では九州基幹空港整備五カ年計画が用意され、板付の国際民間空港への転換の期待も高まっていた。ところが、六八年一月に生じたプエブロ号事件(米海軍の情報収集艦プエブロ号と北朝鮮軍の駆潜艦が対馬海峡付近で衝突し、米兵が拿捕された事件）以降、F-4ファントム戦闘機が常駐するようになり、米軍機の使用回数も再び増加していた。

その矢先の六月二日、午後一〇時四五分頃、板付から飛び立ったF-4ファントムが、エンジン故障のため九州大学箱崎キャンパス構内、大型計算機センターの五階付近に墜落、炎上した。もとより同大学は、基地から三キロ余りしか離れていないところにキャンパスがあり、米軍機はその真上を低空で飛行するため、その騒音と振動はことのほか激しかった（「ガード下の大学」とも呼ばれていた）。幸い負傷者はなかったが、墜落現場のすぐ隣には原子核実験室があり、そこにはコバルト60が保管されていた。一歩間違えれば大惨事だった。

六月四日、五日の両日にわたり、水野高明総長を先頭に市内でデモを行った。デモには学長、各学部長をはじめとする教職員・学生のほか市民も参加、総勢二五〇〇人が「板付米軍基地を撤去せよ」と声を上げた。この動きに呼応するかのように、同じく福岡県下の（板付空軍基地の運用に不可欠な）山田弾薬庫でも弾薬荷揚・輸送反対運動が激化した。九州大学は以後、全国的な反基地運動の象徴として位置づけられていく。

†ジョンソン=マケイン計画

日本国内での基地問題の悪化を受け、米国内の動きも慌ただしくなった。九大墜落事故から二日後、在日米国大使館のデイヴィッド・オズボーン公使はディーン・ラスク国務長官に書簡を送り、基地に対する日本国内の反発が一層強まっていること、そして今般の事故が五月に起きたソード・フィッシュの放射能漏れ事故と併せて「二重災害（double disaster）」と報じられていると伝えた。六日には「基地問題に関する暴風信号」と題する書簡のなかで「大衆の要求は暴発寸前のレベル」との見方を示し、基地問題の解決に最大限の注意を払う必要があるとの認識を伝えた。

状況を重くみた国務・国防両長官は七月八日、大使館および太平洋軍司令部に対し、九月一日を期限（後に九月三〇日に延期）とする在日米軍基地の見直し作業の開始を命じた。見直しは「米国の国益にとって絶対的に不可欠な基地を維持しつつ、優先順位が低くかつ潜在的に紛争の火種となる基地を削減あるいは撤収すること」を目的とし、とりわけ基地問題がもつ深刻な政治性に注意を払うことが求められた。

太平洋軍司令官のジョン・マケイン海軍大将は八月二六日から二九日にかけて日本を訪問、二七日にはU・アレクシス・ジョンソン駐日大使と詰めの協議を行った。協議の結果、計画の大枠についての合意が成立した。その後、細部についての調整作業を経て、ジョンソンとマケインは九月二六日に計画に合意した。それは、日本本土の五四の基地を整理・統合しようとする大掛かりなものだった。そしてそれらは二つのカテゴリー、すなわち特定の施設を完全に、あるいは一部を日本政府に返還する三二施設と、日本側の費用負担で日本国内の他の場所に移転する二二施設に分けられた。

米軍の統合参謀本部もこの計画をおおむね好意的に捉えた。E・ホイーラー議長は、同計画の実施は在日米軍の作戦に支障をきたしかねない日本国内の反基地運動を和らげるものと評価した。同時期、海外基地の削減に強い関心を示していた国防長官府のA・エントーヴェン国防次官補も、王子と板付を含めたいくつかの施設を名指しして、在日米軍基地についてはさらなる削減が行われるべきとの認識を示した。それにはポール・ニッツェ国防副長官も同意だった。

†国防総省の再編計画

実はこのとき国防総省は、一九七〇年代初頭まで継続する在日米軍基地再編政策の素案とも呼べる計画の立案に着手していた。そこでは、首都圏に所在する航空基地機能の横田への集中、佐世保の閉鎖と横須賀の母港化、沖縄の普天間の閉鎖と在沖海兵隊の撤退が唱えられていた。沖縄の海兵隊については軍事戦略上、不要と見なされ、戦闘部隊の米本国への撤収と兵站部隊の整理・統合が打ち出された。沖縄海兵隊基地の事実上の運用停止である。そしてそのような政策は、日本本土における不要な基地の「収納先」としての沖縄を維持するための手段としても位置づけられていた。

国防総省の計画がとりわけ強調していたのは、基地問題の悪化がもたらす日米関係への影響だった。計画を主導した国防長官府は、日本政府が「米軍プレゼンスを視界から遠ざけようと」していること、そして基地に反発する「野党と社会党を支持するグループからの圧力にさらされている」ことを重くみていた。そのため、「占領の残滓」たる米軍基地を抜本的に削減し、本土の基地問題を解決する必要性を強く主張した。

†議会の懸念

この頃になると、米国の連邦議会（上院外交委員会）も日本の基地問題に関心を示し始めていた。もっとも、彼らの問題意識に働きかけていたのは、主として国防予算の削減だった。上院外交委員会に設置された「サイミントン委員会」は、在日米軍基地の実態調査を行い、それを踏まえた非公開聴聞会を開催した。そこで同委員会は日本にある一部の基地、例えば水戸射爆場や首都圏の米軍専用ゴルフ場を軍部の既得権とみなすとともに、基地がもつ保守性と持続性を批判した。委員会が提出した最終報告書には、次のようにあった。「一旦、海外基地が設置されるとそこには生命が宿る。当初の目的が達成されれば、新たな目的が与えられる。基地はたんに維持されるのではなく、ときに拡張される。政府内、より端的にいえば、国務省と国防総省の内部には、海外基地を削減・撤収しようとする自発的な動機は存在しない」。

サイミントン委員会が首都圏の空軍基地と水戸射爆場の返還を勧告したことで、基地再編の焦点は関東平野に絞られた。七〇年一一月、国防総省は最終的な基地削減計画をまとめ、メルヴィン・R・レアード国防長官の承認を得た。一貫して懸案だった板付は無条件返還、横田と三沢の戦闘機は撤退、水戸射爆場は使用中止が決定した。横須賀は一部の司令部機能を残して日本に返還、機能上、横須賀と連結されていた厚木飛行場も大部分が返還されることとなった（ただし、後に横須賀と厚木の計画は撤回される）。本土の米軍基地が先にみた米軍の地上部隊の撤退が行われた五七年以降、再び大規模な縮小期に入った瞬間だった。

†関東計画

東京近郊に限れば、上記計画の影響は広範囲に及んだ。横田基地からの戦闘機部隊の撤退によって生まれた余剰スペースに関東平野の空軍施設を集約しようとする計画、すなわち「関東計画」＝KPCP（Kanto Plain Consolidation Plan）はその最たるものだった。

計画の立案は、東京の第五空軍司令部が担当し、国防長官府と太平洋軍司令部が各組織の利害を調整した。計画は七一年一二月にまとまった。七三年一月二三日には外務省で日米安全保障協議委員会が開かれ、日本からは大平正芳外相と増原恵吉防衛庁長官らが、米国からはロバート・S・インガソル駐日米大使とノエル・A・ゲイラー太平洋軍司令官・大将らが出席、計画の実施について合意をみた。日本側は「急速な都市化にみられるような最近の社会、経済及び環境の変化」を指摘するとともに、「日本本土及び沖縄の双方において、施設・区域の統合を一層実施すべき」との意向を示した。それに対し米側は、「人口稠密地域において深刻化している土地問題及び安保条約の目的上必要でなくなった施設・区域の返還についての日本政府の要望を考慮に入れている」こと、そしてその一方で「ニクソン・ドクトリン及び地位協定に従って日本の安全に寄与し、並びに極東における国際の平和及び安全の維持に寄与する施設・区域を日本において維持する」つもりであると述べた。

関東計画で返還されたのは、住宅施設であるグリーンパーク（武蔵野市）とグラントハイツ（練馬区）、立川飛行場（立川市、昭島市）、大和空軍施設（東大和市）、関東村住宅地区（府中市、調布市、三鷹市）、水戸射爆場（茨城県ひたちなか市）、そして陸軍施設であるキャンプ淵野辺（相模原市）である。全面ではないものの、大部分が返還されたのが、府中空軍施設（府中市）、ジョンソン住宅地区（狭山市）、キャンプ・ドレイク南地区（ネヅパーク、モモテ・ビレッジを除く）（朝霞市、練馬区）である。最終的に関東計画の実施期間は三年、期限は七六年三月末と定められた。

こうして戦後の本土における基地削減政策は一つの区切りを迎えた。首都圏の基地は横田に集められ、人々の視界から次第に遠ざかるとともに、本土の反基地運動も沈静化の一途を辿る。これ以降、基地問題の中心地は本土から沖縄へと移転するのである。

さらに詳しく知るための参考文献

＊日本における基地問題（沖縄を除く）を通史的にまとめた研究は多くない。しかし、個別の基地問題に焦点を当てた次のような書籍をつうじて、全体を理解することができるだろう。

吉田真吾『日米同盟の制度化――発展と深化の歴史過程』（名古屋大学出版会、二〇一二）……戦後の日米同盟の歴史を、同盟を運用する際の法や規制、あるいは慣習や手続きといった「制度」の発展過程として論じたもの。基地の運用をめぐる日米両国の協力と緊張の歴史を知ることができる。

山本章子『米国と日米安保条約改定――沖縄・基地・同盟』（吉田書店、二〇一七）……一九五〇年代以降、本土にあった基地がいかにして沖縄に移転していったかを一次史料にもとづいて分析している。本書のテーマは日米安保改定交渉だが、そのなかで基地が日米双方にとってどのように位置づけられていたかを知ることができる。

小山高司「『関東計画』の成り立ちについて」（『戦史研究年報』第一一号、二〇〇八年三月）……「関東計画」を扱った数少ない論文。日米双方の意思決定過程を一次史料にもとづいて緻密に分析している。

長尾秀美『日本要塞化のシナリオ――日米関係に新たな緊張を生む、真実の証言』（酣燈社、二〇〇四）……一九七〇年代初頭の海軍基地（横須賀基地、厚木基地）の削減プロセスを論じたもの。狭義の学術書ではないかもしれないが、その記述の多くが一次史料に基づいており、信頼できる。

山本英政『米兵犯罪と日米密約――ジラード事件の隠された真実』（明石書店、二〇一五）……ジラード事件に関する数少ない学術的論考。日米の政治的取引――米国が第一次裁判権を放棄する代わりに、日本の司法が量刑に手心を加える――の実態を通時的かつ包括的に分析している。

第17講
五五年体制の成立と展開

小宮 京

†「五五年体制」とは何か

升味準之輔は一九六四年に発表した論文で、自由民主党と日本社会党の二つの政党が結成された一九五五（昭和三〇）年を戦後史の画期とした。そのうえで「一九五五年の保守合同は、占領時代の吉田＝自由党政権に対する保守党の内乱と社会党の外圧の成果とみることができる」と論じた（升味準之輔「一九五五年の政治体制」同『現代日本の政治体制』岩波書店、一九六九）。二大政党制か、一と二分の一政党制か、呼び方に違いは存在するものの、選挙のたびに自民党が衆議院第一党として勝利し政権を担い、野党第一党は社会党という枠組みが、一九九三年まで約四〇年にわたって続いた。自社両党を中心とした保革対立の構図は、資本主義のアメリカ陣営と共産主義のソ連陣営とが対峙した東西冷戦が、日本国内にも反映していたことを示す。冷戦が終わると五五年体制も崩壊した。こうした事実から五五年体制が長く続いたことは当然と考えがちである。

しかしながら五五年体制がこれほど長く続くとは全く予想されていなかった。升味は初出論文を単著に収録する際に大きく修正した。論文では自民党支配を一時的なものと論じたが、五年後にはもはや定着した岩盤のような存在と化したと叙述が変わった（牧原出『権力移行』NHKブックス、二〇一三）。提唱者ですら、当初は自民党対社会党の枠組みを確固たるものと見なしていなかったことは、五五年体制を検討する際に重要な視点である。

ここからは戦後から五五年体制に行きつくまでの政治過程を概観したい。

†戦後政党の出発と再編

一九四五（昭和二〇）年の敗戦後、日本社会党（当初は片山哲書記長。後、委員長）を皮切りに、日本自由党（鳩山一郎総裁）、日本進歩党（当初は総裁不在。後、町田忠治総裁）、日本協同党（山本実彦委員長）、日本共産党（徳田球一書記長）など、続々と政党が結成された。GHQによる公職追放により戦前からの政党人が姿を消した。一九四六年の総選挙で自由党は第一党となるも鳩山総裁が追放された。鳩山に後事を託された吉田茂が進歩党と連立内閣を組織したものの、第一次政権は短命に終わった。

次に、社会党や民主党（日本進歩党の後継政党）、国民協同党（日本協同党の後継政党）が中道連立政権を樹立し、片山哲と芦田均の二人の首相を支えた。連立与党は党内対立や政策対立などにより分裂を繰り返した。例えば、片山政権の炭鉱国家管理問題をめぐって民主党から幣原喜重郎らが離党し、自由党に合流した。芦田政権は昭電疑獄により崩壊した（福永文夫『占領下中道政権の形成と崩壊』岩波書店、一九九七）。こうして中道連立政権は終わりを告げた。

一九四八年秋、吉田が再び政権についた。翌一九四九年の総選挙で吉田率いる民主自由党（のち自由党）は単独過半数を確保し、長期政権を担った（第8講を参照）。

一方、中道連立政権を構成した与党三党は総選挙で議席を激減させた。こうした状況を受け、中道の結集を目指す動きが継続した。民主党と国民協同党は一九五〇年に国民民主党を結党した。進歩党以来の政党の系譜は、自由党に対抗することから、俗に「第二保守党」と呼ばれた。要するに、保守勢力は分裂していた。

†公職追放解除と政党再編

吉田が政権を担う中、東アジアでは、国共内戦から中華人民共和国の成立（一九四九年）、朝鮮戦争の勃発（一九五〇年。第10講を参照）と、冷戦が激化していた。国内政治では、いわゆる「逆コース」が進展した（第11講を参照）。共産党は、一九五〇年にコミンフォルムから批判され、その対応をめぐり分裂した。

一九五一年に吉田政権によりサンフランシスコ講和条約が締結され、一九五二年に日本は独立を回復した。吉田首相は講和条約と同時に、日米安保条約にも調印した（第12講を参照）。日米安保は経済重視、軽武装という、いわゆる「吉田ドクトリン」を体現したものである。

日本が独立を回復する前から、徐々に公職追放が解除され、政財界人や元官僚が政界に登場した。政治家では鳩山一郎や三木武吉、石橋湛山、河野一郎、岸信介らが政界復帰した。彼らは再軍備や憲法改正を主張し、自由党の中で反吉田活動を展開した。とりわけ鳩山は有力な総裁候補であり、吉田にとって無視できない存在だった。追放解除者の中には、緒方竹虎のように吉田を支える側に回った人物もいた。ともあれ、公職追放解除の結果、自由党では吉田総裁の統制力が揺らぎ始めた。

一方、第二保守党系の国民民主党は、追放解除された戦前派の政治家を取り込み、一九五二年二月に改進党を結成した。改進党の政策は俗に「バターと大砲」（＝福祉国家と再軍備）と称され、経済面での自由主義や軽武装といった吉田の政策の修正を目指した。六月に総裁に就任した重光葵（元外相）がA級戦犯であったことから就任前から戦後派の政治家が反発し、総裁就任後も重光は党内の統制に苦慮した（武田二〇〇二）。改進党は野党共闘路線か、自由党に協力する路線か、党の方針が定まらなかった。

これら自由党の内訌と自由党系と第二保守党系との対立が、升味の指摘する「保守党の内乱」である。

†社会党の分裂と中道の終焉

革新勢力のうち、社会党は一九五一年一〇月に講和条約と日米安保条約の批准をめぐり左右に分裂した（以下、左社と右社と略記）。

社会党左派は講和と安保の両方に反対、社会党右派は講和に賛成、安保に反対した。両条約に対する溝が埋まらず、最終的に分裂したのだった。鈴木茂三郎が左社委員長を、河上丈太郎が右社委員長を務めた。分裂時には、議会内勢力では右社の方が多かった。その後、日本労働組合総評議会（総評）の組織的支援を受けた左社が勢力を拡大した。

講和条約と安保条約の批准をめぐり社会党が分裂したことは「中道」の終焉を意味した。かつて中道連立政権を構成した両派社会党と国民民主党の政策的距離は大きく広がった。その理由は、いわゆる平和争点問題である。分裂前の社会党は、左派が主張する、平和四原則（全面講和、中立堅持、軍事基地反対、再軍備反対）を採用し、再軍備を批判する姿勢を強めた。これに対して、第二保守党系の政党は再軍備を主張し、政策面での連携可能性が低くなったのである。他方、保守党間の政策的距離は縮まった。こうして保守と革新という対立軸が強化された。

その後も平和争点などをめぐり、野党陣営の足並みは揃わず、共闘はなかなか実現しなかった。

†重光首班工作と第五次吉田政権

自由党における鳩山らの反吉田活動は、吉田政権の動揺をもたらした。一九五三年二月に右派社会党の西村栄一が国会で質問した時に、吉田首相は議場で「バカヤロー」と呟いた。この発言が問題化したものの、吉田首相の謝罪で一旦鎮静化した。そこに党民主化同盟の三木武吉総務会長が野党を焚きつけて吉田退陣工作を展開した。当然ながら吉田首相はこれに応じず、ついには三月末の解散にいたった。選挙前に、鳩山や三木らが分派自由党（鳩山自由党。分自党と略記）を結成した。

一九五三年の第二六回総選挙の結果、議席数は自由党二〇二、改進党七七、左社七二、右社六六、分自党三五となった。分自党の選挙結果は芳しくなかった。左社が右社の議席を上回り、後々まで続く左社優位が確定したことが重要とされる。

選挙後の臨時国会の首班指名の際に歴史的大事件が発生した。いわゆる重光首班工作である。重光首班工作が特記されるのは、野党共闘が実現すれば、衆議院で過半数を割った吉田政権の崩壊が確実だったからである。

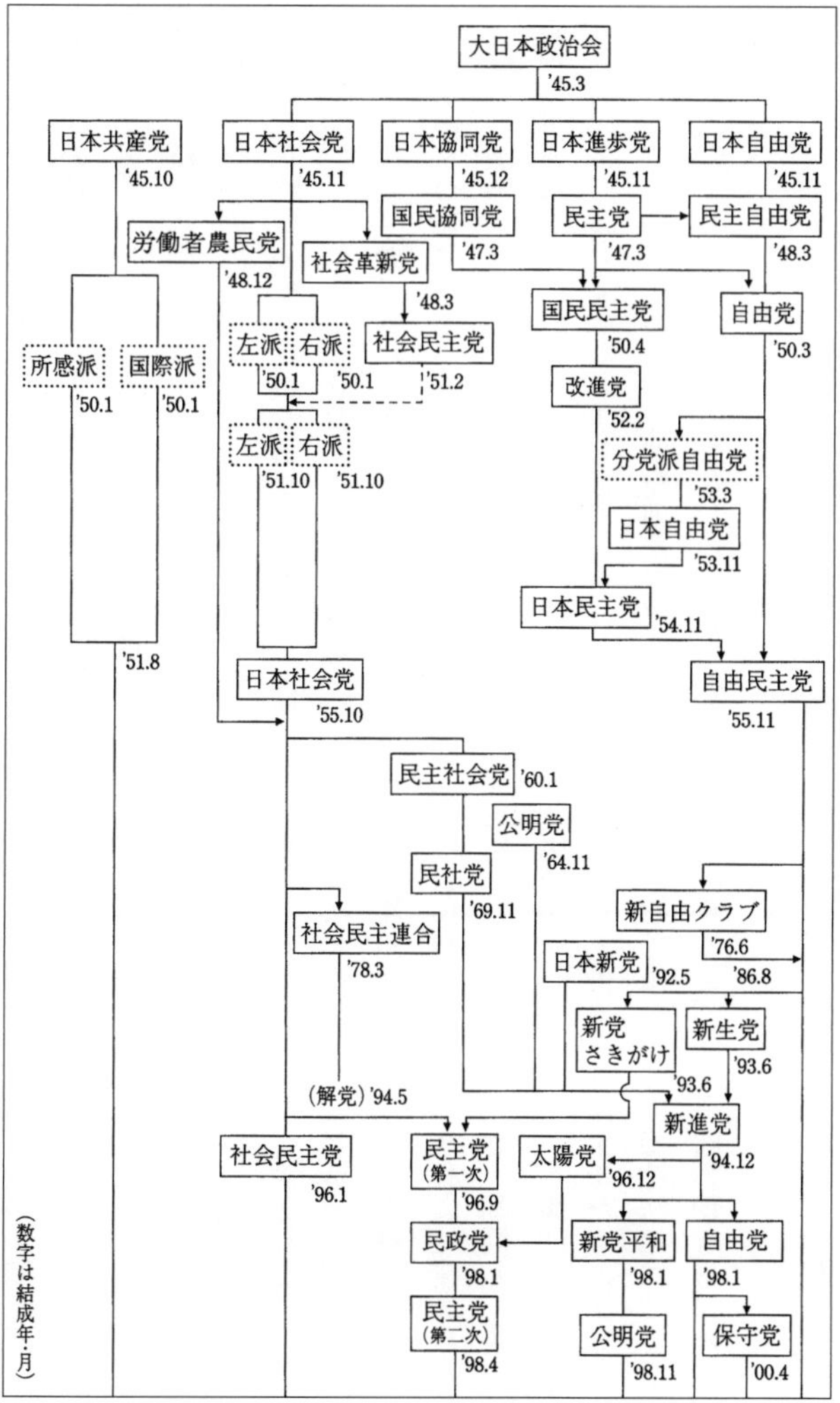

戦後日本の主要政党（河野康子『戦後と高度成長の終焉』講談社より）

結局、重光首班は実現しなかった。その理由は野党各党の内部事情や重光総裁の姿勢、そして野党間の政策的距離が大きかったことに求められる（武田二〇〇二）。ここでも平和争点を巡る対立が影響を与えた。再軍備に積極的な改進党と反対する左社の政策的距離は遠かった。野党は衆議院の正副議長人事では共闘した。それにより、議長に改進党の堤康次郎《つつみやすじろう》が、副議長に左社の原彪《はらひょう》が選出された。

その成立過程からも分かる通り、第五次吉田政権は少数与党に支えられた。両派社会党の議席が伸長し、保守勢力も分裂する中、自由党が安定多数を確保することは難しかった。一九五三年一一月には鳩山ら分自党の多くが自由党に復帰した。復帰しなかった三木武吉や河野らは日本自由党を結党し「八人の侍」と呼ばれた。このように吉田政権は多数派工作に一定の成功を収めつつあった。一九五四年に入ると造船疑獄の進展により吉田政権は大きく動揺し、吉田首相は重光改進党総裁に「重光擁立」つまり禅譲を伝えるほど追い詰められた（武田二〇〇二）。この状況を打破するために浮上してきたのが衆議院における安定多数を確保するための保守合同である。三月末に緒方竹虎副総理が保守合同を提唱した。四月に入って犬養健法相による指揮権発動により造船疑獄が一段落した。吉田政権が苦境を脱すると、保守合同の動きも頓挫した。

一方、吉田からの禅譲路線が行き詰まった改進党は、自由党内の鳩山や岸ら反吉田勢力、および日本自由党との連携による新党樹立に舵を切った。紆余曲折を経て、一一月二四日の日本民主党結成にいたる。総裁は鳩山一郎、副総裁に重光葵、幹事長は岸信介、総務会長に三木武吉という陣容であった。衆議院の議席数は、自由一八五、民主一二一、左社七二、右社六一となった(一二月一〇日時点)。

†吉田政権の終焉と鳩山一郎政権の樹立

日本民主党や両派社会党の野党が吉田政権不信任案を提出すると、吉田政権内では、吉田首相による解散論と緒方副総理による総辞職論とが激しく対峙した。緒方は首班指名で両派社会党が緒方に投票する可能性、あるいは両派社会党が首班指名を棄権する可能性を踏まえ、総辞職を主張した。吉田首相と緒方副総理が閣内で対立した末、一二月七日に吉田内閣は総辞職した(小宮二〇一一)。

首班指名に際して、両派社会党は、早期解散を約束した鳩山民主党総裁に票を投じた。こうして鳩山一郎政権が誕生した(第15講を参照)。翌一九五五年に鳩山首相が衆議院を解散し、二月に第二七回総選挙が行われた。議席数は民主一八五、自由一一二、左社八九、右社六七となった。重要なのは、革新勢力の両派社会党が改憲の発議を阻止できる三分の一の議席を確保したことである。選挙直前の一月に両派社会党は再統一を決定していた。これは日本民主党の結成や「鳩山ブーム」を受けたものだった（季武・武田編二〇一一）。一方、保守勢力に注目すると、自由党と日本民主党の議席数がほぼ入れ替わっただけで、両党とも過半数を獲得することはできなかった。つまり、鳩山政権も吉田政権同様、与党のみでは法案を成立させることすら難しいままだった。

選挙後に発足した第二次鳩山政権の置かれた苦境の象徴的な事例として、三木武吉議長案が否決されたことが挙げられる。これは自由党に両派社会党が同調した結果であった。このように両派社会党の動向は現実政治に大きな影響を与えた。

鳩山政権の行き詰まりを打破するために、一九五五年四月に三木武吉総務会長が保守合同に関する車中談話を出した。三木談話に対しては、吉田政権総辞職にいたるまでの経緯もあり、自由党内部にも日本民主党内部にも賛否が渦巻いた。さらに政策のすり合わせや総裁人事が紛糾する事態に陥りつつも、ついに一一月一五日に自由民主党が誕生した。衆議院二九九名、参議院一一八名という巨大な保守党であった。総裁は置かず、総裁代行委員に鳩山一郎、緒方竹虎、三木武吉、大野伴睦が就任した。党三役は、幹事長に岸信介、総務会長に石井光次郎、政調会長に水田三喜男という陣容であった。一九五六年一月に緒方が死去した後、四月に第一回総裁公選が行われ、鳩山が初代総裁に就任した。自民党は憲法改正を党是とし、その政策に第二保守党系の政策が取り込まれたことも注目される（河野二〇一〇）。

自民党結党の背景として、アメリカや財界の要望が存在したことが知られる（中北二〇〇二）。冷戦下において、保守陣営が分裂し内訌を繰り返せば、いずれ革新陣営が政権を担う可能性が高かった。実際に、両派社会党は政権交代を目指し、一九五五年一〇月一三日に再統一した。衆議院議員一五六名が参加し、与党の日本民主党に次ぐ第二党となった（岡田一郎『日本社会党』新時代社、二〇〇五）。

注目すべきは、中道連立政権後に激減した社会党の議席が、両派ともに大きく回復していたことである。当事者たちが政権交代可能と考えるほどにその伸びは凄まじかった。とりわけ左派社会党は議席数を拡大した。一九五五年に社会党が再統一する背景には、単独で政権を獲得する意欲と可能性が存在したのである。

一連の両派社会党の動向は、政権を担う保守勢力にとって現実的な脅威であった。保守勢力の分裂に乗じ、両派社会党が政局を左右した実績があった。その両派社会党が再統一したことが自民党結党を促したことは間違いない。社会党再統一を受け、自民党は総裁を決定しないまま結党した。経緯から明らかなように、保守合同とは、社会党再統一に刺激されたものであり、社会党の脅威に対抗するための保守勢力の対応策に他ならなかった（小宮二〇一一、季武・武田編二〇一一）。これが升味の指摘する「社会党の外圧」である。究極的には、自民党結党の目的は、政権交代可能な二大政党制を実現するためではなく、社会党への政権交代を防ぐためのものであったと結論付けられよう。

こうして保守合同が実現した。しかしながら自民党という保守政党が長く存続するとは当事者たちも信じていなかった。保守合同にいたるまでの保守党間の対立や吉田対反吉田の対立は政策面にとどまらず、感情的な域にまで達していたからである。自民党結党時に、吉田や佐藤栄作らが参加しなかったことはその象徴であった。同時にそのことは自民党が反吉田の政党として出発したことを意味する。

この間、共産党は一九五五年七月の第六回全国協議会（六全協）で、武装闘争路線を放棄した（第9講を参照）。

†参議院における五五年体制

参議院に目を転じると、五五年体制成立以前に大きな役割を果たした緑風会は「第二院たる参議院の使命を達成しようとする、中正公明な団体」と自任し、政党化から距離を置くことを標榜した。一九四七年五月の結成時には第一会派であった。地方組織を持たないことから選挙のたびに議席数を減らした。歴代議長のうち、初代の松平恒雄、二代の佐藤尚武、三代の河井弥八は緑風会出身である。緑風会は党議拘束を行わず、会員個人の行動を尊重した。そのため個人の資格で大臣や政務次官になることを阻まなかった。国会審議には是々非々の態度で臨んだ（野島編一九七二）。総じて政府支持の傾向が強かったとされる。

サンフランシスコ講和会議の超党派全権団には緑風会から徳川宗敬が参加した。この頃、緑風会は、自由党、社会党に次ぐ第三会派であった。自由党は一九五〇年の第二回参議院議員通常選挙で第一会派となったものの過半数を占めておらず、緑風会の協力を取り付ける必要があった。それゆえ吉田首相が、選挙を含め、緑風会に手厚く配慮した（小宮二〇一九）。

一九五三年の参議院議長人事の際に、緑風会は両派社会党と歩調を合わせた。その結果、第一会派の自由党候補の松野鶴平は敗北し、河井弥八が第三代参議院議長に就任した。こうして緑風会創立時からの会員だった河井が最後の緑風会出身議長となった。河井議長は参議院が保守対革新の政党対立に飲み込まれる状況に直面した。衆議院同様、参議院も乱闘国会となったのである。

こうした状況下で、緑風会は時に政府提出法案を修正した。典型例を一つあげると一九五二年の破壊活動防止法である。また、参議院の「良識」が語られる際に、緑風会と重ねて言及されるきっかけは一九五三年から一九五四年にかけての第一九回国会を通じてであった（村井良太「転換期の参議院議長河井弥八」尚友倶楽部他編二〇一八）。

自民党成立後の一九五六年三月末に河井は辞職、後任議長は自民党の松野鶴平であった。六月の第四回参議院議員通常選挙で河井は落選し、緑風会は議席を大きく減らした（小宮京「五五年体制の成立と河井弥八の転身」尚友倶楽部他編二〇一九)。この選挙で、社会党などの革新勢力が三分の一以上の議席を確保した。こうして参議院でも改憲の発議が不可能となった。一方、自民党は過半数にわずかに足りず、一二月に参議院でも単独過半数を占めた(竹中二〇一〇)。そして参議院でも与党自民党と野党第一党の社会党が対峙する五五年体制が出現した。

†五五年体制の展開

政権獲得を目指して再統一した社会党は党内対立が激しかった。一九五八年の第二八回総選挙後の一六八議席が最高議席で、単独で政権交代を実現することはできなかった。派閥対立の末に離党した右派の西尾末広らは一九六〇年に民主社会党(のちに民社党)を結党した。さらに一九六四年には公明党も登場した。五五年体制成立後の分裂や野党多党化を経ても、社会党は野党第一党の地位を保ち続けた。

自民党も当初から分裂の危機に直面した。鳩山政権が推進した日ソ国交回復に反対する吉田元首相は、自民党内の旧吉田派に脱党を促した(第20講を参照)。石橋湛山総裁が誕生した一九五六年の第二回総裁公選の際には、分裂がまことしやかに囁かれた。戦前来、保守党が総裁を選挙で選出した事例は存在しないとされており、自民党の党則に明記された総裁公選はその伝統とかけ離れた仕組みだと考えられたからである(小宮二〇一〇)。池田勇人が総裁選に勝利し、その政権が成立した時に、河野一郎が新党結成を試みたこともある。だが実現しなかった（中曽根康弘『天地有情』文藝春秋、一九九六）。このように派閥対立を繰り返しつつ、幾度も分裂の危機に直面しながらも、野党第一党の社会党が大きく議席を伸ばさない政治状況に助けられた。こうして一九九三年まで自民党は大きな分裂にいたらなかった。

参議院では一九六二年に松野議長の後を襲った重宗雄三が権勢を誇った。また、政党化した参議院は「衆議院のカーボンコピー」であると批判されていた。こうした状況を憂えた自民党の河野謙三は社会党など野党の協力を得て、一九七一年に議長に就任した。一九五三年に参議院議員に当選すると緑風会に入会した河野は、緑風会を理想と考え、「良識の府」「理性の府」としての参議院のあり方を模索した（河野謙三『議長一代』朝日新聞社、一九七八）。河野議長が提起した参議院改革はその後に継承された。

五五年体制の崩壊は、衆議院よりも早く、参議院で出現した。一九八九年の第一五回参議院議員通常選挙で、土井たか子委員長率いる社会党が獲得議席数で第一党と大勝し、自民党は単独過半数を失った。長期的な視野に立つと、参議院における五五年体制の崩壊は、衆議院において一九九九年に自民党と公明党との連立政権が実現する伏線となった（中北浩爾『自公政権とは何か』ちくま新書、二〇一九）。

さらに詳しく知るための参考文献

河野康子『戦後と高度成長の終焉　日本の歴史24』（講談社学術文庫、二〇一〇）……第二保守党系の研究を踏まえた通史。

小宮京『自由民主党の誕生　総裁公選と組織政党論』（木鐸社、二〇一〇）……保守合同に至る経緯を総裁選出方法と党組織の観点から検討した研究書。

小宮京「第五次吉田茂内閣期の政治過程」（『桃山法学』第一八号、二〇一一）……重光首班工作から吉田茂内閣総辞職に至る政治過程を再検討した論文。

小宮京「第三次吉田茂内閣と緑風会」（『年報政治学』二〇一九―I号、筑摩書房、二〇一九）……吉田茂首相がいかに緑風会を重視したかを検討した論文。

尚友倶楽部／中園裕・内藤一成・村井良太・奈良岡聰智・小宮京編『河井弥八日記　戦後篇1〜4』（信山社、二〇一五、二〇一六、二〇一八、二〇一九）……緑風会出身の第三代参議院議長を務めた河井弥八の日記。衆議院側から語られがちな政治史を複眼的に検討できる。その意義は各巻所収の解説を参照。

季武嘉也・武田知己編『日本政党史』（吉川弘文館、二〇一一）……戦前戦後の日本政治を政党から描く通史。

武田知己『重光葵と戦後政治』（吉川弘文館、二〇〇二）……重光葵の伝記的研究。第二保守党研究としても優れている。

竹中治堅『参議院とは何か　一九四七〜二〇一〇』（中公叢書、二〇一〇）……参議院の通史的研究。

中北浩爾『一九五五年体制の成立』（東京大学出版会、二〇〇二）……五五年体制の成立過程について、内政と外交のバランスが取れた研究書。

野島貞一郎編『緑風会十八年史』（緑風会史編纂委員会、一九七一）……戦後初期に参議院の有力会派であった緑風会の通史。

第18講　自民党抗争史

池田慎太郎

†派閥抗争の始まり

一九五六（昭和三一）年一二月の総裁選を通じて、自民党の派閥は、岸派、佐藤派、池田派、石井派、大野派、河野派、三木・松村派、石橋派の八つにまとまった。この総裁選で岸信介《のぶすけ》に逆転勝利を収めた石橋湛山《たんざん》は、自身の勝利に貢献した三木武夫を幹事長とし、池田勇人《はやと》を蔵相に起用した。岸は外相を要求する一方、総裁選で石橋と「二位・三位連合」を組んだ石井光次《みつじ》郎《ろう》を副総理にするなら入閣しない、と主張した。党内融和を考慮した石橋は、岸を外相とする一方、石井は副総理にしなかった。「石橋政権ができたら党のことは一切おまかせする」と約束していたにもかかわらず、大野伴睦《ばんぼく》は幹事長にも副総裁にもなれなかった。こうして石橋内閣誕生に力を貸した石井や大野には、大きな不満が残った。

石橋は早期解散に向けて全国遊説したことで体調を崩し、わずか二ヵ月で退陣する。首相臨時代理を経て後継首相となった岸は、石井を国務相に加えた上で、石橋内閣の全閣僚を引き継いだ。なお、無所属のまま総裁選で兄の岸を支持した佐藤栄作は、岸の首相就任を前にして、恩師の吉田茂、子分の橋本登美三郎《とみさぶろう》とともに自民党に入党している。

一九五七年七月、岸は党役員人事と内閣改造を行い、自前の政権へと転身を図る。まず大野を副総裁に迎えて主流派に取り込み、幹事長には選挙制度に詳しく党内調整に長けた川島正次郎《しょうじろう》を起用した。岸は、かつて保守合同に反対した三木を嫌悪しており、党三役から外すことを考えたが、政調会長で妥協した。総務会長には砂田重政《しげまさ》（河野派）を再任したが、一二月に死去したため、弟の佐藤を充てている。

閣僚についてみると、自身が兼務してきた外相ポストに、日本商工会議所会頭の藤山愛一郎を抜擢した。大日本製糖など多くの企業を経営する藤山は、岸が商工官僚だった頃から親しく、資金の面倒も見てきた。石井は行政管理庁長官兼北海道開発庁長官、河野一郎は経済企画庁長官として入閣した。閣外に出た池田は宏池会《こうち》を設立し、来るべき政権への準備にとりかかった。前尾繁三郎《しげさぶろう》（池田派）は通産相、赤城宗徳《あかぎむねのり》（岸派）は農相、田中角栄《かくえい》（佐藤派）は郵政相として、それぞれ初入閣を果たしている。とりわけ三九歳の若さで入閣した田中は、この人事の目玉であった。

一九五八年六月に発足した第二次内閣で、岸は河野を総務会長とし、当選四回の福田赳夫《たけお》を政調会長に起用した。福田は大蔵省主計局長時代に昭和電工事件（一九四八年）に巻き込まれて逮捕（のち無罪）されたことを機に退官し、一九五二年の総選挙に無所属で当選、岸と政治行動をともにしてきた。議席を得た藤山が外相に留任し、佐藤は蔵相、池田は国務相、三木は経企庁長官として入閣した。石橋派からの入閣はゼロになった。閣外に出された石井は、反主流派に転じていく。

警察官職務執行法改正問題により岸の指導力が低下すると、党内の反主流派は公然と岸に挑戦し始め、一九五八年末には池田国務相、三木経企庁長官、灘尾弘吉《なだおひろきち》文相（石井派）の三閣僚がそろって辞任した。岸は党役員ポストの一部を反主流派に明け渡すことで事態を収拾しようとし、川島幹事長と河野総務会長の更迭を考えたが、河野や大野は反対であった。そこで一九五九年一月、岸と佐藤は、大野と河野に対して「次の政権は大野」とする密約を結んだ。こうして主流派は結束を確認し、河野は総務会長の座を池田派長老の益谷秀次《ますたにしゅうじ》に譲った。福田は政調会長から幹事長に移り、政調会長には河野派の中村梅吉《うめきち》が就任した。

福田は幹事長に選ばれたことで、岸の後継者と見なされるようになった。商工省時代からずっと岸に仕えてきた椎名悦三郎《しいなえつさぶろう》のような側近からすると、途中入社にすぎない福田が創業以来の役員を差し置いて次期社長に内定したようなものである。こうして岸派内には亀裂が生じ、派閥分裂の遠因となる。前倒しで実施された総裁選で岸は三二〇票を得て再任されたが、松村謙三が一六六票を集めた。

†一九六〇年総裁選

一九五九（昭和三四）年六月の参院選で安定多数を確保して自信を取り戻した岸は、川島を幹事長に戻し、石井を総務会長、船田中《なか》（大野派）を政調会長とした。河野は幹事長ポストを要求していたが、かなわなかった。河野と池田の両方が「反岸」となれば政権を維持できず、池田は「反岸」の姿勢を変えないだろうから、岸は譲歩する、というのが河野の読みだった。河野が幹事長以外受けない、と確信した池田は、側近の反対を押し切って通産相を受諾した。前年末に池田と一緒に閣僚を辞任した三木は、入閣を固辞した。岸との関係が悪化した河野は反主流派に転ずるが、河野派からは唯一、大野の計らいで中曽根康弘が科学技術庁長官として初入閣している。なお、この内閣には福田も農相として初入閣したが、中曽根と福田の選挙区は同じ群馬三区であり、その熾烈な争いは「上州戦争」と呼ばれた。

岸は新日米安保条約を争点として国民に信を問うことを望んでいたが、河野派や三木・松村派が解散に反対しており、川島幹事長は難色を示した。安保国会で、新条約は社会党のみならず、党内の反主流派からも批判にさらされた。岸は新条約を強行採決したが、石橋、河野、三木、松村ら実力者を含む二八名の与党議員が本会議を欠席した。大野は政権禅譲の密約ゆえ岸への協力姿勢を保っていたが、岸は池田の協力をつなぎとめるため、「池田後継」をほのめかした。

一九六〇年六月、新安保条約批准と引き換えに岸が辞意を表明したのを受け、川島幹事長が後継者の一本化を模索したが失敗し、池田、大野、石井、松村、藤山の五名が名乗りを上げた。佐藤派は池田を、河野派は大野を支持した。政権禅譲の密約があるため、川島は大野の選挙参謀となった。しかし、川島は大野に勝ち目はないとして、党人派を石井に一本化して池田に対抗するよう説得した。大野は急遽出馬を取りやめ、松村も石井支持へ回った。

大野の呪縛から解放された岸派は、池田支持に寝返った。岸は藤山に辞退を迫ったが、藤山は降りなかった。第一回投票では池田二四六票、石井一九六票、藤山四九票となり、決選投票では三〇二票を得た池田が一九四票の石井を破った。池田は石井を通産相として内閣に迎える一方、党三役は、益谷幹事長（池田派）、保利茂《ほりしげる》総務会長（佐藤派）、椎名政調会長（岸派）とした。この人事から閉め出された河野は保守新党の結党に向けて動いたが、同調する者が少なく、思いとどまった。岸との溝がはっきりした藤山は、岸派から分派した。

†「実力者内閣」から「秘書官内閣」へ

安保騒動から間もない一九六〇（昭和三五）年一一月の衆院選で、自民党は勝利した。しかし、池田の「低姿勢」と所得倍増政策に対しては党内から批判があがる。再び政調会長となった福田と総務会長に留任した保利は、政治的暴力行為防止法案のような野党の反発を招きやすい法案を池田に強行させ、国会を混乱させて池田を辞職に追い込もうとした。福田は池田訪米中に高度成長政策を批判し、大蔵省の先輩である池田を激怒させた。福田は、「低姿勢」と称して岸前政権を暗に批判する池田に不満を抱いていたのである。

帰国後、党と内閣の改造に取り掛かった池田は、大野を再び副総裁とし、大蔵省の後輩で腹心の前尾を幹事長に据え、岸派内では自身に近い赤城を総務会長、同じく佐藤派の田中を政調会長に選んだ。第一次岸改造内閣の初入閣組だったこの三名は今回が初の党三役入りで「軽量」であったのに比べ、内閣は佐藤通産相、河野農相、藤山経企庁長官、三木科技庁長官、川島行政管理庁長官兼北海道開発庁長官と各派閥の領袖クラスが居並ぶ「実力者内閣」であった。池田の狙いは、党人派の大野と河野を取り込み、佐藤を抑えるところにあった。

政調会長を降ろされた福田は、派閥解消と小選挙区制導入を掲げて党風刷新懇話会（のちに党風刷新連盟）を組織した。党近代化をうたっていたが、「反池田」の色彩が強く、「佐藤派の別動隊」ともいわれた。その一方、岸派直系を継承することになった福田に反発する勢力のうち、川島、椎名、赤城らは交友クラブ（川島派）を発足させ、残りは藤山派へ合流した。

池田の「低姿勢」と河野重用に不満を抱く佐藤は、次の総裁選に出馬すると池田に伝えた。佐藤派内では保利が主戦論を唱えたが、田中は立つべきでないと佐藤を説得した。藤山は福田同様、池田を支える立場でありながら所得倍増政策を批判したが、党風刷新連盟には加わらなかった。経企庁長官を辞し出馬の意思を固めた藤山であったが、大野らの説得を受け断念した。一九六二年七月の総裁選で、池田は無競争で再選された。

佐藤は河野を外すよう求めたが、河野は建設相として残った。このため佐藤は閣外に去ったが、佐藤派内では池田に近い田中が蔵相として入閣した。池田派からは、大平正芳《まさよし》が外相、宮沢喜一参議院議員が経企庁長官、そして大平の後任となる官房長官には、黒金泰美《くろがねやすみ》が就任した。三名とも大蔵省の後輩であり、池田の秘書官出身である。河野と川島が残留し、佐藤、三木、藤山の実力者が去った「秘書官内閣」の成立は、改造名簿を作成し自ら要職に就いた大平と田中による「クーデター」とも評された。

†一九六四年総裁選

前尾幹事長は、旧制一高の級友で大蔵省同期の福田が派閥解消の名目の下、池田批判と佐藤擁立に動くのを阻止すべく、第三次組織調査会を発足させた。会長には、党近代化を持論とする三木が就任した。一年間の検討を経てとりまとめられた「三木答申」は、「一切の派閥の無条件解消」をうたった。これを受け各派閥は「偽装解散」したが、選挙が終わるとすぐに復活した。

総裁三選を目指す池田は、一九六三年七月の内閣改造で前尾幹事長を留任させた。吉田茂の仲介もあり、科技庁長官兼北海道開発庁長官兼オリンピック担当国務相として入閣した佐藤は、池田からの政権禅譲に期待をかける一方、愛知揆一《あいちきいち》をキャップとする「Sオペレーション」を組織して政策を練り、総裁選へ向けた準備を行った。

一九六四年七月の総裁選を前に大野が死去すると、河野は大野に代わり多額の資金を使い多数派工作を行った。無論、池田からの政権禅譲を期待してのことである。池田は過半数をわずかに超える二四二票を獲得し、一六〇票の佐藤、七二票の藤山を退けたが、薄氷の勝利であった。池田側近のうち、池田三選に反対した大平は干され、黒金や宮沢は前尾のもとに集まり、大平と対抗していく。主を失った大野派は、船田中派と、郵政相や建設相を歴任した村上勇率いる一派に分裂した。

幹事長は、異例の三期三年をつとめた前尾から、三木へと交代した。大野の死後、空席となっていた副総裁には、川島が就任した。河野はオリンピック担当国務相となった。田中蔵相は留任したが、盟友の大平は外相から筆頭副幹事長に格下げされた。しかも大平は、同じ四国の出身ながら疎遠な三木幹事長を補佐する立場に置かれたのである。

総裁選から二ヵ月後、池田は入院する。そして東京オリンピックを終えた池田は辞意を表明し、話し合いによる新総裁選出を求めた。名乗りを上げたのは、佐藤、河野、藤山の三名である。池田派内では、前尾が藤山を支持したのに対し、大平は佐藤派の田中と連携し佐藤後継に動いた。党内の大勢が佐藤支持になったとの報告を受けた池田は、佐藤を後継総裁に指名した。池田とは良好な関係を保ち、禅譲を信じていた河野は衝撃を受けた。

佐藤は官房長官再任を固辞した鈴木善幸《ぜんこう》（池田派）を橋本登美三郎（佐藤派）に替えた上で、池田内閣の閣僚と党役員を留任させた。河野を支持していた松村は、佐藤を推した三木と袂を分かち、松村派を結成した。池田が翌年八月に亡くなると、前尾が宏池会を継いだ。これに不満を持った大平は新たに事務所を構え、独自に資金を集め、若手・中堅議員を糾合し始めた。佐藤は宏池会の軋みを利用して分断を図るべく大平を冷遇し、「田中―大平ライン」を牽制した。

†政界を覆う「黒い霧」

一九六五（昭和四〇）年六月、佐藤は内閣を改造し、自前政権を形作った。川島副総裁を留任させる一方、田中を幹事長、前尾を総務会長、赤城を政調会長とした。主な閣僚を見ると、石井法相、福田蔵相、椎名外相（留任）、三木通産相、藤山経企庁長官、という顔ぶれとなった。この人選に不満を抱き入閣を固辞した河野は翌月、六七歳で急死した。前年の大野に続き、「反佐藤」の大物が消えたことは、佐藤を利した。

一九六六年後半、政界はスキャンダルに揺れた。田中彰治《しょうじ》（河野派）が恐喝や詐欺の容疑で逮捕され、上林山《かんばやしやま》栄吉防衛庁長官（佐藤派）、荒舩清十郎《あらふねせいじゅうろう》運輸相（川島派）、松野頼三《らいぞう》農相（佐藤派）の公私混同が明るみに出た。同年一二月の総裁選で再選を目指す佐藤に対抗し、経企庁長官を辞任して出馬した藤山は、これら政界を覆う「黒い霧」を批判した。佐藤は二八九票を獲得し、八九票の藤山に大差をつけたが、出馬していない前尾に四七票が入った。佐藤内閣の誕生に力を貸しながら、佐藤から処遇されなかった大平が派内に呼び掛けたためである。総裁選に三度挑んだものの勝てなかった藤山は巨額の資産を使い果たし、「絹のハンカチを雑巾にした」とささやかれた。

河野亡き後、春秋会を継承した森清（元総理府総務長官、妹の睦子は三木武夫の妻）らは、主流派に食い込むべく、佐藤を支持した。これに反発した中曽根らは春秋会を飛び出し、新政同志会を結成した。少派閥ながら、中曽根は党最年少の四八歳で派閥領袖となった。一方、春秋会は森が一九六八年に急死した後、園田直《すなお》（元厚生相）が引き継いだが先細りとなり、福田派へ合流することになる。

川島副総裁と田中幹事長は、「黒い霧」事件の責任を取る形で辞任した。佐藤は福田を幹事長とする一方、恩師の吉田や兄の岸から反対されつつも、三木を外相とした。総裁選で藤山を支持したため冷遇された松村や中曽根らは粛党推進協議会を発足させ、「反佐藤」の旗幟を鮮明にした。国会では「黒い霧」に対する追及が続いた。そこで佐藤は、求心力を回復すべく解散に打って出た。自民党は予想外に善戦し、安定多数を確保した。佐藤派の重鎮ながら一九六三年の総選挙で落選の憂き目にあった保利は、ようやく議席を回復した。なお、参議院議員の任期が切れ非議員のまま経企庁長官として入閣していた宮沢は、この選挙で衆議院議員に鞍替えしている。

一九六七年一〇月、吉田茂が死去すると、佐藤は外遊を途中で切り上げて帰国し、戦後初の国葬を取り仕切った。翌月の内閣改造で、川島は副総裁に復帰し、福田幹事長は留任、橋本が総務会長となり、大平は政調会長としてようやく復権した。三役入りを逃した田中にとって、福田に近い保利が建設相として復活したことは不本意であった。佐藤を批判してきたにもかかわらず、中曽根は運輸相として入閣し、以後「風見鶏」のイメージがついて回ることになる。

†「佐藤四選」から「角福戦争」へ

一九六八（昭和四三）年一一月の総裁選で、三選を目指す佐藤に対し、三木は外相を辞して初挑戦した。佐藤が圧倒的に優位であったが、前尾は党内二位の派閥維持のため出馬した。佐藤は一回目の投票で二四九票と過半数を超え、一〇七票を得て二位となった三木は存在感を示したが、前尾は九五票で三位に甘んじた。小派閥の三木に負けた前尾は宏池会内での求心力が低下し、大平の台頭を招くことになる。

佐藤三選の陣頭指揮をとった田中は、幹事長に復帰した。吉田内閣以来、一六年ぶりに官房長官となった保利を木村俊夫前官房長官（佐藤派）が副長官に降格して補佐し、愛知外相、福田蔵相という布陣で沖縄返還交渉に臨んだ。ニクソン大統領が沖縄返還に絡めた繊維交渉は、通産相に就任した大平が担当することとなったが、難航した。

一九六九年一一月の訪米で沖縄返還に道筋をつけた佐藤は衆議院を解散、自民党は大勝した。選挙後の人事で、田中幹事長は留任し、中曽根は防衛庁長官となった。佐藤は通産相を大平から宮沢へ代えて宏池会に揺さぶりをかけた。佐藤の思惑通り、留任を信じて疑わなかった大平と宮沢の関係は悪化するが、宮沢もまた繊維交渉をまとめ上げることはできなかった。総裁選に向けて、佐藤は福田への禅譲を考えたが、時間を稼いで力を蓄えたい田中幹事長と福田を嫌う川島副総裁が提携し、佐藤四選の機運を盛り上げた。

結局、佐藤は一九七〇年一〇月の総裁選に出馬して三五三票を得、三木は一一一票と善戦した。佐藤四選を見届けた「政界の寝業師」川島は、総裁選翌月に死去した。前尾は人事での前尾派優遇を条件に出馬を見送ったが、佐藤は内閣改造も党役員人事も行わなかった。宏池会内では、約束を反故にされた前尾に対する反発が高まり、分裂の危機に瀕した。鈴木善幸による調停を経て、一九七一年四月、前尾はついに宏池会会長の座を大平に明け渡した。

その後、佐藤は一九七一年七月の第三次改造内閣で前尾を法相で遇し、福田を外相とする一方、田中を通産相とした。あえて「火中の栗」を拾った田中は困難な繊維交渉に挑み、政権獲得へ向けて力量を示していく。田中に代わり保利が幹事長となり、中曽根は総務会長として初の党三役入りした。しかし新内閣発足から一〇日後、ニクソンは突如、米中接近を明らかにした。佐藤政権は「死に体」となり、後継者争いが本格化する。田中は佐藤派の大部分を掌握する一方、残りは保利を中心に福田を支持した。こうして田中と福田との「角福戦争」に大平、三木、中曽根が加わって対立と提携を繰り返す「三角大福中」時代に突入するのである。

さらに詳しく知るための参考文献

伊藤昌哉『池田勇人とその時代』(朝日文庫、一九八五)／同『自民党戦国史』上・下(ちくま文庫、二〇〇九）……池田勇人を新聞記者そして秘書官として傍から見続けた著者が、宏池会を中心に自民党内権力闘争の内幕を描いている。

御厨貴監修『渡邉恒雄回顧録』（中公文庫、二〇〇七）……大野伴睦や中曽根康弘らと親密に交際し、『派閥』『大臣』『党首と政党』『政治の密室』等多数の著作を残した読売新聞記者の回顧録。

福本邦雄『表舞台　裏舞台――福本邦雄回顧録』（講談社、二〇〇七）……共産党幹部の子として生まれ、産経新聞記者、椎名悦三郎の秘書官などを経て画商となった政界フィクサーの証言録。

升味準之輔『現代政治　一九五五年以後』上・下（東京大学出版会、一九八五）……「五五年体制」概念を提唱した著者が、上巻では一九五六年総裁選から大平首相の死（一九八〇）までを描き、下巻では自民党、中央省庁と利益団体、社会党、労組、無党派と多党化について論じている。

北岡伸一『自民党　政権党の38年』（中公文庫、二〇〇八）……長期にわたり政権を独占した自民党の軌跡を、権力基盤としての派閥構造の変遷を軸に辿る。

『現代日本政治史』シリーズ全五巻（吉川弘文館、二〇一一～二〇一三）……外交史を専門とする五人の著者が戦後日本の政治史を描く。本講で扱った時期では、第二巻の池田慎太郎『独立完成への苦闘1952～1960』と第三巻の中島琢磨『高度成長と沖縄返還1960～1972』が該当する。

第19講

戦後賠償問題

波多野澄雄

†「賠償」の登場

第一次世界大戦後に、英仏など連合国とドイツとの間に結ばれたヴェルサイユ平和条約（一九一九年）は、一九世紀までの講和のあり方に変化をもたらした。その一つは、「賠償（reparation）」という考え方の登場である。それまでの戦争では、戦勝国が戦争に要した費用（戦費）を敗戦国が金銭（金・銀、外貨）によって支払うという「償金」が中心であった。たとえば、日清戦争後の下関講和条約（一八九五年）で、清国が支払った償金がこれに相当する。これに対し、ヴェルサイユ条約で規定された賠償は、違法な戦争による損害や損失を修復して原状に戻すための支払いという意味をもつようになる。第一次世界大戦の戦争形態が、大規模かつ長期の戦いを強いられる総力戦となり、その結果、巨額の戦費に加え、敗戦国だけでなく戦勝国や周辺国にも甚大な被害を与えたからである。

第一次大戦後のドイツに課せられた金銭賠償の額は、天文学的数字といわれたように莫大なものであった。その後、実物賠償（生産物賠償）が加わるなど賠償は徐々に緩和されるものの、結局、ドイツに悪性インフレをもたらして経済を破壊し、ナチスを台頭させただけでなく世界経済を混乱させ、取り立てが不可能に陥った。こうした事態を招いた反省が第二次大戦後の賠償政策にも反映されることになる。

第二次世界大戦に敗北した日本は、圧倒的な軍事力で大戦を主導したアメリカによる事実上の単独占領下におかれ、再び世界の脅威とならないよう、徹底的な非軍事化と民主化（戦後改革）を余儀なくされた。その一方、占領状態を脱し、国家としての独立のためには、交戦国との間に講和条約を結ぶことが必要であった。

敗戦直後に日本政府が想定していた講和条約は、すべての交戦国が参加する「全面講和」を前提とし、その内容も、ヴェルサイユ条約と同じように苛酷な賠償や戦争犯罪人の処罰、完全な非武装化などを含む懲罰的で峻厳なものであった。連合国の初期の対日講和構想も、日本の再侵略の芽を摘むことをねらった峻厳なものであった。例えば、アメリカ国務省が一九四七年夏の段階で作成していた講和草案は、日本軍国主義の復活阻止を最大の眼目とし、経済活動の制限や厳しい賠償義務、戦争犯罪人の処罰などの規定が並んでいた。

しかし、こうした懲罰的な講和構想は米ソ冷戦の進展で変化していく。アメリカの世界政策の基本がソ連共産主義の浸透と拡散の防止におかれ、その地域的拠点としてヨーロッパではドイツ、アジアでは日本が期待されるようになる。対日政策も変化し、占領軍による性急な改革路線は、長期的な観点から共産主義の浸透力に対抗できる日本の経済的・社会的体質の強化へと転換していく。講和構想も、自由主義諸国との講和を優先する「多数講和」へと変化し、苛酷な賠償構想も後退して一九五〇年秋の段階では対日賠償を課さないことがアメリカを始め主要連合国の一致した方針となっていく。無賠償方針への急変は必ずしも冷戦の影響というより、アメリカの納税者や議会への配慮、さらに世界経済の均衡回復といった要因が重要であった。

†ポーレー賠償計画

アメリカの対日賠償方針は、大戦中の一九四三年後半から国務省内で検討が始まっていたが、その特徴は、①日本の生産能力を荒廃したアジアの復興に活用、②日本が海外に保有する公私の在外資産の接収、③日本経済の平和的再編という観点から支払い能力への配慮、というものであった。重点は、日本の在外資産の接収とその生産能力をアジア諸国の復興のために活用することにあった。

日本に降伏を勧告した一九四五年七月のポツダム宣言（第一一条）では、「日本国はその経済を支持し、かつ公正なる実物賠償の取り立てを可能ならしむるが如き産業を維持することを許されるべし」と規定され、賠償支払いが可能な程度の経済は維持されることになった。また、賠償の方法は金銭ではなく、日本本土における生産財や公私の海外資産の接収、すなわち「実物賠償」とされた。

ポツダム宣言の発表に伴い、立案中であった対日基本政策は、直接統治方式から間接統治方式を前提としたものに改定されるが、賠償に関する原則は変更されていない。四五年九月の「降伏後のアメリカの初期の対日方針」や同年一一月の連合国軍最高司令官マッカーサーに対する「初期の基本的指令」などでは、①日本産業の非軍事化、②日本人の最低生活水準を保障しうる平和的日本経済の維持、③公私の日本財産を関係連合国の決定にしたがい引き渡す（在外財産の没収）、④平和的日本経済の維持に必要でない資本設備、生産財の引き渡し、という原則を定めている。

賠償の具体案の作成は、米英ソ三国賠償委員会（ヤルタ会談によってモスクワに設置）の米国代表として対独賠償問題を手がけていたエドウィン・ポーレーに託された。ポーレーは四五年一二月初旬、対日賠償計画の具体的構想を明らかにした。①賠償の目的は、軍国主義的復活の阻止、日本経済の安定と民主主義の発展、②航空機、鉄鋼、工作機械、造船などの生産設備を賠償として撤去し、可能なものは被害を受けたアジア諸国に移転して復興に役立てる。③在外資産の没収、などであった。

ポーレー賠償計画は四六年五月には極東委員会において「中間賠償計画」として採択され、連合国全体の政策決定となる。同年八月までに、各産業部門の五〇〇を超える工場が賠償指定を受け、日本側はそれらの工場の解体と積み出しの義務を負うことになった。さらに、四六年一一月に公表されたポーレー最終報告は、中間賠償計画より一段と高い撤去水準が示される。この最終報告の特徴は、新規の生産物による賠償が含まれないことであった。賠償のために新規生産を認めれば、軍需産業の再興につながる工業力の増加を認めることになるからであった。

賠償方式として重視されたのは在外財産の没収であり、ポーレーは、来日するとただちに満州、中国での日本資産の調査に乗り出している。とくに終戦直後に満州に侵入したソ連軍は、日本人経営の各種工場を中心に、生産設備や最新機械類を大規模に撤去し、自国領内に搬入した。

極東委員会において、ソ連は撤去した施設について、これを「戦利品」とみなして賠償撤去の枠外とすることを主張した。一方、アメリカは、戦利品と在外財産の没収とを区別せず、賠償に含めるべきとして対立し、賠償用設備の国別配分問題が行き詰まったが、当面、賠償用として指定された産業施設の一定割合を賠償の前渡しとして取り立てることになった。極東委員会は、指定された産業施設の三〇%を四カ国に割り当てた。中国一五%、オランダ、フィリピン、イギリス五％などであった。四八年一月には、中国船が工作機械類を積んで横須賀から上海に向け出航した。これが賠償搬出の最初であった。

†マッコイ声明の波紋

こうしてポーレー中間賠償計画は実施に移されたものの、その効果を疑問視する声がアメリカ政府内でも強かった。たとえば、総司令部のアチソン大使は、早くも四七年三月に、費用をかけて撤去・運搬することが「経済的に得る所ありや、自分の観るところでは寧ろ利益は殆どないと思われる」と述べるほどであった（四七年三月一二日朝海・アチソン大使会談）。同年一月のストライク調査団の勧告は、ポーレー案より賠償撤去を三分の二に縮小していた。

賠償緩和論は一九四八年に入ると決定的となる。同年二月に来日した国務省政策企画室長ジョージ・ケナンはマッカーサーや総司令部と会談し、賠償用の施設は日本の経済復興のために活用すべきであり、中間賠償の限度を超える取り立ては行わないことに意見が一致した。同年四月のジョンストン調査団の報告書も、賠償撤去の大幅な緩和を強く主張していた。

ケナンによれば、産業施設の撤去によるアジア諸国への移転という賠償方法は、実際的見地からも、日本の復興という要請からも、まったく背馳していた。賠償軽減を主張するケナンの主張は極東委員会や陸軍省との調整を必要としたが、最終的には四九年五月に中間賠償撤去の中止を含む国家安全保障会議決定（NSC13／3）となる。その趣旨が直ちに極東委員会米国代表マッコイの声明として公表される。

マッコイ声明は、中間賠償の中止について、これ以上の賠償撤去は日本経済の安定と自立化という占領目的を阻害すること、在外資産の没収と中間賠償によって「賠償支払義務の大部分をすでに履行したことになる」と、その理由を述べていた。

こうして中間賠償は中止されるが、それは必ずしも冷戦が与えた直接的影響ではなかった。総司令部賠償部長ハリソンは、四七年夏に「賠償が長びき日本経済の立ち直りが遅れれば遅れるほど、アメリカの納税者の負担になる」と述べていたが（四七年七月一五日、芦田均外相－ハリソン会談）、その非効率に対する納税者や議会への配慮から、すばやく方針転換を図ったものであった。また、将来にわたる「非軍事化」という意味では新憲法そのものが保障していた。しかし、日本の新憲法に必ずしも信をおかない極東委員会の中国代表やフィリピン代表は、マッコイ声明に対して、アジア諸国の感情を傷つけるもので、日本の再軍備を懸念するアジア諸国を納得させることは困難であり、「極東における正義と平和維持を妨げるもの」と激しく非難した。

その一方、マッコイ声明は日本では歓迎された。民主自由党の政調会長であった佐藤栄作は「日本経済の再建に対し非常に明るい見通しを得た」とする談話を発表し、社会党も「日本経済の復興と民族の独立のため喜ぶべき朗報」と歓迎した（『朝日新聞』一九四九年五月一四日付）。これを国際的な信義の問題として憂慮する議論は少数にとどまった。極東委員会での討議も中止され、賠償問題は消え去ったかのように思われた。しかし、賠償問題は片付いたわけではなかった。

†対日講和と賠償問題

マッコイ声明は、米英の講和構想にも反映され、一九五〇年秋にアメリカの講和特使ジョン・フォスター・ダレスのもとで作成された「対日講和七原則」は、全ての連合国が賠償請求権を放棄する原則を掲げ、英米のほか仏蘭など主要連合国も賠償請求権の放棄へと向かう。この「無賠償方針」には、戦争の直接の被害国であったフィリピンや中国などが激しく抵抗したため、五一年九月調印のサンフランシスコ平和条約（以下、講和条約）には「賠償」の項目（第一四条）がおかれた。この第一四条は、それまでの賠償の観念とは異なるいくつかの特徴がある。

第一は、在外資産の没収を前提として、日本は希望する国との個別交渉によって「役務賠償」（労働者や技術の提供）を支払う義務を負うとされたことである。役務賠償に一本化された理由は、外貨をもって賠償を支払うという、第一次大戦後のドイツに課せられた金銭賠償方式が、ドイツの輸出力の欠如（＝外貨を生みだす輸出物品の不足）によって機能しなくなり、やがて世界経済の均衡を破綻させたという教訓によっている。役務（または実物）であれば、直接外貨を引き渡す必要がなく、日本の国際収支の悪化がトランスファー問題（外貨引渡問題）を引き起こし、支払い困難に陥る危険を回避できるのであった。

しかし、役務の提供だけで多額の賠償を長期間支払うのは現実的ではなかった。したがって、個別協定では、役務の比率を減じて、生産財による実物賠償に重点が置かれるようになる。例えば、ビルマやインドネシアとの賠償協定では生産財による実物賠償を認めている。また、フィリピンとは両国政府の合意で消費財による賠償も含まれ、日本賠償方式の特色は減殺されているかに見えるが、純然たる金銭賠償はあくまで認められなかった。

第二は、日本の支払い能力を考慮して賠償額を決定する原則を掲げ、日本経済が破綻するような過酷な賠償を避けるよう歯止めがかけられていたことである。

第三は、賠償実施の基礎が、求償国の一方的な要求によるのではなく、日本の貿易や産業への影響が考慮され、毎年度の賠償実施計画の決定は求償国と日本との「協議」によって定めるものとされたことである。

講和条約第一四条によって、賠償請求の意思を明らかにしたのは、フィリピン、インドネシア、ビルマ、ベトナム、ラオス、カンボジアの六カ国であったが、これら東南アジアの主要国にとっては、過去の戦争に対する相応の賠償なくして日本がアジアに復帰することに疑問を持つ国々であった。その一方、ラオスとカンボジアが賠償請求権を放棄したため、結局、日本が賠償交渉に臨む相手は、フィリピン、ベトナム、ビルマ、インドネシアの四カ国であった。これらの国々との賠償交渉――東南アジア賠償は別項目で取り上げているので、ここでは中国と韓国の賠償問題を取り上げる。

†「二つの中国」と賠償問題

中国は、連合国のなかで、対日戦争において最も大きな被害を受けた国であった。日本の敗戦当時、重慶に拠点をおいていた中華民国政府は対日賠償の調査を行い、金額も算定していた。しかし、一九四九年、中華民国政府は共産党との内戦で敗退して台湾に移転し、大陸中国には共産党が支配する中華人民共和国（北京政府）が誕生した。ここに「二つの中国」が生まれ、五一年の講和会議にはどちらも招請されなかったが、連合国の一員としての立場から、いち早く日本と平和条約を結んだのは台湾の中華民国政府であった（日華平和条約）。

日華国交正常化交渉において中華民国政府は、講和条約にならって役務賠償を要求したが、日本側は日本の在華資産をもって賠償に充てれば足りる、と主張して難航する。結局、中華民国政府側が譲歩し、議定書において自発的に賠償請求権の放棄を宣言することで決着した（中華民国政府の管轄下にある日本資産は除かれた）。この処理は、台湾統治がもたらした被害の賠償ではなく、日中戦争による被害の賠償請求権の放棄という形をとった。こうして五二年四月の講和条約の発効直前に日華平和条約が結ばれるが、その一方、北京政府との国交正常化は一九七二年のことになる。この間、日本政府は日中間で賠償問題は存在しないという立場を取り続けることになる。

こうした日本側の一方的な認識が問われることになったのは、一九七二年九月の北京政府との国交正常化交渉であった。中国（北京政府）の対日賠償放棄の方針は、すでに六〇年代半ばに決定していたが、周恩来総理は自国民に対する説明を国交正常化の直前まで避けていた。それだけ、賠償問題は中国国民にとって機微な問題であった。

周恩来が、賠償放棄を決断したのは、日米安保条約反対と賠償請求とが、国交正常化を阻害する要因であることが認識され、賠償放棄は、その阻害要因を除去するという意味があったとされる。もう一つは、賠償問題を持ち出せば、自民党内の「親台湾派」の圧力を弱め、田中角栄首相らの立場を支持するという意味であった。

周恩来総理は九月下旬、国交正常化交渉の場で、改めて中国側の態度を説明している。「蔣介石は台湾に逃げて行った後で、しかも桑港〔サンフランシスコ〕条約の後で、日本に賠償放棄を行った。他人の物で、自分の面子を立てることはできない。戦争の損害は大陸が受けたものである。〔中略〕蔣介石が放棄したから、もういいのだという考え方は我々には受け入れられない。これは我々に対する侮辱である」。

北京政府は賠償放棄の方針を撤回したわけではなかったが、「侵略戦争」の責任と反省を前提とした放棄方針であった。そのため法律論を説く外務省に強く反発したのである。換言すれば、歴史認識の問題と賠償放棄はセットで考えられていたのである。

自民党内に批判勢力を抱える田中首相や大平正芳外相は対応に苦慮するが、共同声明には、大平の決断で「日本側は過去において、日本国が戦争を通じて中国国民に重大な損害を与えたことについての責任を痛感し、深く反省する」という踏み込んだ表現が盛り込まれる。また、賠償請求権については、中国側は「日本国に対する戦争賠償の請求を放棄することを宣言する」〔共同声明第五項〕とされた。中国側草案の「賠償請求権」という文言では、日華平和条約が「当初から無効であったことを明白に意味する」として日本側が同意せず、「権」の削除で合意したものであった。こうした交渉経緯から、共同声明は中国国民の請求権を除外していない、と解釈される余地を残し、一九九〇年代には中国国民による戦時被害の個人補償を求める運動が広がる一因となる。

日中平和友好条約締結から一年後の七九年から、日本は大規模な対中ODA〔政府開発援助〕を開始し、中国の経済建設や改革・開放路線への支援に乗り出し、八〇年代には戦後最高の

「日中友好」の時代に結びつく。中国の賠償放棄と経済協力（ＯＤＡ）のリンケージについて、日中双方の態度が曖昧なままであったことが、かえって両国の友好関係の発展に幸いした。

†日韓「賠償」問題

ところで日本の統治下にあった韓国は、「戦勝国」としてサンフランシスコ講和会議への参加を要求していたが、日本とは戦争状態にはなかった、として米英から参加を拒否され、賠償請求権を行使できなかった。講和会議に参加し、賠償請求権を行使できる国は、日本と戦争状態にあった連合国に限られたからである。とくに日本政府は、「請求権」が多様に用いられることを危惧し、植民地は「日本との間で戦争状態であったわけではないので賠償の問題は生じない」との立場をとっていた。

しかし、韓国は日本統治時代の被害補償の問題（財産・請求権問題）を、日本との個別交渉によって解決する権利が講和条約（第四条）に明記され、一九五二年二月から日韓会談（日韓国交正常化交渉）が始まる。この日韓会談は、植民地支配それ自体の是非――日本の統治は合法か違法か――をめぐって対立し、交渉は難航する。韓国側は、一九一〇年の韓国併合条約の不法性を前提に、三八年間の日本統治の人的・物的被害の回復を求め、日本側は、併合以来、蓄積してきた在韓日本財産（とくに私有財産）の保護のため、互いに「請求権」を主張し合う。一四年もの交渉を経て、結局、韓国側は東南アジア諸国と同じように、「経済協力方式」を受け入れ、互いに請求権を実質的に放棄するという形の「解決」に向かい、六五年に日韓請求権協定が結ばれる。

†「経済協力」の功罪

こうして、アジア諸国との一連の賠償協定が、経済的利益を優先する「経済協力方式」によって決着したことは、賠償資金を活用したインフラ整備に結びつき、日本の経済的なアジア再進出――輸出市場の開拓に道を開くことになった。一九五〇年代末には、賠償は円借款へと切り替えられ、強制された債務の支払いという段階から政府の意思による経済協力が本格的に始まるのである。

同じく経済協力方式で決着した韓国でも、日本の援助は経済発展の基盤形成のため、浦項総合製鉄所などへの大型投資に回され、「漢江の奇跡」と呼ばれる経済成長を導いた。

経済協力方式による賠償問題の解決は、アジアの自由主義諸国に対する共産主義の浸透を経済基盤の強化によって防ぐというアメリカの冷戦戦略に沿うものであった。しかし、賠償をめぐる国際外交は、冷戦の論理のみに左右されていたわけではない。とくにアメリカの納税者への配慮や、国際政治経済システム全体の均衡回復と発展を促すという視点が重視された。

日本はアジア諸国との間の賠償問題を一九七〇年代までに決着させ、賠償義務を誠実に履行していった。この間、日本が支払った賠償は、賠償・準賠償が六五六六億円、在外財産の喪失が三五五二億円、中間賠償一億七〇〇〇万円、合計約一兆円であった（対中ODA、対韓請求権資金を除く）。国民一人当たりの負担は五〇〇〇円程度であったが、六〇年代の経済成長を勘案すると比較的少ない負担であったといえるであろう。大蔵省が総括するように、「高度成長期に入った日本は、大局的にみてさほど苦労せずに賠償を支払うことができたのである」。

賠償支払いが双方の経済的利益を優先した「経済協力」という形で決着をみたことは、日本の復興とアジア諸国の経済発展には寄与したが、戦争の責任や反省という意味を希薄にしたことは否めない。賠償と経済協力を切り離さなければ講和条約の賠償条項の趣旨に反するという議論は講和直後には新聞紙上にも散見されたが、やがて肯定する議論に変貌してしまうのである。その背景に、アジアの経済開発への積極的協力が、戦争の惨禍を被った地域への「贖罪」にもなる、という意識を政府や民間に認めることができる。

さらに詳しく知るための参考文献

岡野鑑記『日本賠償論』（東洋経済新報社、一九五八）……第一次世界大戦後の連合国の賠償政策と日本の戦争賠償問題を、多角的に論じた水準の高い研究書で、同年に刊行された賠償問題研究会『日本の賠償』（外交時報社）とともに有用。

原朗「賠償・終戦処理」（大蔵省財政史室編『昭和財政史――終戦から講和まで』第一巻、東洋経済新報社、一九八四）……第二次大戦期のアメリカにおける対日賠償政策の形成過程、戦後の連合国の賠償政策の推移を対日政策の変化との関連で論じた緻密な研究。

西川博史『戦中戦後の中国とアメリカ・日本』（北海学園北東アジア研究交流センター、二〇一四）……とくに第二次大戦期から戦後にかけて、中米関係を中心に対日賠償政策の変化をたどった研究書。

北岡伸一「賠償問題の政治力学（1945―59年）」（北岡・御厨貴編『戦争・復興・発展』東京大学出版会、二〇〇〇）……東南アジア賠償問題を単に二国間関係ではなく、それぞれの賠償交渉の相互関係やアメリカの役割を加味して多角的に論じている。

井上正也『日中国交正常化の政治史』（名古屋大学出版会、二〇一一）……「二つの中国」に対する賠償問題を含む最新の研究書。

金恩貞『日韓国交正常化交渉の政治史』（千倉書房、二〇一八）……日韓会談と請求権問題に関する最新の研究書。

第20講

日ソ共同宣言

武田知己

†敗戦・講和・冷戦と日ソ関係

一九四五年九月二日、東京湾上に浮かぶ戦艦ミズーリ号上で挙行された降伏文書調印式に、ソ連はK・デレビヤンコ中将を代表として出席させた。同年二月に米英とヤルタで対日参戦と北方領土を含む日本の領土の割譲を密約し、八月九日には日ソ中立条約を破って対日参戦し、七月二六日付で出された英米中三国によるポツダム宣言にも遅れて署名したソ連は、連合国の一員としての資格を持っていたからである。調印式の日には北方領土に侵攻中であった。

しかし、その六年八カ月後の一九五二年四月二八日に発効したサンフランシスコ平和条約の調印国の中に、ソ連の名はなかった。ソ連代表のA・グロムイコは、会議に出席はしたものの、アメリカ主導で作成された平和条約に反発し、独自案を提出、結局条約に調印しないまま帰国したからである。このことは、この間に顕在化した冷戦による激しい米ソ両陣営の対立を象徴していた。そして、日ソ間の戦争状態も終結せず、独立日本とソ連との間にはいかなる関係構築の基盤もなくなってしまったのである。

だが、時の総理・吉田茂は、日ソ関係の調整を急ぐ必要はないと考えていた。吉田のソ連への不信感は徹底していた。ソ連は、占領期に設置された対日理事会代表部の閉鎖に応じず日本に居座り続ける一方、吉田は人員の入れ替えを認めず、一九五四年末には全盛期に五〇〇人を擁した同代表部も一〇名程度となった。日本は、吉田のリーダーシップの下で、自由主義陣営の一員として繁栄を謳歌し始めていた。占領初期にソ連が期待した日本の「健全分子」による反米・親ソ路線は確立せず、かえって対日関係の足場を完全に失いつつあったのである。

†平和攻勢への転換

一九五六年一〇月一九日、モスクワにおける日ソ共同宣言調印に到る道は、こうした日ソ関係の空白を埋める試みの成果であった。それには両国の双方からの働きかけが不可欠であったが、それらの働きかけは、まず、ソ連の政変によってもたらされた。

ソ連の独裁者J・スターリンは、一九五三年三月五日、脳卒中により七四歳で死去した。その直後からのG・マレンコフ、L・ベリヤ、V・モロトフ、K・ヴォロシーロフ、N・フルシチョフらによる激烈な権力闘争の結果、後継者の地位を得たのはマレンコフであったが、フルシチョフは、同年六月にはベリヤ第一副主席兼内相を追い落とし、九月にはソ連共産党第一書記の座を得た。ベリヤの部下のラストボロフがアメリカに亡命したのはこうした権力闘争の激しさを象徴していた。

ポストスターリンの座を争ったマレンコフとフルシチョフに共通して認識されていたのは、アメリカとの対決を煽ったスターリン外交が失敗だったという反省であった。のちにフルシチョフは回想録でスターリンとモロトフが日本と講和条約を結ばなかったのは失敗だったと書いた（『フルシチョフ　封印されていた証言』草思社、一九九一）。実際、スターリンが「対決型」外交を次々と展開した結果、ヨーロッパではNATOが出現し、アジアでは朝鮮戦争がソ連型民主主義に強い魅力を感じていたかもしれない日本をアメリカ側に押しやってしまったのである。

こうした状況下で、一九五三年七月に朝鮮戦争休戦に漕ぎつけた前後から、マレンコフ首相がモロトフらを抑えて打ち出したのは、実質的な平和共存政策（以下、平和攻勢）だった。マレンコフは、対トルコ、ギリシャとの関係改善（一九五三年六月）に始まり、翌五四年からはインド、フランスなど一一カ国との通商関係の確立を試みた。一九五三年八月のソ連最高会議においては「平和共存」の概念を演説している。つまり、一九五六年二月の第二〇回共産党大会におけるフルシチョフ演説以前、平和攻勢はマレンコフ時代に始まっていたのである。それは日ソ交渉開始の二年前のことであった（斎藤二〇一八）。

†対日接近の開始

こうした変化は、一九五四年春までには対日政策にも及んだと推測される。のちに鳩山一郎の外交ブレーンとなる外交官出身の政治家・杉原荒太は、一九五四年三月と五月に、ポーランド（ソ連同様サンフランシスコ平和条約に調印しなかった）が、日米安保をそのままにしてもポーランドとの国交回復は可能であると打診してきたことを、彼は対日接近のシグナルと見た。日米安保を結んだままソ連との関係も改善できる可能性が出てきたのである（杉原荒太『外交の考え方』鹿島研究所出版会、一九六五）。

その頃、遂にマレンコフを追い抜きソ連の最高指導者として擡頭したフルシチョフは平和攻勢の継続を決めた。具体的な対日接近のイニシアティブも、この線でフルシチョフがとったものと推測される。フルシチョフは、日本との外交関係の不在はアメリカを利するだけであり、国交を回復して大使館を開設し、世論に働きかけたり、有力者に接触したりすることが最終的には日米離間にもつながると考えていた。対日接近の動きは、やはり社会主義国ソ連の利害関係の中から生まれたのである（アレクセイ・ザコルスキー「五〇年代における妥協――ソヴィエト外交決定のロジック」英語論文）。

一九五四年一〇月に発表された「対日関係に関する中ソ共同宣言」は、そうしたロジックを体現した、日本への最初の呼びかけであった。そこでは、中ソ両国人民の日本人民への同情とともに、「社会制度を異にする国家も平和裏に共存できるという原則」が述べられた。そして、通商・文化交流を進め、「それぞれステップを踏んで」関係を正常化することが適当だとされた。ソ連にとって文化交流、とりわけ通商関係の再開が重要だったことが窺われるものであった。

†吉田から鳩山へ

しかし、吉田にそうした呼びかけに応じる気配はなかった。吉田政権末期に出された『ソヴィエト年鑑』(内閣官房内閣調査室編、一九五四)では、歴史の進歩のためにはヨーロッパにおける戦争をあえて恐れないマルクス主義の戦争観は、スターリン死後も変わるはずはないと論じ、戦争の勃発は革命のチャンスだとするソ連の方針に乗じられないよう注意すべきと説いている。また平和攻勢は、ソ連の伝統的な革命外交の「冷戦戦略」に過ぎないと認識していた。つまり、『平和』も亦、相手側陣営を分裂させ、弱化し、さらに孤立させて、ついには相手国の革命を準備するという、冷戦戦略の主要なる方針」であると捉えていた(同書「ソ連邦の戦争思想」)。

フルシチョフ外交にとって幸運だったのは、一九五四年一二月に吉田を襲い首相となった鳩山一郎が、吉田とは違った対応を見せたことであった。ソ連だけでなく、日本の政変も、日ソ関係再構築のきっかけとなったのである。

鳩山が日ソ国交調整の必要を初めて訴えたのは、自身の回想によると一九五二年九月、脳溢血からの復帰第一声においてだった（『鳩山一郎回顧録』文藝春秋新社、一九五七）。鳩山は吉田に負けず劣らぬ反共主義者だったが、一九五二年に米ソ開戦の危険があり、ソ連との関係改善により戦争に巻き込まれることを回避できるとするロジックは吉田にはなかった（田中孝彦『日ソ国交回復の史的研究』有斐閣、一九九三）。

さらに、前述の杉原がブレーンとなったことも、鳩山の対ソ接近を後押しした。杉原が、鳩山の依頼を受け、一九五四年二月にソ連への接近の方策を検討した記録もある。鳩山は組閣の際には重光ではなく杉原を外相に据えようと考えていたようである。

だが、鳩山内閣は、結党されたばかりの日本民主党の多数を占め、与党となった改進党の総裁であり、かつて東条内閣下でも外相を務めた重光は、やはり格上の外相候補だった。重光は、鳩山の重光排除の空気を察したのだろう、杉原の防衛庁長官への起用にも難色を示したと言われている。確実なのは、重光が、鳩山や杉原、また河野一郎や松本俊一らのように、ソ連との国交正常化に突き進もうとする人物ではなかったことである。重光もソ連や中国との関係改善は必要だと考えていたが、ソ連との交渉は相手の出方を見て慎重に対処すべきと考え、何よりも対米関係を基軸としていた点で吉田と差はなかった。鳩山内閣の船出における対立は、その後の交渉経緯の混乱を予想させるものだった（武田知己『重光葵と戦後政治』吉川弘文館、二〇〇二）。

†ドムニツキー書簡をめぐって

さて、日ソ交渉開始をめぐって皮肉だったのは、ソ連との国交正常化交渉が、日ソ接近にさほど積極的ではない重光と、平和攻勢に批判的なモロトフとの応酬から始まったことである。

重光は組閣直後の一九五四年一二月一一日の声明で「中ソ両国と正常関係を回復することを望む」「中ソとの通商については……現在の少ない貿易額を拡大する機会を歓迎する」と述べた。一二月一五日、モロトフは、「重光外相の日ソ関係に関する声明に対して肯定的態度をとる」「もしも日本政府が日ソ関係の正常化という方向に於て措置をとる用意を真に持っているならば」応える用意がある、と応えた。だが、日本側の再度の応答はなかった。というのは、一方の重光は、モロトフ外相の声明を「聞き放し」にはできないが、「向こうが具体的な案を持って出てくれれば当方としても考えなければならない」として、待ちの姿勢に終始したからである（石丸和人「ソ連との国交回復」『戦後日本外交史2』第一章、三省堂、一九八三）。

最初に動き出したのはソ連であった。一九四六年に訪日し、KGB系統の腕利き諜報員として活動していたドムニツキーがソ連通商代表部臨時主席の肩書で「ドムニツキー書簡」と呼ばれる書簡を作成、外務省に接触しようとした。しかし、その書簡には、日付、宛名、差出人などの記載がなかったため、受け取りを拒否されたドムニツキーは、仕方なく五五年一月二五日に鳩山に直接接触する。その橋渡しをしたのは、漁業関係者を中心に構成された日ソ国交回復会議とマスコミであった（なお、後述する松本の回想にドムニツキーが七日に鳩山邸を訪問したという記述があるがおそらく誤りである）。

その際、ドムニツキーは、鳩山に対し、日ソ間の戦争状態を法的に終了させ、そのうえで、領土、通商、戦犯、国連加盟などの諸懸案に関して交渉する、交渉地はモスクワか東京を希望すると伝えたという（朝日新聞、一九五五年一月三一日付）。一九五五年一月二五日は、西ドイツとソ連の戦争状態の終結が宣言された日であった。国交回復は、九月にアデナウアーがモスクワ入りし、電撃的に五日間の交渉でなされる。戦争状態終結と国交回復を優先する方式は、その後「アデナウアー方式」と呼ばれたが、ソ連は交渉の初めからこの方式に類似したやり方を提案してきたのである。鳩山もそれに積極的な姿勢を見せたという（松本二〇一二）。

一方、重光ら外務省は依然として慎重な態度を崩さなかった。それは、モロトフが条件付きでの交渉開始を示唆したり、日本が存在を認めない代表部を通じた働きかけであったりしたことも大きかったが、ソ連がモスクワ放送を通じてドムニツキー書簡をオーソライズしても（一月三〇日）、国際連合のソ連代表を通じて（加盟前の日本はオブザーバーを派遣していた）さらに真意を確かめさせようとした。二月四日、ともかくも、首相の強いイニシアティブで、交渉の開始が閣議決定されたが、交渉地が決まらず、ようやく四月二五日にロンドンに決定した。

重光は、あくまで日本のペースでの交渉開始を模索していた。そして、諸懸案解決を優先し、平和条約締結を目指す方針を固め、五月二四日の閣議決定に漕ぎつけた。原案は、谷正之外務省顧問(戦前からの重光の腹心)と杉原が協議した。そこでは、①日ソ間の諸懸案の解決を優先とした平和条約締結方式の採用、②領土問題に関しては、歯舞、色丹及び千島(国後、択捉を含む)の返還を要求するが、最低条件を「歯舞・色丹の返還」とすること、③領土問題については、千島全島と南樺太、歯舞・色丹の要求から、南千島(国後・択捉)と歯舞・色丹の要求へ、そして最後に歯舞・色丹の要求への三段階での段階的譲歩を行うことなどが決められたという(久保田正明『クレムリンへの使節』文藝春秋、一九八三)。

これが俗に「訓令一六号」と言われるものである。原文はまだ確認されていないが、田中孝彦氏が明らかにしたように、アメリカ側の文書などに同様の方針を日本側が伝えた記録が残されているから、そのような方針の存在を疑う余地は少ない(田中前掲書)。いずれにせよ、交渉推進派・国交回復優先の鳩山が交渉の発端を作り、慎重派・諸懸案解決優先の重光が方針を作成し、「痛み分け」のような格好で、二頭立ての馬車が走り出したというわけである。

†交渉の四段階と三つの対立

一九五五年六月一日の交渉開始から翌年一〇月一九日の日ソ共同宣言の調印（批准は一二月一二日）に到るプロセスは、四つの交渉段階に分けられる。第一、第二段階は、六月から九月、そして三カ月の休会を挟んで一月から三月までの二次にわたるロンドン交渉で、全権はいずれも外交官出身の政治家・松本俊一であった。第三段階は、重光が首席全権となり、松本も全権として補佐した八月の第一次モスクワ交渉である。そして、最後が一〇月の鳩山・河野を全権とし、そして彼らを補佐した松本の三人による第二次モスクワ交渉であった。日ソ共同宣言がまとめられたのは、この第二次モスクワ交渉においてである。

従来、これらの交渉は、三つの対立を軸に分析されてきた。第一のよく知られた対立は、すでに述べた交渉推進派と慎重派との対立である。推進派は、すでに述べたように鳩山周辺に集まった。具体的には、特に鳩山・河野、そして松本がそうであった。また、漁業関係者や当時議席を大幅に伸ばしていた社会党も交渉妥結に積極的であった。

彼らは、全ての懸案を解決することはできないとし、ソ連と国交を正常化することで得られる利益を最大限にすることを目指した。すでに触れた「アデナウアー方式」と呼ばれた方式に、彼らは親近感を持っていた。日ソ間の懸案には、未帰還抑留者問題の解決（一九五五年一〇月現在で一万一一七七名の未帰還者がいると日本政府は判断していた。なお、ソ連は彼らを戦犯と呼んだ)、国連加盟への支持、漁業・通商問題などがあった。また、ソ連が日米安保を認めるかどうか、いわゆる間接侵略に関する取り決めや領土問題をどうするのかという問題も懸念されたところであった。

他方で慎重派には、重光外相、外務省、吉田派らがいた。慎重派は、諸懸案解決を優先し、国交回復を急がない方針をとった。第一次ロンドン交渉が挫折した段階で外務省情報文化局が刊行した『現下の重要外交問題』(一九五六年六月)には次のような文言がある。「戦争に伴って起こったこれらの諸問題(注―上記の諸問題を指す)を解決し、平和を回復することが、現在のロンドン平和交渉の目的であり、このようにしてこそ両国の間に真に平和な関係が確立され得る」「大正時代の日ソ国交回復の交渉を回想しても日ソ間の交渉が、今日、安易に妥結すると考えるのは、楽観に過ぎ、われわれは日ソ間に平和が回復されることを衷心希望しつつ、忍耐強く諸問題について、充分に意見の交換を図り、遺憾のないよう諸問題の解決を図っていかなければならないと考える」。諸懸案の解決がなされないならば、国交回復はしないことが示唆されている。

この推進派と慎重派の対立は、第二の対立である政府内部の対立として最も鮮明に現れた。鳩山と重光は、交渉の間、意思疎通もままならず、首相と外相が別々の外交を推進するいわゆる「二元外交」を展開することとなった。それが鳩山内閣期の対外政策決定の基調であった。重光は戦時期には首相との対立も恐れず信念を貫いた経験を有する元外交官で鳩山らに対しても、こと外交に関しては一歩も引くような人物ではなかったのである（武田前掲書）。

以上の対立は、三つ目の対立である交渉の現場と本国との対立に連動する。ロンドン交渉における全権代表の松本は、重光からの訓令に拘束され、領土問題をめぐる千載一遇の妥結のチャンスを失っている。逆に、第一次モスクワ交渉における重光も、鳩山らの意見を封じ込めようとして、結局それに挫折している。第二次モスクワ交渉は首相自らの交渉により本国政府の横やりはなかったが、帰国後の批准国会は前代未聞の混乱を見せた。事程左様に、日ソ交渉は混乱の連続だったのである。

†幻の合意

こういった対立を抱えながら進められた日ソ交渉は、ほとんどの懸案が、実は松本俊一を全権にし、マリクを相手とした第一次ロンドン交渉で決着を見せていた。詳細なメモをもとに書かれたものと推測される松本の回想録には、その様子が克明に描かれている。相手の立場を尊重しつつも、こちらの意見を何とか飲ませるという当たり前のことをいかに達成するのか。松本の交渉戦略は、諸懸案をどのように提示するか、どのように相手との合意に至るかをめぐって用意周到であった。

他方で、斎藤元秀によれば、フルシチョフの交渉の切り札は、抑留者帰還、国連加盟支持、そして北方の二島の譲渡の三つであったという。松本が回想する経緯からは、確かにソ連側がこれら三つの切り札を巧みに用いている様子が窺われる（前掲『ソ連の対日政策』）。

松本は、六月七日の第二回会談で七条にわたる論点を提示し、要求事項を最初から開示しつつ、それぞれに融通性を持たせて交渉を進めた。松本は、抑留者の返還を重視していた政府の方針を受け、平和条約（すなわち国交回復）の締結とは切り離して解決しようとしたが、ソ連は平和条約締結と抑留者問題（ソ連は抑留者を「戦犯」と呼んだ）をセットとする態度を変えることはなかった。その論点には、もちろん領土問題も含まれていた。特に第五回、第六回では、歯舞・色丹はもちろん、国後・択捉を含む千島列島、南樺太は全て日本領であり、ヤルタ協定には日本は関知せず、ポツダム宣言は日本領の一部を他国に帰属せしめるものではないと言明している。マリクは、これに対し、以上の「領土の帰属はポツダム宣言とヤルタ協定によって解決され、ソ連に帰属したものである」と述べたという。また松本は、第七回、八回の会談で、日米安保体制と中ソ同盟（一九五〇年二月）をともに認める形で平和条約を結ぶ方針を提案している。ソ連は、第三回会談でソ連の平和条約案を提示したものの、日本側の交渉ペースに合わせて会談を進めていた。

二カ月ほど交渉が進んだ段階で、マリクは、八月五日の私的懇談会を経て、九日の第一〇回の正式会談において、早くも領土問題と軍事同盟問題をめぐる切り札を切ることとなる。マリクは、ソ連が歯舞・色丹の返還とソ連案にあった軍事同盟問題に関する条文を削除すると提案したのである。領土問題と軍事同盟に関する修正の提案を受け、両者が一気に接近してゆく様子は松本の回想の白眉であろう（松本二〇一二、第二章）。

しかし、その興奮は、領土問題での歩み寄りとその後の妥結の可能性を、重光外相がなし崩しに潰してゆく中で一気に冷めていった。松本は、重光が、こうした会談経過を鳩山に知らせなかったことを暴露しているが、現在は、重光がパキスタン経由で重光のもとに入ったソ連が、歯舞・色丹の「譲渡」（ソ連は返還とは言わず譲渡という）を打診する可能性があるという情報を松本に伝えていなかったことも明らかになっている。

そして、上記の第一〇回会合で日ソが交渉妥結への光を見出した後の八月二七日、重光は、松本に「能《あた》う限り国後、択捉の返還並びに歯舞・色丹の無条件返還」を追求するようにという強硬な訓令をだした。その訓令に従って、八月三〇日に行われた第一三回会談で松本が二島返還では妥結できない旨を伝えると、マリク全権の態度は俄然硬化し、さらに、おりしも訪米し、ダレスとの会談に臨んでいた重光が（八月二九〜三一日）、記者会見で日本はソ連との親交を意図しないと発言したことが、交渉の空気まで破壊してしまった。九月六日の第一四回会議で、マリクは、日本はサンフランシスコ平和条約で国後・択捉（当時日本はこれを南千島と呼称した）を放棄したという見解を示し、また、歯舞・色丹二島の「譲渡」にあたり、これらの島を軍事基地としないという新条件を付した。これは日米安保体制を両島に適応しないことを要求するものであり、これでは交渉妥結は到底見通せなかったのである。

ところで、前記八月三〇日の松本の提案が、日本がソ連に「四島返還論」を提示した最初である。それ以前に日本が四島返還をソ連に提案したことはない。この段階では、未だ「四島」を「即時」に「一括」返還する議論ではないことには注意が必要であるが、これは「新提案」と言ってよいものであった（例えば前掲『現下の重要外交問題』においても四島返還要求は「新提案」と表現されている）。

また、松本の回想録が客観的だとは限らない。五月の閣議で決定されたとされる「訓令一六号」を前提とすれば、松本はまず最初に強硬論を展開すべきであり、八月二七日の追加訓令は、松本が妥結を焦りすぎているための追加訓令であったと解釈することもできるからである。また、重光ら外務省の真意は、ジュネーブ会談やダレスとの会談の進展を見定めておくことにあり、妥結を急ぐことではなかったことも確かであろう。外務省記録が公開されれば、これらの真相にもう少し近づけるかもしれないが、現状ではこれ以上のことは明らかにはできない。

†休会中のかけ引き

ロンドン交渉は一旦休会に入るが、重光ら外務省は、この間に、米英仏に領土問題に対する見解を打診し、国際世論を喚起しようと試みている。強硬論を国際世論に後押ししてもらおうというのである。ダレスは、一九五五年八月の重光訪米時にも、重光の詳細なブリーフを受け、交渉進展に慎重な重光を支持する発言をしているが、この時も国後・択捉の帰属はサンフランシスコ平和条約でも未定であるという立場を示し、日本を援護した。だが、英仏はこれには賛同できない旨を回答してきた。領土をめぐる国際的なソ連包囲網は出来なかったのである。そうであれば、このままロンドン交渉を再開しても議論は領土問題で平行線をたどるほかなかったであろう。しかし、「人道問題」である抑留者問題（前掲『現下の重要外交課題』）を国交回復と切り離すことができないのならば、ソ連のやり方で平和条約（あるいは国交回復）を実現するしかない。国連加盟への支持も平和条約（国交回復）がなければ絶望的であった。しかし、そうすれば、日本が「固有の領土」と呼び始めた国後・択捉は還ってこない。日本のジレンマはここに極まったというほかない。

こうした問題を引き起こしたのは四島返還論にほかならなかったのだが、休会中に実現した保守合同（一九五五年一一月）もマイナスに作用した。その際、「日ソ交渉の合理的調整」という文書が採択され、松本に与えられた追加訓令をさらに厳しくした「歯舞、色丹、南千島を無条件に返還せしめる」という条項が定められたからである。これにより、議会の三分の二を占める政権与党の対ソ交渉方針は、極めて強硬なものとなった（これが「四島即時一括返還」論の起源であるとされる）。

他方、この間のソ連側の動きは、むしろ交渉の早期再開と妥結を促すものばかりであった。第二次ロンドン交渉を開始する前、フルシチョフは、北村徳太郎率いる訪ソ団に、九月の西ドイツとの国交回復交渉の成功を例に挙げ、国交回復をとにかく実現し、諸懸案を継続審議とする方法の有利さを力説した。さらに、この時期にすでに鳩山に訪ソの上交渉するように伝えている（日本経済新聞、一九五五年九月二七日付）。ポストスターリンの権力掌握に躍起であったフルシチョフは、日本との交渉妥結に真剣だった。他方で、同年一二月、確実視された日本の国連加盟に拒否権を発動し、日本にゆさぶりもかけている。また、北洋での日本漁船の取り締まりを厳しくしている。国交のない不利を日本に痛感させるのが狙いであったと思われる。

†漁業交渉という転機

こうした中、一九五六年一月に、第二次ロンドン交渉が再開するが、三月二〇日に無期休会に立ち至った。領土問題をめぐり、両国の懸隔が決定的となったからである。

その直後、ソ連は、オホーツク海、ベーリング海西および北太平洋の公海を制限水域に指定したいわゆる「ブルガーニン・ライン」を敷いた（三月二一日）。鳩山側近の河野が漁業界と密接であったこともあり、このゆさぶりは効果的であった。河野は漁業界の代表を引き連れてモスクワ入りし、漁業交渉を行うこととなったのである（四月二九日交渉開始）。

この際、ソ連は、前述のドムニツキーをモスクワに呼び戻して交渉させることとし、代わりに、ロンドン交渉に参画し、マリクを補佐していたチフヴィンスキーを日本に入国させることに成功する。長年認められなかったソ連代表部の人員入れ替えに成功したソ連は、積極的に河野や漁業団体関係者と接触し、早期の国交回復に向けてのさまざまな工作を行わせた。

こうして、ソ連のペースで進んだ漁業交渉では、河野が領土問題に関する何らかの密約を交わしたとの噂が立った。そうした事実を示す記録は現在まで確認されていないが、密約はあるにはあった。「漁業交渉のみ行い、国交正常化交渉は行わない」という訓令を受け、慎重論者から手足を縛られていた河野は、国交回復前の漁船の出航を認める一方、七月末までに国交回復交渉を再開するという条件を自ら提案し、しかもその条件をソ連側から出したことにしてほしいとブルガーニンに要求したのである（通訳を務めたアディルハーエフの証言）。河野はこの交渉時に、日本側通訳をクレムリンの外に待たせていたのだが、それはこうした奇妙な密約を交わしたことを日本国内で知られないようにするためだった（NHK日ソプロジェクト『NHKスペシャ

ル　これがソ連の対日外交だ　秘録・北方領土交渉』日本放送出版協会、一九九一)。

この詐術の存在を察した重光は、河野が条約締結の請訓をしてきた閣議で、「七月三一日までに日ソ交渉を再開するという条件に判を押すことは、結局、日ソ交渉でも先方の主張を承認するということに判を押すのと同じことだから、同意できない」と最後まで頑強に抵抗した。重光の懸念は、その後の日ソ交渉の成り行きから見て、誠に正鵠を得た、もっともな懸念であったが、閣僚総出での説得に負けた重光は、調印は認めるが帰国後の閣議で報告を聞くこととするという条件で、これを飲まざるを得なかった。この河野の一か八かの賭けがなければ、一度休止した交渉は動かなかったろう。河野はその賭けに勝ったのである(若宮二〇一六)。

豹変と恫喝

こうして再開を余儀なくされた交渉は、第一次モスクワ交渉として結実する。その全権に、紆余曲折を経て、重光が名乗り出たのは、極めて異例な形で交渉を再開させた鳩山外交(この段階ではほとんど河野外交といってよかった)への警戒からだったと推測できる。

フルシチョフは、自らが信頼するシェピーロフ新外相を交渉にあたらせた(もっとも、その後フルシチョフに抗った彼は翌年失脚している)。フルシチョフは、領土問題に関しては歯舞・色丹以上の譲歩は一切せず、平和条約をソ連の求める条件で締結することを強気で主張させ続けた。

対する重光は、最終的には、日本がサンフランシスコ講和条約で南樺太と千島列島を放棄しているから、国後・択捉の返還を認めるならば、その他の地域をソ連領とすることに異議はないと主張したが、埒は空かなかった。重光は、河野の漁業交渉に倣って、フルシチョフ、ブルガーニンと会談を試みるが、状況は変わらなかった。そして、交渉開始から二週間程経った八月一一日の会談で、シェピーロフは、二島返還で領土問題を解決する趣旨の平和条約案を受諾できるかどうかの回答期限を一三日朝とする、と重光に迫ったのである。

第一次モスクワ交渉のクライマックスは、意外なことに、重光がこのソ連の申し出に全面的に屈服した時に訪れた。随行していた松本も、また当時の輿論も、この時の重光の態度の「豹変」には驚かされている。しかも、重光は、ロンドン交渉以来の四島返還論を翻し、歯舞・色丹二島の返還で領土問題を解決し、平和条約を結ぼうとしただけでなく、自分は外務大臣なので、政府への請訓は不要であるとすら、主張したのである。松本の説得でやむなく請訓した重光は、訓令を受け、平和条約を即座に結ばずに、ロンドンでのスエズ運河に関する国際会議(六月よりスエズ紛争が勃発していた)に出席するよう求められた。第一次モスクワ交渉はこうして終わりを告げたのである。

この時の重光の変化にはいくつかの説明が可能である。岸信介は「君子は豹変す」と重光の変化を揶揄したと言うが、一つの合理的な解釈は「訓令一六号」は不変であり、結局二島返還でまとめるのが外務省及び政府の方針であったというものである。また、松本は外交官というのは交渉をまとめる誘惑には勝てないものだと語っている。重光も「交渉家」としての本能には逆らえなかったのかもしれない。また、重光にはここで交渉をまとめれば、国内において押されがちな鳩山らとの権力闘争を有利に進められるという動機があったという解釈もある。しかし、交渉をまとめれば慎重派からの支持を失い、政治家としての信頼すらなくしかねない。筆者は、自らが交渉をまとめることで、鳩山・河野の素人外交を封じ込め、専門外交のあるべき姿を完結させるという重光なりの外交の理想像が思い描かれていたように思えてならない。

いずれにせよ、重要なのは、この重光の出先における方針が、今度は鳩山らに認められなかったことである。特に閣議で重光をこき下ろしたのは河野であった。場所と人を変えて、ロンドン交渉と同じ中央―出先の対立が繰り返されたというわけである。

しかも、そのままロンドンに渡った重光は、ダレスから、のちに「ダレスの恫喝」と言われる警告を受けた。ダレスは、重光に対し、日本が国後、択捉を要求することは正当な行為であり、逆にそれらの地域のソ連への帰属を認めるとしたら、米国は沖縄を永久に占領し続けると述べた（*FRUS, 1955-57, Part 1*）。ダレスはその根拠としてサンフランシスコ平和条約二六条を持ち出している。同条約二六条は「日本国が、いずれかの国との間で、この条約で定めるところよりも大きな利益をその国に与える平和処理又は戦争請求権処理を行つたときは、これと同一の利益は、この条約の当事国にも及ぼされなければならない」とするものであった。ダレスとの会談を終えた重光は、松本に対し「ダレスは全くひどいことをいう」と興奮して語った（松本二〇一二）。アメリカは、このような形で日ソ交渉に影響力を及ぼそうとし続けたのである。

†第二次モスクワ交渉と日ソ共同宣言の調印

鳩山及びその側近にとって、鳩山政権の遺産として日ソ国交回復を成し遂げることが既定路線となったのはいつ頃であろうか。鳩山内閣は、特に保守合同後は、目玉法案が次々に紛糾し、混乱の中に終わりを迎えようとしていた。日ソ交渉の妥結がなければ鳩山引退の花道がない。異例なことだが、鳩山は、交渉妥結と引き換えに引退すると公言し、病身に鞭打って、一〇月一二日、モスクワに入った。傍には全権として河野が、そして随員として松本が同行した。また、その準備は、外務省の頭越しに、在日ソ連漁業代表部チフヴィンスキー経由で、ソ連首脳らとの間で行われたことも異例であった。

鳩山は、領土問題に関する交渉は後日継続して行うことを条件に、①日ソ間の戦争状態終了、②大使館の相互設置、③抑留者の即時送還、④日ソ漁業条約の発効、⑤日本の国連加盟支持、の「五条件」を飲むならば訪ソすると伝えた。ブルガーニンは書簡をよこし、五条件の受諾を回答したが、「領土問題」には言及がなかった。そこで松本俊一が先にモスクワ入りし、グロムイコとの間で「領土問題を含む平和条約に関する交渉は両国の正常な外交関係の再開後も継続される」との言質を取り付けた（「松本・グロムイコ書簡」）。言い換えれば、鳩山は、「アデナウアー方式」による国交回復先行型でいくという方針をあらかじめソ連に知らせる形をとったのである。それは交渉妥結を優先する限り唯一の方法だったかもしれないが、ここまで手の内を明かせば、強硬に出れば、領土問題を未解決のまま残し、国交回復と他の懸案を有利に解決できることに、ソ連が気が付かないはずはなかった。

これに対し、慎重派は断乎たる論陣を張った。重光は元外交官を糾合した「外交同志会」という団体を結成し、様々な輿論喚起を行った。吉田茂は公開書簡で安易な妥結を諌めた。

アメリカも九月一三日に「エイド・メモワール」を公表し、ソ連への国後・択捉の返還要求を全面的に支持する旨を表明した。それは、当時の状況を鑑みれば、日ソ間に領土問題が未解決のまま残ることをむしろ望ましいとする態度の表明でもあった。また、谷正之駐米大使にエイド・メモワールを手交する際、ダレスは「日本は嘆願者の立場にいるべきではありません。ロシア人は外交関係の樹立を切望しています。なぜならば、そうすれば大使館の職員を通じて、浸透と転覆の機会を与えられることになるからです」と間接侵略への懸念を表明した。日本は吉田時代のような「反共の闘士」として断固たる態度でソ連と交渉すべきだというのである（梶浦篤「日ソ復交交渉に対する米国の戦略Ⅳ」『政治経済史学』二〇一二）。

だが、こうしたアメリカの態度は、日ソ間の領土問題が「棚上げ」になることを許容する点で奇妙なことに、ソ連の思惑と一致していた。アメリカが、鳩山訪ソにそれほどの警戒を示していないのはそのためであろう。また、九月一七日には自民党総務会が、歯舞・色丹の即時返還、国後択捉の継続協議、その他の領土のサンフランシスコ条約の趣旨に反しない解決、の三点からなる「日ソ交渉処理方針」（一般に「新党議」と呼ばれる）を了承した。これでは誰もが領土問題の未解決を予想して当然だった。そして、日ソは必要以上に接近することもないことも予想されたのである。

鳩山と河野の実際の交渉については、現在、ソ連側の議事録及び通訳の野口芳雄のメモ、又三木武夫文書中の外務省記録が公開されている。また鳩山の秘書であった若宮小太郎の日記も利用され、かなりの部分が明らかになっている（若宮二〇一六）。それらによれば、第一回会談から、ソ連は「共同宣言方式」による外交関係樹立を提案し、宣言草案を提示している。そこには領土問題の継続審議の但し書きや、鳩山五条件の全てが明記されていた。また、同時に通商航海に関する議定書の草案も提出されたことにも注意したい。国交回復による通商関係の拡大は、日ソ国交回復を目指すソ連の重要な外交目標の一つだったように思われる。

また、ソ連が共同宣言方式を提案したのは、領土問題の棚上げの為にも効果的であった。河野が「新党議」の線に沿った領土問題の討議を求めた時、ソ連は、歯舞・色丹の即時返還は

「平和条約」が締結されない限り無理であると反駁している。

しかし、こうしたソ連ペースの交渉に対し、河野は奮闘した。その結果フルシチョフとの会談が持たれることとなるが、両者の緊迫したやり取りは、のちに松本も絶賛する気迫に満ちていた（堀徹男『さようなら、みなさん！　鳩山日ソ交渉五十年目の真相』木本書店、二〇〇七）。その気迫に押されたのか、一七日の第二回会談で、フルシチョフは河野に妥協し、平和条約が締結され、アメリカが沖縄などの領土を返還した時に歯舞・色丹を引き渡すとの新条件を書き込んでもよいこと、また、加えてアメリカが領土を返還する前に返還することを明記した紳士協定を結んでもよいと提案してきた。その夜には共同宣言の領土条項を「両国間に正常な外交関係が回復された後、領土問題を含む平和条約の締結に関する交渉を継続するものとする」とした修正草案を、外務次官のフェドレンコが日本側に持参した。鳩山は、その後半部分にあったアメリカへの言及がある部分の削除を要求すれば、共同宣言がまとまるとして歓喜したという。

しかし、一八日の第三回会談では、フルシチョフが「領土問題を含む」という文言の削除を要求してきた。河野は両首脳の急テンポの交渉に事務を担当していたソ連外務省が追いつけず、このような事態になったのだと回想しているが、あるいはソ連外務省にも国後・択捉を日本に返却するか否かを討議することに反対しない勢力がいたのかもしれない。いずれにせよ、日本側の反論はここまでで、鳩山らはこの削除に結局合意し、一〇月一九日、日ソ共同宣言の調印式が行われた。フルシチョフは、同年六月以来のポーランド情勢に対応すべく、ワルシャワに飛んだため、調印式には出席できなかった。

なお、調印後、松本がグロムイコに諮り、松本・グロムイコ書簡を宣言と同時に公表することとした。これは外交官出身の松本の示した機転だった。グロムイコは共同宣言調印とともに書簡の効力は失われると考えたようであるが、この措置により、日本は、平和条約締結に向けての協議に「領土問題」の継続審議が当然含まれるという解釈の手がかりを得たのである。この措置にブルガーニンの了解を得たことは松本の回想から明らかであるが、ブルガーニンがフルシチョフの許可を得たかどうかは、不明のままである。

†おわりに

一九五六年一〇月一九日に調印された日ソ共同宣言は、全部で一〇ヵ条からなっている。第一条では両国間の戦争状態の終結を宣言し、第二条では外交及び領事関係の回復、第三条では国連憲章の遵守、第四条では日本の国連加盟の支持、第五条では日本人捕虜の釈放、第六条では賠償請求権の放棄、第七、八条では通商関係・漁業の開始などを定めている。また、特に注目すべきものとして、「集団的自衛の固有の権利」(三条b)がみとめられていることと、領土問題の規定がある(九条)。

同宣言は、同年一一月一二日より始まった第二五回臨時国会で批准された。中曽根康弘自民党議員の同宣言に対する批判と憤怒に満ちた奇妙な「賛成」演説が議事録から全文削除されたり、旧自由党系の議員が多数欠席したりするなど騒然とする中ではあったが、一一月二八日、投票総数三六五票のすべてで賛成票が投じられた。反対論の激しさに目を奪われがちであるが、当時の日本は賛成多数でこの宣言を批准したのである。それは、日本人が日本外交の地平を広げるソ連との国交回復を歓迎した証拠に他ならない。

一般に、日ソ共同宣言をめぐっては、領土問題の処置にばかり関心が向けられがちである。本講ではこの宣言の策定過程をなるべく国際政治や交渉論の文脈で理解しようとした。鳩山内閣下の日ソ交渉は、諸懸案解決を優先する国交正常化交渉として始まったものの、第一次ロンドン交渉の途中から、領土問題を争点として終始した印象が強く、後半はソ連ペースですべてが終始した。しかしこの宣言の内容は、本質的に戦争状態の終結と戦後日ソ関係の基盤構築を目指した、サンフランシスコ平和条約を補完するものであり、その意味で日本も受け入れられるものだった。

それに対し、領土問題は、ヤルタの密約からはじまり、ポツダム宣言の解釈、そして戦争末期のソ連の参戦といった歴史とその歴史をめぐる正義の問題と密接不可分のものとして議論され、未解決のまま残された。そのような性格がこの問題に残っている限り、今後の日ソ関係は劇的な改善はないであろう。そのような両国関係の性格は、この日ソ共同宣言の批准に到る過程で生まれたのである。

さらに詳しく知るための参考文献

松本俊一『日ソ国交回復秘録』(朝日選書、二〇一二)……日ソ共同宣言に到るすべての交渉に関わった人物の証言記録。

ドナルド・C・ヘルマン(渡邉昭夫訳)『日本の政治と外交――日ソ平和交渉の分析』(中公新書、一九七〇)……日ソ交渉の過程を分析した古典。証言記録なども駆使した労作。

若宮啓文『ドキュメント　北方領土問題の内幕――クレムリン・東京・ワシントン』(筑摩選書、二〇一六)……最新の資料を使った日ソ交渉のドキュメント。

斎藤元秀『ロシアの対日政策』上・下(慶應義塾大学出版会、二〇一八)/下斗米伸夫『日本冷戦史』(岩波書店、二〇一一)……ロシア側の記録を用いた戦後の日ソ関係の研究。

和田春樹『北方領土問題』(朝日選書、一九九九)、北村汎『新版日露国境交渉史』(角川選書、二〇〇五)、石郷岡建・黒岩幸子『北方領土の基礎知識』東洋書店新社、二〇一六)……のちの日ソ関係における北方領土と日ソ共同宣言の扱いについての定評ある概説書。
＊なお、現状、ロシアのプーチン大統領は、北方領土やウクライナ南部クリミアは「ロシア国民にとっての祖国」であるとし、「我々にとっての家族であり、家だ」とも表現している(二〇二〇年六月一三日読売新聞オンライン)。二〇二〇年七月四日に発効した改正憲法でも領土の割譲が禁止されている。領土問題の解決は相当困難と言ってよいと思われる。

編・執筆者紹介

筒井清忠（つつい・きよただ）【編者／まえがき】
一九四八年生まれ。帝京大学文学部長・大学院文学研究科長。京都大学大学院文学研究科博士課程単位取得退学。専門は日本近現代史、歴史社会学。著書『戦前日本のポピュリズム』（中公新書）、『近衛文麿』（岩波現代文庫）、『満州事変はなぜ起きたのか』『陸軍士官学校事件』（以上、中公選書）、『石橋湛山』（中公叢書）、『昭和戦前期の政党政治』（ちくま新書）、『昭和史講義』（編著、ちくま新書）など。

＊

福永文夫（ふくなが・ふみお）【第1講・第2講】
一九五三年生まれ。独協大学法学部教授。神戸大学大学院法学研究科博士課程単位取得退学。博士（政治学）。専門は日本政治外交史、政治学。著書『日本占領史 1945-1952』『大平正芳』（以上、中公新書）、『第二の「戦後」の形成過程』（編著、有斐閣）など。

長勢了治（ながせ・りょうじ）【第3講】
一九四九年生まれ。シベリア抑留研究者、翻訳家。北海道大学法学部卒業。著書『シベリア抑留全史』（原書房）、『シベリア抑留』（新潮選書）、『知られざるシベリア抑留の悲劇——占守島の戦士たちはどこへ連れていかれたのか』（芙蓉書房出版）、『シベリア抑留関係資料集成』（共編著、みすず書房）、訳書にV・カルポフ『シベリア抑留　スターリンの捕虜たち』（北海道新聞社）、A・グートマン『ニコラエフスクの日本人虐殺』（勉誠出版）など。

浜井和史（はまい・かずふみ）【第4講】
一九七五年生まれ。帝京大学共通教育センター准教授。京都大学大学院文学研究科博士課程研究指導認定退学。博士（文学）。専門は日本現代史、日本外交史。著書『海外戦没者の戦後史』（吉川弘文館）、『大日本帝国の崩壊と引揚・復員』（共著、慶應義塾大学出版会）、『復員関係史料集成』（編著、ゆまに書房）など。

高杉洋平（たかすぎ・ようへい）【第5講】
一九七九年生まれ。帝京大学文学部史学科専任講師。国学院大学大学院法学研究科博士後期課程修了。博士（法学）。専門は日本政治外交史。著書『宇垣一成と戦間期の日本政治』（吉田書店）、『昭和史講義2』『昭和史講義3』『昭和史講義【軍人篇】』（以上共著、ちくま新書）など。

大石 眞（おおいし・まこと）【第6講】
一九五一年生まれ。京都大学名誉教授。東北大学法学部卒業。専門は憲法学、議会法、憲法史、宗教法。法学博士。著書『議院自律権の構造』『議院法制定史の研究』（以上、成文堂）、『憲法秩序への展望』『憲法と宗教制度』（有斐閣）、『憲法史と憲法解釈』（信山社）、『権利保障の諸相』（三省堂）、『統治機構の憲法構想』（法律文化社）など。

境家史郎（さかいや・しろう）【第7講】
一九七八年生まれ。東京大学大学院法学政治学研究科准教授。東京大学法学部卒業。東京大学博士（法学）。専門は日本政治、政治過程論。著書『憲法と世論――戦後日本人は憲法とどう向き合ってきたのか』（筑摩選書）など。

村井哲也（むらい・てつや）【第8講】
一九六九年生まれ。明治大学法学部兼任講師。東京都立大学大学院社会科学研究科博士課程単位取得退学。博士（政治学）。専門は近現代の日本政治史、日本政治論。著書『戦後政治体制の起源』（藤原書店）、『日本政治史の新地平』（共著、吉田書店）、『民主党政権 失敗の検証』（共著、中公新書）、『「戦後保守」は終わったのか』（共著、角川新書）など。

福家崇洋（ふけ・たかひろ）【第9講】
一九七七年生まれ。京都大学人文科学研究所准教授。京都大学大学院人間・環境学研究科博士後期課程研究指導認定退学。博士（人間・環境学）。専門は近現代日本の社会運動史、思想史。著書『戦間期日本の社会思想――「超国家」へのフロンティア』（人文書院）、『日本ファシズム論争――大戦前夜の思想家たち』（河出書房新社）、『満川亀太郎――慷慨の志猶存す』（ミネルヴァ書房）など。

庄司潤一郎（しょうじ・じゅんいちろう）【第10講】
一九五八年生まれ。防衛省防衛研究所研究幹事。筑波大学大学院博士課程社会科学研究科単位取得退学。専門は日本近代軍事・外交史、歴史認識。著書『検証　太平洋戦争とその戦略（全三巻）』（共編著、中央公論新社）、『近代日本のリーダーシップ』（共著、千倉書房）、『アジア主義思想と現代』（共著、慶應義塾大学出版会）など。

佐道明広（さどう・あきひろ）【第11講】
一九五八年生まれ。中京大学国際学部長・学長補佐。東京都立大学大学院博士課程単位取得退学。博士（政治学）。専門は日本政治外交史、安全保障論、沖縄研究。著書に『自衛隊史』（ちくま新書）、『戦後日本の防衛と政治』『戦後政治と自衛隊』『自衛隊史論』（以上、吉川弘文館）、『沖縄現代政治史』（吉田書店）など。

楠　綾子（くすのき・あやこ）【第12講】
一九七三年生まれ。国際日本文化研究センター准教授。神戸大学大学院博士課程後期課程修了。博士（政治学）。専門は日本政治外交史。著書『吉田茂と安全保障政策の形成』（ミネルヴァ書房）、『現代日本政治史1　占領から独立へ』（吉川弘文館）など。

永島広紀（ながしま・ひろき）【第13講】
一九六九年生まれ。九州大学韓国研究センター教授・共創学部教授。九州大学大学院人文科学府博士後期課程単位修得満期退学。博士（文学）。専門は朝鮮近現代史、日韓関係史。著書『戦時期朝鮮における「新体制」と京城帝国大学』（ゆまに書房）、『寺内正毅と帝国日本――桜圃寺内文庫が語る新たな歴史像』（共編、勉誠出版）など。

進藤翔大郎（しんどう・しょうたろう）【第14講】
一九八七年生まれ。京都大学大学院・人間・環境学研究科博士課程在籍。専門は日本近現代史、日米関係史。論文「冷戦期情報戦の一背景としての１９３０年代上海」（『社会システム研究』第18号）、「犬養健関係裁判記録から見た尾崎秀実の政治的影響力」（『ゾルゲ事件関係外国語文献翻訳集』第45号）、「抑留帰還者を巡る米ソ情報戦」（『アリーナ』第20号）、「ラストボロフ事件および関・クリコフ事件」（『人間・環境学』第27号）。

武田知己（たけだ・ともき）【第15講・第20講】
一九七〇年生まれ。大東文化大学法学部教授。東京都立大学大学院社会科学研究科博士課程中途退学。博士（政治学）。専門は日本政治外交史。著書『重光葵と戦後政治』（吉川弘文館）、『日本政党史』（共編著、吉川弘文館）など。

川名晋史（かわな・しんじ）【第16講】
一九七九年生まれ。東京工業大学リベラルアーツ研究教育院准教授。青山学院大学大学院国際政治経済学研究科博士後期課程修了。博士（国際政治学）。専門は国際政治学、安全保障論。著書『基地の政治学』（白桃書房）、『基地の消長 1968-1973』（勁草書房）、『共振する国際政治学と地域研究』（編著、勁草書房）など。

小宮 京（こみや・ひとし）【第17講】
一九七六年生まれ。青山学院大学文学部教授。東京大学大学院法学政治学研究科博士課程単位取得退学。博士（法学）。専門は日本現代史。著書『自由民主党の誕生』（木鐸社）、『自民党政治の源流――事前審査制の史的検証』（共著、吉田書店）、『山川健次郎日記』（共編、芙蓉書房出版）など。

池田慎太郎（いけだ・しんたろう）【第18講】
一九七三年生まれ。関西大学法学部教授。筑波大学大学院博士課程社会科学研究科修了。博士（法学）。専門は戦後日本政治外交史。著書『日米同盟の政治史』（国際書院）、『現代日本政治史2　独立完成への苦闘 1952-1960』（吉川弘文館）、『歴史としての日韓国交正常化　I　東アジア冷戦編』（共著、法政大学出版局）、『戦後日本首相の外交思想』（共著、ミネルヴァ書房）など。

波多野澄雄（はたの・すみお）【第19講】
一九四七年生まれ。国立公文書館アジア歴史資料センター長、外務省『日本外交文書』編纂委員長、筑波大学名誉教授。慶應義塾大学大学院法学研究科博士課程修了。博士（法学）。専門は日本外交史。著書に『幕僚たちの真珠湾』（吉川弘文館）、『太平洋戦争とアジア外交』（東京大学出版会）、『国家と歴史』（中公新書）、『歴史としての日米安保条約』（岩波書店）、『宰相鈴木貫太郎の決断』（岩波現代全書）など。

ちくま新書
1508

昭和史《しょうわし》講義《こうぎ》【戦後篇《せんごへん》】（上）

二〇二〇年八月一〇日　第一刷発行

編者　筒井清忠（つつい・きよただ）

発行者　喜入冬子

発行所　株式会社 筑摩書房
東京都台東区蔵前二―五―三　郵便番号一一一―八七五五
電話番号〇三―五六八七―二六〇一（代表）

装幀者　間村俊一

印刷・製本　株式会社 精興社

ISBN978-4-480-07340-2 C0221

ちくま新書

1319
明治史講義【人物篇】
筒井清忠編
西郷・大久保から乃木希典まで明治史のキーパーソン22人を、気鋭の専門研究者が最新の知見をもとに徹底分析。確かな実証に基づく、信頼できる人物評伝集の決定版。

1136
昭和史講義
――最新研究で見る戦争への道
筒井清忠編
なぜ昭和の日本は戦争へと向かったのか。複雑きわまる戦前期を正確に理解すべく、俗説を排して信頼できる史料に依拠。第一線の歴史家たちによる最新の研究成果。

1194
昭和史講義2
――専門研究者が見る戦争への道
筒井清忠編
なぜ戦前の日本は破綻への道を歩んだのか。その原因をより深く究明すべく、二十名の研究者が最新研究の成果を結集する。好評を博した昭和史講義シリーズ第二弾。

1266
昭和史講義3
――リーダーを通して見る戦争への道
筒井清忠編
昭和のリーダーたちの決断はなぜ戦争へと結びついたのか。近衛文麿、東条英機ら政治家・軍人のキーパーソン15名の生い立ちと行動を、最新研究によって跡づける。

1341
昭和史講義【軍人篇】
筒井清忠編
戦争の責任は誰にあるのか。東条英機、石原莞爾、山本五十六ら、戦争を指導した帝国陸海軍の軍人たちの実像を最新研究をもとに描きなおし、その功罪を検証する。

1421
昭和史講義【戦前文化人篇】
筒井清忠編
柳田、大拙、和辻ら近代日本の代表的知性から谷崎、乱歩、保田與重郎ら文人まで、文化人たちは昭和戦前期をいかに生きたか。最新の知見でその人物像を描き出す。

983
昭和戦前期の政党政治
――二大政党制はなぜ挫折したのか
筒井清忠
政友会・民政党の二大政党制はなぜ自壊したのか。軍部台頭の真の原因を探りつつ、大衆政治・劇場型政治が誕生した戦前期に、現代二大政党制の混迷の原型を探る。